KB120376

희망은
고통과
함께 온다

나남
nanam

우암문고 1집

희망은
고통과
함께 온다

2020년 1월 10일 발행
2020년 1월 10일 1쇄

지은이   우암교육사상연구소
발행자   趙相浩
발행처   (주) 나남
주소   10881 경기도 파주시 회동길 193
전화   (031) 955-4601 (代)
FAX   (031) 955-4555
등록   제 1-71호 (1979.5.12)
홈페이지   http://www.nanam.net
전자우편   post@nanam.net

ISBN 978-89-300-4029-7
ISBN 978-89-300-8655-4 (세트)

우암문고 1집

희망은
고통과
함께 온다

우암교육사상연구소

나남
nanam

우암문고 발간에 즈음하여

우암학원의 설립자 우암 조용기 박사님의 삶은 역사입니다. 그의 삶은 개인의 차원을 뛰어넘어 시대에 주어진 역사적 과제를 성취함으로 새로운 시대를 열었기 때문입니다.

우리나라는 일제로부터 해방되었지만 가난하고 무지했습니다. 더군다나 1950년 6·25전쟁으로 나라 전체가 황폐화되었습니다. 우암은 이때에 "가난을 이기는 길은 배움밖에 없다. 아는 것이 힘이다"라는 교육입국敎育立國의 사명으로 천막 두 채를 치고 교육의 깃발을 높이 들었습니다. 그가 걷는 길은 험했으며 역경과 고난도 많았습니다. 그러나 우암은 굴하지 않고 이겨 냈습니다.

우암은 우암학원을 설립하여 옥과고등학교, 전남과학대학교, 남부대학교를 비롯한 9개 교육기관을 거느린 거대한 명문사학으로 발전시켰습니다. 그는 또한 10만여 명의 제자들을 길러 냈습니다. 우암은 그의 믿음 "네 시작은 미약하였으나 네 나중은 창대하리라"(〈욥기〉 8:7)라는 《성경》 말씀대로 창대함을 이루었습니다.

우암은 우암학원뿐만 아니라 2000년도에 한국사학의 연합체인 사학법인연합회 회장으로 추대되어 한국사학을 이끌었습니다. 그리고 국가원로회의 회원으로 큰 역할을 하였습니다.

우암은 100세를 바라보시지만 그의 삶의 시계는 멈춤이 없습니다. 우암은 지금도 새벽 4시에 일어나 매일 학교에서, 주변 산책길에서 여름이나 겨울이나, 비가 오나 눈이 오나 쓰레기봉투를 들고 담배꽁초와 쓰레기를 줍고 계십니다.

우암 조용기 박사님은 한평생 오직 외길 인생을 걸어오셨습니다. '하나님을 사랑하자, 사람을 사랑하자, 나라를 사랑하자'라는 '삼애정신三愛精神'으로 살아오셨습니다. 우암은 이 삼애정신을 실천하기 위해 "손가락으로 바위를 뚫어라"라는 열정과 끈기, 그리고 우공愚公이 산을 옮긴다移山는 우공이산의 굳은 신념과 의지로 바보스러울 만큼 우직스럽게 살아오셨습니다. 그는 그의 아호까지도 바보스럽고 우직한 바위라는 뜻으로 우암愚岩이라 하였습니다.

우암은 역사의 소명자召命者로서 역사에 주어진 사명을 다하기 위해 삶으로, 몸으로 실천적 삶을 사셨습니다. 우암은 우리 시대의 진정한 스승이십니다. 삶의 멘토요, 롤 모델이십니다. 길이 없는 곳에 길을 내신 삶의 참된 안내자이십니다.

우리나라는 경제대국이 되었습니다. 그럼에도 사회 구성원 간의 갈등과 모순, 전도된 가치관, 윤리성의 부재 등으로 혼란을 겪고 있습니다. 또한 꿈과 비전을 포기하고 방황하는 젊은이들이 많습니다. 이럴 때에 우암이 살아온 삶을 기리어 《우암문고》 1집이 출판됨은 대단히 뜻 깊은 일입니다. 우리 시대의 축복이요, 희망입니다. 우암의 삶은 젊은이를 비롯해 오늘을 사는 모든 이들, 더 나아가 후손들에게 큰 유산이기 때문입니다.

《우암문고》는 이제 시작입니다. 《우암문고》는 앞으로 지속적으로 출판될 것입니다. 그리고 앞으로 더욱 알차게 삶의 안내서와 지침서로서의 역할을 이어갈 것입니다.

학계를 비롯하여 한국의 각 분야를 대표하시는 분들이 바쁘신 가운데에도 《우암문고》에 집필자로 쾌히 참여해 주시어 귀한 원고를 집필해 주심에 진심으로 감사드립니다. 또한 《우암문고》를 출판하기 위하여 수고하신 모든 분들과 나남출판사에 감사를 드립니다.

황 승 룡
우암학원 이사장

차례

1

희망은 언제나
절망과 함께 온다

조용기
우암학원 설립자, 학원장

조용기 趙龍沂
교육학박사. 우암학원 설립자 및 학원장.
사단법인 한국사학법인연합회 회장,
국가원로회의 회원 등을 역임했다.

나는 왔구나 온 곳도 모르면서

나는 있구나 누군지도 모르면서

나는 가는구나 어디로 가는지도 모르면서

나는 죽으리라 언제 죽을지 모르면서

독일의 철학자 칼 야스퍼스(1883~1969)의 시, 〈희망을 찾아라〉

이 시를 쓴 야스퍼스가 한국인이었다면 '나는 일하는구나. 무엇을 하는지도 모르면서' 이런 구절도 하나 덧붙였을 것이다. 그만큼 우리는 열심히 일해 왔다. 그런데 그 일, 지금 무엇을 하고 있는 줄도 모르게 하는 일을 할 기회조차 우리 젊은이들은 얻지 못하거나 잃어버리고 있는 형국이다. 이것이 바로 우리가 당면한 큰 문제이다. 이 문제를 어떻게 풀어야 할 것인가?

1. 문제를 어떻게 풀어야 할 것인가?

이 세상에 존재하는 현실적인 문제 가운데 답이 없는 문제는 없다고 나는 평소 확신해 왔다. 우리가 풀리지 않는 문제를 가지고 끙끙거리고 있을 때 분명히 동일한 문제의 해답을 가지고 즐기고 있는 사람이 지구상에는 수도 없이 많을 것이다. 그 해답을 가진 사람(선생)을 만날 수 있으면 좋고, 혹 그 해답이 적혀 있는 책을 읽을 기회를 얻게 된다면 그것도 아주 좋은 방법이요, 그 방법을 찾아내는 노력과 지혜가 우리에게는 절실한 것이다.

우리는 무엇을 먹고 살아갈 것인가? 이런 질문을 우리는 흔히 만나게 된다. 그것은 경제 문제이기 때문에 경제인과 정치가에게 물을 문제이기도 하다. 그러나 스스로에게도 물어야 한다. 이러한 막다른 골목에 부딪혔을 때, 하늘만 쳐다보며 무엇을 먹을 것인가 한숨만 지을 것이 아니라 '다른 사람은 어떻게 해서 먹고 사는가?' 고민하는 의지가 인간에게는 필요한 것이다. 그 고민이 바로 우리 인간에게 희망을 준다.

어떠한 험난한 환경 가운데서도 의지만 있다면, 손가락으로 바위에 구멍을 뚫는다는 강한 의지만 있다면 희망은 우리와 함께한다. 희망이 없는가? 소망이 없는가? 꿈이 없는가? 찾고 또 찾아라. 찾아내야 한다. 그래도 없다면 억지로라도 그 희망이라는 것을 만들어야 한다. 목숨이 살아 있는 바로 그 순간까지 거기에는 희망이 있다는 확신이 필요하다.

실족해서 낭떠러지에서 떨어지는 중이라고 생각해 보자. 어쩌다 무슨 끄나풀을 붙잡아 살았다 싶어 안도의 마음으로 밑을 내려다보니 먹이가 떨어지기를 기다리는 독사가 우글거리고 있는 것이 아닌가. 위를 쳐다보니 지금 붙들고 있는 생명줄인 칡넝쿨을 다람쥐가 갉아먹고 있는 것 아닌가. 그러나 여기서 절망하고 포기하면 끝이다. 대신 우리가 생각해야 할 것은 그런 막다른 길목에서도 아직 생명이 붙어있다는 것이다. 바로 지금 살아 있는 것이다. 살아 있다는 그 자체, 그 순간이 바로 우리에게는 희망이다. 결론은 막다른 골목에서라도 아무거나 붙들고 희망이라고 우겨야 한다는 것이다. 그것이 바로 희망이다.

어느 날 많은 사람들과 함께 거리를 거닐고 있던 인도의 성웅 간디는 길에 엎드려 슬피 우는 한 할머니를 만나서 호주머니에서 자기의 손수건을 꺼내서 그 할머니의 눈물을 닦아 주며 "모든 이의 눈물을 내가 다 닦아 주고 싶지만 나에게 손이 모자라는군요" 하며 위로했다고 한다. 이 간디의 말 한마디가 영국의 식민지 압제 하에서 가난과 질병으로 고통당하는 인도인들에게 한줄기 희망의 빛을 던져 주었다고 한다. 당시 인도인들은 간디의 이 말 한마디에서 힘을 얻어 분연히 일어섰다. 이는 인도인들에게 사기를 잃지 않고 의욕을 갖도록 해주었다. 이 말을 통해 인도인들은 절망적인 상황에서도 희망을 찾아낼 수 있었던 것이다.

2. 지금 여러분이 부딪힌 벽이 무엇입니까?

추상적으로 생각하지 말고 구체적으로 말해 보라. 그러면 그 벽을 허물어뜨리는 방도를 찾게 될 것이다. 주어진 현실을 바꿀 수는 없다. 그러나 현실을 보는 눈을 바꿀 수는 있다.

중국의 성자 공자孔子, B. C. 551~B. C. 479는 같은 일을 하고 같은 보수를 받는 두 사람에게 물었다. "네가 그 일을 하면서 얻은 것이 무엇이고, 잃은 것이 무엇이냐."

공자의 조카 되는 공멸孔蔑은 얻는 것이 하나도 없고, 잃은 것만 세 가지 있다고 답한다. "일이 많아 공부는 못 했고, 보수가 적어 친척 대접을 잘 못 했고, 공무가 급하여 친구 사이가 멀어졌다"라고 말이다.

공자의 제자인 자천子賤에게 똑같은 질문을 던졌더니 그는 "잃은 것은 하나도 없고 얻은 것이 셋이라"며 "배운 것을 실행해 보니 배운 것이 더 확실해졌고, 보수를 아껴 친척들을 대접하니 그들과 더 친숙해졌으며, 공무의 여가에 친구들과 교제도 하니 우정이 더욱 두터워졌다"라고 답하였다. 똑같은 일에서 두 사람이 이렇게 다른 생각을 가질 수 있다.

이 시대를 사는 우리는 이 두 사람의 인생 중에서 어떤 인생을 살겠는가? 잃어버린 인생인가? 얻는 인생인가? 살아가면서 잃어버렸다고 생각하는 그 순간이 오히려 모든 것을 얻게 되는 시작점이 될 수 있음을 우리는 알아야 한다.

세일즈맨으로 성공한 미국의 오그 만디노Og Mandino, 1923~는 그의 저서 《위대한 상인의 비밀The Greatest Salesman In the World》에서 자기의 성공비결을 이렇게 말한다. "슬프면 소리를 내어 웃자. 기분이 나쁘면 곱빼기로 웃자. 두려우면 문제 속으로 뛰어들자. 열등감을 느끼면 새 옷을 갈아입자. 불안하면 고함을 두세 번 더 지르자. 무능을 느끼면 지난날의 성공을 되새겨 자기도 할 수 있다는 것을 찾아내자. 나 자신이 보잘것없이 느껴지면 내 평생의 목적을 기억하자." 이렇게 자기 자신을 깨우치고 관리했다는 것이다.

미국의 흑인 대통령 버락 오바마Barack Obama, 1961~는 "다른 사람이 가져오는 변화나 더 좋은 기회를 기다리기만 한다면 결국 변화는 오지 않는다. 우리 자신이 바로 내가 기다리던 사람이고, 우리 자신이 바로 내가 찾는 변화이다"라고 하며, 남에게서 기회를 가져오려고 하지 말고 그 변화, 그 기회가 바로 자신임을 알아야 한다고 하였다.

미국의 32대 대통령 프랭클린 루스벨트Franklin Roosevelt, 1882~1945는 미국이 가장 어려웠던 시기의 대통령이었다. 그 당시 한 기자가 물었다. "대통령께서는 걱정스럽고 초조할 때 어떻게 마음을 가라앉히느냐"라고. 그는 "휘파람을 붑니다"라고 했다. 그 기자가 "대통령이 휘파람을 부는 것을 보았다는 사람이 없는데요?"라고 되묻자 그는 "그건 당연하지. 나는 아직 걱정스럽고 초조한 마음을 가져 본 적이 없으니까요! (웃음)" 라고 말했다. 사람은 이렇게 낙천적이고 긍정적이어야 큰일을 할 수 있는 것이다. 대통령의 이런 여유로운 농담조의 이야기를 들은 미국 국민은 "아직 우리는 끄떡없구나! 조금만 더 버티자. 조금만 더 노력하자. 지금 내가 서 있는 곳에서 내가 할 수 있는 일이 아무리 작은 일일지라도 나라를 위해 대통령과 같이 솔선하는 사람이 되자"라고 분발해서 미국의 위기를 극복했다고 한다.

지금 할 수 있는 일은 오늘의 절망에 대해 누군가를 원망하고 비난하는 일이 아니라, 오히려 내가 가진 작은 것을 투자해서 희망과 위로를 보내는 일이다. 지금 할 수 있는 일은 어떤 경우에라도 포기하지 않는 것, 인내이고 희망이다. 캄캄한 밤중이 오면 새벽이 가까워 옴을 느낄 수 있는 우리 마음의 여유를 갖는 것이다.

우리는 세월호 참사를 기억한다. 세월호 침몰 사태도 누구를 원망하고 탓하기에 앞서 우리의 처지를 냉철히 돌아보고 내가 할 수 있는 일이 무엇인가를 생각해야 할 것이다.

여기서 또, 한 세일즈맨의 고백을 귀담아 들어 보자. "나는 고객을 만나 성심성의껏 물건을 설명한다. 거절을 당한다. 그러면 거절당한 횟수만큼 성공이 다가오고 있음을 마음속에서 계산한다. 이제 몇 번만 더 거절당하고 실패하면 내 물건이 팔릴 것이고, 이 물건의 임자를 만나게 될 것이란 희망을 담는다." 이것이 바로 실망과 실패 가운데서도 희망을 보는 눈이다.

독일의 소설가 장 파울Jean Paul, 1763~1825은 "소심한 사람은 위험이 일어나기 전에 무서워한다. 어리석은 사람은 위험이 일어나고 있는 동안에 무서워한다. 대담한 사람은 위험이 지나간 다음부터 무서워한다"라고 하였다. 위험과 공포는 모든 동물이 느끼는 현상이다. 이러한 위험과 공포를 인간은 미리 불안이라는 요소로 받아들인다. 불안이란 인간만이 느낄 수 있는 감정 중 하나다. 다른 동물은 위험이 닥쳐오기 전에 불안을 감지하지 못한다.

자동차 왕 헨리 포드Henry Ford, 1863~1947는 "미래를 두려워하고 실패를 두려워만 하는 사람은 활동을 제한받아 미리 손도 발도 움직일 수 없게 된다"라고 하였다.

남아프리카공화국의 지도자 넬슨 만델라Nelson Mandela, 1918~2013는 "용감한 사람은 두려움을 못 느끼는 것이 아니라 두려움을 극복하는 사람이다"라고 하였다. 사람이 남에게 지지 않으려면 두려움을 정복하는 수밖에 없다.

긍정적 착각이란 오히려 인간을 행복하게 하고 발전시킨다는 학자들의 결론이 나와 있다. 손가락 하나가 잘려 있는 그림을 어린아이에게 보일 때, 그 손가락이 나중에 자라난다고 답하는 어린이의 지능지수가 더 높다는 것이다. 희망을 갖는 것이 긍정이다. 그러므로 긍정적인 착각을 동반하는 희망과 꿈이야말로 실패와 좌절에 대한 두려움으로부터 우리를 감싸 주는 보호막 역할을 해준다고 볼 수 있다. 미리 실패의 두려움에 묶여 움츠러드는 바보가 되지 말라는 것이다.

토론토대의 심리학과 교수 마이클 인즐릭트 교수팀의 연구에 의하면, 신의 존재를 믿지 않는 사람보다 믿는 사람이 불안을 덜 느끼고 걱정을 덜 한다는 결론이 나왔다고 한다. 기도가 불안감을 해소해 준다는 이야기이다.

영국의 저명한 역사학자 베로니카 웨지우드는 "체념해 버린 사람에게는 불안이 없다고 한다. 가지 않는 길을 가려면 누구나 다 불안한 것이다. 불안은 절망의 징후가 아니라, 희망의 징후다"라고 말했다.

우리는 흔히 죽으면 천국에 간다고 한다. 천국이 없다고 생각하는 사람보다는 그 얼마나 희망적인가? 그러나 미지의 내세에서의 천국보다는 살아서도 천국에 산다면 얼마나 더 좋을까? 그러면 살아서 누릴 수 있는 천국은 어떤 곳일까? 바로 오늘의 어려움에도 불구하고 내일의 희망을 가질 수 있는 세상, 행복·평화·사랑·화목이

가득한 세상일 것이다. 차동엽 신부는 말한다. "부는 악이 아니라 선을 행할 수 있는 아주 좋은 기회이다"라고 ….

누군가 미국의 최대 부자 록펠러의 딸에게 물었다. "당신은 모든 여성이 부러워하는 부잣집 딸입니다. 행복하시지요?" 그러자 그녀는 이렇게 답했다. "날더러 행복하다구요? 누가 돈으로 행복을 살 수 있나요. 돈의 힘으로도 어떻게 할 수 없는 일이 얼마든지 있어요. 돈이 궁하면 불편하고, 돈에 매달리면 돈보다 더 중요한 것을 잃고 말아요. 그러니 돈은 행복의 절대적인 조건이 될 수 없어요."

인간이 일생을 살면서 돈벌이에만 집념하는 것은 자기의 야망의 폭을 너무 좁게 잡은 것이라 볼 수 있다. 돈보다 더 큰 야망을 가지고 더 큰 뜻을 품어라. 여러분의 가능성은 돈보다 훨씬 위대하다는 것을 믿어라. 여러분의 장래 직업도 이런 기준에 따라서 고르는 것이 바람직하다.

'돈 말고 또 다른 큰 것이 있단 말인가요?' 하는 반문이 나올 수 있을 것이다. 요즘 젊은이들의 경제적 상황이 워낙 어렵기 때문이다. 요즘 젊은이들은 눈앞에 절망만이 가득한 세대인 듯하다. 돈 때문에 연애, 결혼, 출산을 포기하는 '3포' 세대, 월 평균 88만 원을 받는 비정규직 세대, 한참 일할 나이인 20대의 90%가 백수인 세대, 장기간 미취업자 '장미족' 수가 최대인 세대, 어렵게 취업해도 38세에 벌써 퇴출 대상인 '38선' 세대 …. 이런 유행어가 있는 것도 지금의 청년 세대가 처한 어려운 상황을 드러내는 방증이라고 할 수 있을 것이다.

내가 말할 수 있는 것은 그래도 확고한 의지만 있다면 지금 자신에게 주어진 것들을 어떻게 하면 풍요롭게 누릴 수 있는가 생각할 여지가 아직 남아 있다는 것이다.

우리는 예부터 "콩 한 쪽을 열이 갈라 먹는다"라고 했다. 어떻게 현재 내가 가진 것만으로도 행복 효과를 얻어 낼 수 있을까? 이것은 우리가 찾아내야 하는 영역인 것이다. 같은 조건에서 누구는 행복하고 누구는 불행한 것을 우리는 본다. 이렇듯 자신이 자신의 행복 조건을 바로 지금 가지고 있음을 믿는 것이 중요하다. 행복을 돈과 연결시켜 판단하는 것은 큰 문제가 있다. 그렇다면 돈이 웬만큼 있어도 다른 사람과 비교해서 조금이라도 부족하면 행복을 느끼지 못하고 끙끙댈 것이 아닌가?

행복과 돈을 연결시키는 국민은 세계에서 한국이 1등이라고 한다. 갤럽 조사에 의하면 국민 개개인의 주관적 행복도는 삼바와 축구의 나라 브라질, 그리고 베트남과 미얀마 등이 최상위에 있다. 그 행복도가 가장 낮은 국민이 우리 한국인이라고 한다. 우리나라는 OECD 국가 가운데 가장 잘사는 나라 축에 든다. 그런데도 우리는 늘 부족함을 호소한다. 콩 한 쪽을 열이 갈라 먹던 우리임을 생각할 때 참으로 안타까운 일이다.

3. 우리의 문제가 바로 여기에 있다

당장 먹고사는 문제보다 인간에게 더 중요한 것은 '자기 존재의 의미를 발견하는 것'이다. 물론 생명을 유지하는 데는 먹고사는 문제도 중요하다. 즉, 그만한 돈이 필요하다.

그러면 내가 지금 먹기 위해서, 돈을 위해서 사는 것인가? 그렇게 먹고만 살아서 무엇을 할 것인가? 우리는 존재가치가 있는 인간이 되기 위해서 사는 것이 아닌가? 우리는 우리가 사는 이유를 곰곰이 생각해 볼 필요가 있다. 우리는 그저 살기 위해서만 사는 것이 아니라, 이 지구상에서 가치 있는 보람된 인간이 되기 위해서 지금 일하고 고생하며 하기 싫은 공부도 해가면서 노력하고 있는 것이 아닌가? 그 보람 있고 가치 있는 행복한 세상, 미움은 없고 용서만 있고, 다툼은 없고 서로 나눔만 있는 지상의 천국 건설에 적으나마 힘을 보태기 위해서 우리는 살고 있는 것이다.

그러므로 지금 우리에게 당장 필요한 것은 돈이나 직장보다도 가치관의 혁명이다. 무엇보다도 먼저, '더 소중한 가치'를 놓치지 않는 이른바 가치관 뒤집기가 필요하다. 돈보다 의미 있는 삶을 추구한다는 것, 부자가 되는 것보다 보람 있는 삶을 더 꿈꾼다는 것이 얼마나 가치 있는 일인가?

영국의 노숙자들이 만든 잡지가 있다. 〈빅이슈*Big Issue*〉라는 잡지다. 전 세계 28개국에서 이 잡지가 발간·배포되고 있다. 이 잡지를 판매하는 노숙자들이 "나는 지금 구걸을 하는 것이 아니라, 일을 하고 있습니다"라는 글귀를 노숙자 조합원 번호표와 함께 가슴에 달고 잡지 한 권을 팔면서 스스로를 보람 있는 일에 보탠다.

차동엽 신부는 "자기 삶의 경험에서 무슨 일을 하든지 그 자체를 즐겨라!"라고 외친다. "배를 굶을지언정 의미 없는 일을 하지 말라. 돈만을 위하여 일하는 사람은 영혼을 잃기 쉽다. 명예를 구하여 일하는 사람은 기쁨을 잃기 쉽다. 권세를 탐하여 일하는 사람은 친구를 잃기 쉽다. 자기가 사랑하는 일을 하고, 일을 위하여 일하라. 그러면 나머지 것들은 따라올 것이다." 이렇게 설파하고 있다. 돈도, 명예도, 권세도 땀 흘려 열심히 일하는 가운데 자연스레 따라온다는 것이다.

우리는 "일을 하는 과정을 즐겨라"라고 수없이 들어 왔다. 하버드대의 교수는 학생들의 과제물을 받아 채점할 때마다 답안지 밑에 '이 답안이 자기가 최선을 다한 결과인가?'라고 쓴다. 학생들은 당황하지만 돌이켜보면 최선을 다하지는 못했음을 곧바로 인정하게 된다. 그래서 학생들은 또 최선을 다한 답안지를 써내고, 교수는 다시 '최선을 다한 답안지인가?'를 묻는다. 이렇게 열 번쯤 반복하다 보니 진정으로 최선을 다한 답안지가 나오고, 그 답안지는 세계의 새로운 사조가 되어서 세계에 공헌하게 된 것이다. 그것이 하버드대다. 그렇게 해서 오늘의 세계 제일 하버드대가 만들어진 것이다.

미국 국무장관이자 노벨평화상 수상자였던 헨리 키신저Henry Kissinger, 1923~는 자신의 국무장관 시절에 대해 쓴 저서 《백악관 시절》(1979)에서, 최선을 다했는지를 스스로에게 되풀이 물어보는 것을 습관화하라고 하였다.

우리에게는 성공보다 행복에 더 우선을 두는 발상의 전환이 필요하다. 흔히 우리는 성공하면 행복할 것이라고 생각하고 죽을 둥 살 둥 노력하지만, 그 노력은 끝이 없다. 그 길을 가면서 행복하면 그것이 바로 성공인 것이다.

우리는 무슨 일을 하면서 목적의식에 사로잡혀 '이 일이 성취되면 나는 돈을 많이 번다, 지위가 높아진다' 등 목표만을 추구하고 나가기 일쑤이다. 그러나 인간으로서 보람된 가치 있는 일에 열중해 나가다 보면 저절로 성취의 과정이 하나하나씩 손에 잡힐 때가 있다. 설령 그러하지 못할지라도 가치 있는 일을 열심히 하다 보면 일로 지친 가운데서도 오히려 행복을 만나게 되는 것이다. 설령 찾지 못할지라도 거짓으로라도 행복하다고, 이렇게 열심히 포기하지 않고 노력할 수 있어서 행복하다고 스스로를 속여서라도 행복을 찾아내라. 그러면 우리의 몸에서는 엔도르핀이 나오고 행복을 느끼게 된다. 거짓 행복이 진짜 행복이 되는 것이다. 그래서 행복이 먼저 오고, 뒤따라 성취와 성공이 오는 법이다.

우리가 잘 아는 독일 태생 대大 물리학자 아인슈타인A. Einstein, 1879~1955이 어린 시절 성적이 좋지 않았다는 것은 잘 알려져 있다. 그러나 그가 유명해지기 전에는 가난했다는 것은 잘 알려져 있지 않다.

아인슈타인은 연구를 하면서도 빵 한 조각, 물 한 잔으로 식사를 때우는 일이 허다했다고 한다. 친구들이 그 사실을 뒤늦게야 알고 "자네가 이렇게까지 힘든 생활을 하는 줄 몰랐네. 말이라도 했어야

지. 그러면 우리가 도와주었을 것 아닌가"라고 하자 아인슈타인은 "그 무슨 소리. 나는 지금 설탕, 소금, 밀가루, 베이킹파우더, 달걀에 물, 거기에다 저 흘러나오는 음악까지 훌륭한 만찬을 즐기고 있지 않은가" 하고 웃으며 대답했다고 한다. 그는 가난의 고통에도 아랑곳 않고 열심히 공부하고 일을 했다. 그가 어려운 상황을 여유로운 생각의 힘으로 이겨냈다는 것은 우리가 미처 몰랐던 사실이다. 그는 오직 자신이 가는 길에서 희망을 보고 열심히 한 것이다.

우리는 과학자 아인슈타인과 같이 자기 손바닥 안에 주어진 것에서 풍요를 만끽할 줄 알아야 한다. 그렇게 하지 못한다면 우주를 소유한들 배고픈 것은 여전할 것이다. 자기가 쥐고 있는 빵 한 조각에서도 풍요를 느낄 수 있는 행복을 스스로 만들어 가져야 한다. 진수성찬에서만 배가 부른 것은 아니다. 빵 한 조각, 그 속에 들어 있는 소금, 설탕, 밀가루 등 재료를 생각하며 만족해 할 때, 그 속에서 진수성찬의 풍요가 느껴지고 행복감이 찾아와 나와 그 행복이 함께할 것이다. 그렇게 꾸준히 가다 보면 진정한 행복이 와 있을 것이다. 자기에게 주어진 것, 그것이 작고 하찮은 것일지라도 생각해보면 고마운 일이고 소중한 것이다. 그러니 우리는 주어진 것에서 감사할 줄 알아야 한다. 아인슈타인의 저녁식사에서 빵 한 조각, 물 한 컵, 그것이야말로 그의 생명을 지탱해 준, 그래서 장차 자기를 대 학자로 만들어 준, 무엇과도 바꿀 수 없는 만찬인 것이다.

작은 것일지라도 자기에게 주어진 것을 소중히 여기고 감사할 줄 아는 사람, 그 사람은 어떤 경우에 처하건 '지금 그 자체'로 행복을 아는 사람이다. 오늘 행복을 간직할 수 있는 사람은 당연히 내일도 행복이 보장되어 있다. 이렇게 행복이 연속되는 끝자락에는 성취와 성공이 반드시 온다. 그래서 우리는 어떠한 경우에도 희망을 가져야 한다. 생명이 붙어 있는 한, 우리는 희망이 있는 것이다. 다만 지금 보이지 않는 나의 희망은 내 안에서 나의 욕심의 그늘에 가려져 있을 따름이다.

2

꿈에 날개를 달라

황승룡

전 호남신학대학교 총장

황승룡 黃勝龍
신학박사. 우암학원 이사장.
호남신학대학교 총장, 한국조직신학회 회장,
한국대학법인협의회 부회장,
전국신학대학협의회 회장 등을 역임했다.

젊음의 시기는 인생의 황금기로서 가장 아름답고 소중한 시기이다. 이 시기가 소중한 까닭은 젊음이 가진 무한한 가능성 때문이다. 젊음을 어떻게 가꾸고 연마하느냐에 따라 삶이, 미래가 달라진다. 그러므로 젊은이들은 이 시기를 잘 갈고닦아 가장 아름답게 빛내야 한다.

오늘을 살아가는 젊은이들은 고통스럽고 무거운 짐을 지고 있다. 그래서 흔히 '3포 세대, 5포 세대, 7포 세대, 더 나아가 모든 것을 포기한 N포 세대'라 부르기도 한다. 또 이 나라를 '헬(지옥) 조선'이라 말하기도 한다. 그러나 이러한 힘겨움 때문에 소중한 젊음을 그냥 포기하거나 낭비하여 허망하게 소모해서는 안 된다.

인생의 계획은 젊은 시절에 달려 있다.
1년의 계획은 봄에 있고
하루의 계획은 아침에 있다.
젊어서 배우지 않으면 늙어서 아는 것이 없고
봄에 밭을 갈지 않으면 가을에 바랄 것이 없으며
아침에 일어나지 않으면 아무 한 일이 없게 된다.

공자의 말

세계 최대의 기업 애플Apple을 창업한 스티브 잡스Steve Jobs는 스탠퍼드대Stanford University의 졸업식 연사로 초청받아 "계속 열망하라, 계속 우직하라stay hungry, stay foolish"라고 하였다. 그는 배고픈 사람이 먹기를 간절히 갈망하는 '헝그리 정신', 즉 열정과 바보스러울 만큼

묵묵히 걸어가는 우직함을 강조하였다. 바로 이것이 그의 성공 비법이었다. 이렇듯 열망하고, 갈망하고, 인내하는 사람에게는 기회의 문이 열려 목표점에 도달하게 된다. 하늘은 스스로 돕는 자를 돕는다.

찬란하면서도 힘든 시기를 보내고 있는 젊은이들에게 응원과 격려를 보내면서 목표점에 도달할 희망의 메시지, 삶의 이정표를 전하고자 한다.

1. 꿈꾸기: 꿈이 이끄는 삶

사람은 시간 속에 던져진 존재이다. 사람은 시간을 떠나서 살 수 없다. 시간은 우리의 삶을 만드는 재료이다. 시간은 곧 나 자신이요, 내 전부이다.

그리스어에는 시간을 나타내는 두 가지 용어가 있다. 크로노스 chronos와 카이로스kairos이다. 크로노스란 시간의 흐름에 따라서 계산하는 양적 시간의 개념이다. 반면에 카이로스란 질적 시간의 개념이다. 사람에게 주어진 시간의 양은 모두에게 동일하다. 하루는 24시간, 한 달은 30일, 일 년은 365일이다. 그러나 모든 사람에게 동일하게 주어진 이 시간이 똑같은 가치와 의미를 창조하는 것은 아니다. 그 의미와 가치는 시간을 어떻게 사용하느냐에 따라 확연히 달라진다. 그럼 이 동일한 시간 속에서 새로움을 창조하는 것은 무엇인가? 꿈과 비전vision이다. 꿈과 비전은 시간을 새롭게 창조하는 원동력이다. 꿈과 비전은 삶을 가꾸어 새롭게 살게 하는 역동적 힘이다. 그러므로 우리는 꿈꾸기를 멈추어서는 안 된다. 꿈을 포기하거나 망각하는 것은 가장 무서운 일이다. 《성경》에서는 "묵시가 없으면 백성이 방자히 행하거니와"라고 말한다(〈잠언〉 29장 18절, 개역개정판). 여기서 묵시란 바로 앞서 말한 꿈과 비전을 의미한다. 사람이 꿈과 비전이 없으면 방자하게disorderly, 제멋대로, 무질서하게, 제 원하는 대로, 규모 없이 살 수밖에 없다. 꿈이 없기에 아무런 목표의식이 없이 그냥 하루하루를 살아가기 때문이다. 그렇기에 "꿈이 있는 백성은 항상 새롭지만 꿈을 잃은 백성은 망한다"라고 말한다. 사람은 꿈을 가져야 한다. 특히 젊은이는 더더욱 그렇다.

리처드 바크Richard Bach는 자신의 책 《갈매기의 꿈Jonathan Livingston Seagull》에서 꿈을 실현하고자 끊임없이 노력하는 갈매기 조나단의 삶을 이야기한다. 대부분의 갈매기는 먹이를 찾아 해안으로 떠났다 다시 돌아오는 것 이상을 배우려 하지 않는다. 대부분의 갈매기는 나는 것이 아니라 먹는 것에 만족하며 살아가기 때문이다. 그러나 조나단에게는 먹는 것이 아니라 나는 것이 중요했다. 그는 하루에도 수백 번씩 나는 법을 익히고 또 익혔다. 그는 결국 높이 날게 되었고 유선형 고속강하를 하게 되었다. 높이 날게 되어 대양 표면에서 살아 있는 물고기 떼를 발견한 그는 살아가기 위해서 더 이상 어선과 상한 빵이 필요 없게 되었다. 그는 나는 것을 통해서 '가장 높이 나는 갈매기가 가장 멀리 본다'라는 사실을 깨닫는다. 우리는 이 이야기를 통해 날려는 꿈을 가진 갈매기는 하늘 높이 날게 되므로 새로운 세계를 열어 갈 수 있다.

중국의 석학 린위탕林語堂 박사는 《생활의 발견》이라는 책에서 인간의 위대성에 대하여 이렇게 썼다.

① 지적 탐구심
② 꿈과 비전을 가짐
③ 꿈과 비전을 현실 속에서 적용시켜 성취함
④ 살고 있는 삶의 환경을 바꾸어 가는 것

인간의 위대성은 꿈에 있다. 꿈은 사람의 생각을 바꾸고 그가 살고 있는 환경을 바꾸어 새로운 삶을 살게 한다. 그럼으로써 결국 새로운 세계를 펼쳐나가게 한다.

이를 잘 보여 주는 사례가 있다. 어느 날 미 해군 함대에 제일 높은 계급의 해군 제독이 순시를 왔다. 그런데 그는 실수로 대장 계급장을 잃어버리게 되었다. 순시하는데 대장 계급장을 잃어버렸으니 큰일이 난 것이다. 대장 계급장을 찾기 위해 모든 방법을 다했지만 길이 없었다. 바다 한가운데에 대장 계급장이 있을 리 없었다. 마지막 기대를 하면서 선내방송을 통해 공지했다. 하지만 대장 계급장이 나올 것이라고 아무도 기대하지 않았다. 그런데 방송을 한 지 10분이 채 지나기도 전에 이제 막 임관한 소위가 헐레벌떡 대장 계급장을 가져왔다. 제독은 그가 어떻게 대장 계급장을 가지고 있는지 물어보았다. 그러자 그는 이렇게 대답했다. "제가 소위로 임관할 때 애인이 꼭 대장까지 되라고 선물한 것입니다. 저는 이 계급장을 항상 가슴에 품고 다니며 제 의지를 다짐하곤 합니다." 이 소위가 바로 제2차 세계대전 당시 태평양 전쟁에서 맹활약한 체스터 윌리엄 니미츠Chester William Nimitz 제독이다. 니미츠는 본래 목표했던 4성 장군을 넘어 미 해군 최초의 5성 원수가 되었고 이후 그의 이름을 딴 미 항공모함이 건조될 정도로 미 해군 역사에 한 획을 긋는 장군으로 기록되었다. 그의 꿈이 이루어진 것이다.

인간의 역사는 꿈을 가진 사람들이 만들어 왔다. 아놀드 토인비 Arnold J. Toynbee는 역사는 창조적 소수자creative minority에 의해서 만들어진다고 했다. 창조적 소수자란 당면한 도전에 대하여 순응하지 않고 꿈과 비전을 가지고 응전하고 극복하여 이겨낸 사람들이다.

20세기의 위대한 거인 마틴 루터 킹Martin Luther King 목사는 "나는 꿈을 가졌노라I have a dream"를 외치며 그 꿈을 이루기 위해서 몸을 던졌다. 결국 그의 꿈과 기도대로, 미국에서 흑인과 백인 간의 갈등과 반목의 문제는 크게 해소되었고 마침내 버락 오바마Barack Obama가 흑인 최초의 미국 대통령으로 당선되기도 했다. 킹 목사의 꿈이 실현된 것이다.

이렇듯 인간의 역사는 꿈을 가진 사람들이 이룬 역사다. 개인의 역사도 마찬가지다. 그렇기에 우리는 꿈꾸기를 계속해야 한다.

그러나 꿈은 단지 꾸는 것만으로 이루어지지 않는다. 꿈은 각오와 결단만으로 성취되지 않는다. 꿈꾸는 것과 함께 성실한 실천이 있어야 한다. 이 실천이 바로 자신의 꿈에 날개를 다는 것이다. 이 꿈의 날개가 비상하여 우리를 날게 한다.

2. 노력 없이는 이룰 수 없다

필자가 지금껏 살아오면서 깨달은 진리 중 하나는 '공짜는 없다'는 것이다. "No pain, no gain"이라는 말대로, 노력 없이는 거둘 것이 없다. 씨를 뿌리고 땀을 흘려야 추수할 수 있다. 농사짓는 농부들은 '논밭의 곡식은 주인의 발소리를 듣고 자란다'라고 한다. 그만큼 노력하고 정성을 다할 때에 곡식이 자라 추수할 수 있다는 뜻이다. 이것이 자연의 법칙이고 삶의 법칙이다.

우리가 사랑하는 축구선수 박지성의 발은 평발이다. 그러나 그는 피나는 연습을 거듭하여 한국을 대표하는 축구선수가 되었다. 김연아 선수는 반대로 피겨선수로서 뛰어난 신체적 조건을 가지고 있었다. 그러나 그녀의 올림픽 금메달의 비결 역시 타고난 신체가 아닌 수천 번, 수만 번 찧은 엉덩방아에 있다. 세계적인 발레리나 강수진도 마찬가지다. 만일 여러분이 강수진 발레리나의 발을 보게 된다면 결코 일반적인 여성의 발이라 생각할 수 없을 것이다. 빌 게이츠도 하루에 8시간을 컴퓨터센터에서 살았다고 한다. 우리가 타고난 천재로 알고 있는 모차르트도 수많은 연습을 했었다. 이렇듯 꿈을 이룬 사람들은 끊임없는 연습을 통하여 자신의 꿈을 이룬 것이다. 꿈을 이룬 모든 사람들은 예외가 없다. 타고난 재능과 천재성만으로 꿈은 이루어지지 않는다.

날개 없는 선풍기, 먼지 봉투 없는 청소기, 속이 뻥 뚫린 헤어드라이기 등 기존의 상식을 깬 가전으로 유명한 영국 회사 다이슨Dyson를 창업한 창업자 제임스 다이슨이 2019년 9월 27일 한국을 최초로 방문했다. 그는 자기 이름을 새긴 제품을 75개국에서 1억 대 이상(2017년 기준) 팔았다. 다이슨의 가장 대표적 제품인 먼지 봉투 없는 청소기는 자신의 실험실이었던 마구간에서 5년 동안 무려 5,127개를 만든 끝에 성공한 결과물이라 한다. 5,126번을 실패하고 5,127번째에 비로소 팔 수 있는 시제품이 나온 것이다. 그는 인터뷰에서 "… 장거리 운동선수는 마의 구간, 고통의 극한점을 뛰어넘어야 해요. 제품 개발할 때도 마찬가지입니다. 아무것도 안 되는 순간을 맞닥뜨릴 때가 있어요. 대부분의 사람들은 포기할 시점입니다. 그 지점에서 정말 열심히 하면 뭔가가 일어날 것입니다"라고 말한다. 그러면서 마냐냐manana (스페인어로 '내일, 곧'이라는 뜻) 정신으로 버텼다고 한다. 5,126번의 실패에도 굴하지 않는 그의 열정, 집념, 그리고 끈질긴 인내가 오늘의 그가 되게 하였다(2019년 10월 5일 자 〈조선일보〉 주말 섹션 인용).

맬컴 글래드웰Malcom Gladwell은 《아웃라이어Outlier》에서 '1만 시간의 법칙'을 말한다. 어떤 분야이든 1만 시간을 연습하면 그 분야에서 전문가로 성공할 수 있다는 것이다. 그는 이를 통해 끊임없는 반복연습, 성실성의 중요성을 강조한다. 하루 3시간이면 10년, 6시간이면 5년, 하루 10시간이면 3년이다. 성취는 그냥 이루어지지 않고 노력으로 얻어진다. 연습은 미래를 위해서 현재의 고통을 감수하는 일이며 미래의 행복을 위해 저축하는 일이다.

우리가 사는 오늘의 사회는 지식기반 사회로서 지식이 폭증하는 사회이다. 현재 지식이 배증하는 기간이 5년이라 한다. 그러나 2020년 이후에는 지식이 배증하는 기간이 채 1년도 되지 않을 것이라고 한다. 이처럼 기술과 정보는 쉼 없이 빠르게 변화하고 있다. 이러한 변화에 대응하기 위해서는 끊임없는 노력이 요청된다. 노력 없이는 뒤떨어질 수밖에 없고 거둘 수 있는 것도 없다.

3. 좋은 성품을 길러야 한다

《성공하는 사람들의 7가지 습관》이란 책을 쓴 스티븐 코비Stephen R. Covey는 성공하기 원한다면 "내면으로부터 시작하라"고 말하고 있다. 그러면서 "이 세상에서 진정한 우수함이란 올바른 삶과 분리될 수 없다"는 데이비드 스타 조든David Starr Jordan의 문장을 인용한다. 스티븐 코비는 1776년 이래로 미국에서 성공과 관련하여 출판된 책을 조사해 보았다. 조사 결과, 최근 50년 동안의 성공 문헌들은 모두 피상적인 해결책만을 제시했다. 즉, 어떻게 대인관계에서 성공할 수 있는가를 가르치는 대화의 기법, 기술, 태도 등을 가르치는 성격 윤리personality ethics였음을 발견한 것이다. 이 같은 성격 윤리는 다분히 조작적, 기만적인 면을 가지고 있을 뿐 아니라 다른 사람이 자기를 좋아하도록 술수를 쓰게 하고, 또 자신의 목적 달성을 위하여 위장하고, 경우에 따라서는 마치 권력, 재력을 가진 것처럼 보이도록 하거나 나아가 다른 사람에게 위협적인 수단을 쓰게 하기도 한다. 이런 성격 윤리는 이차적인 요소는 될 수 있을지 모르지만 일차적인 요소는 될 수 없다는 것이다. 그러면서 그는 미국이 건국한 후 처음 150년간의 윤리는 성품 윤리character ethics로, 인성에 관심을 갖는 윤리였다고 말한다. 대표적인 경우는 벤저민 프랭클린의 자서전에 나오는 "언행일치, 겸손, 충성, 절제, 용기, 정의, 인내, 근면, 소박, 순수함" 등이었다. 성품 윤리에 따르면, 성공적인 삶을 살기 위해서는 기본 원칙이 있어야 한다. 따라서 우리가 이 원칙을 배우고 또 이것을 기본적인 성품에 통합시킨다면 진정한 성공과 행복한 삶을 성취할 수 있다는 것이다. 이것이 바로 인간의 일차적 요소라고 코비는 말한다.

그는 이를 가리켜 패러다임paradigm의 변화, 즉 사고 방향의 전환이 와야 한다고 말한다. 지금까지는 외부에서 내부로 향하던 방향을 내부에서 외부로, 다시 말해 타인을 변화시키기 위한 성격 윤리의 패러다임에서 자신을 변화시키는 성품 윤리의 패러다임으로 바꿔야 한다는 것이다. 가장 설득력 있는 의사전달을 가능하게 하는 것이 바로 성품이기 때문이다. 물론 성품상으로는 강점을 가지고 있더라도 커뮤니케이션 기술이 부족하기 때문에 원활한 대인관계에 부정적 결과를 가져오는 경우도 있다. 그러나 이러한 영향은 여전히 이

차적일 따름이다. 결국 사람을 감동시키고, 사람의 마음을 변화시키는 것은 성품으로만 가능하기 때문이다. 예컨대 어떤 사람의 성품을 잘 알고 있기 때문에 그를 절대적으로 신뢰하는 것과 같은 것이다. 이 같은 경우 그 사람이 달변가이든 아니든, 대인관계 기술이 훌륭하든 그렇지 않든, 우리는 그 사람을 믿고 함께 성공적으로 일한다. 좋은 성품은 언어와 행동 이상의 힘이 있고, 상대방에게 절대적인 신뢰를 준다.

미국의 수필가 윌리엄 조지 조던William George Jordan은 성품에 관해서 이렇게 말한다. "우리 모두는 선과 악을 행하는 놀라운 힘, 즉 성품을 가지고 있다. 성품은 소리 없이, 무의식적으로, 안 보이게 삶에 영향력을 행사한다. 그러므로 성품은 우리가 가식적으로 꾸며낼 수 없다. 이는 자기의 진정한 모습의 일관된 반영일 따름이다."

예컨대 우리가 어떤 장소에 가고자 한다고 가정해 보자. 이때 우리가 가지고 있는 지도는 목적지에 도달하는 데 큰 도움이 될 것이다. 그런데 만일 우리가 가지고 있는 지도가 잘못된 것이라면? 가령, 인쇄상의 실수로 다른 지역의 지도가 인쇄되어 있었던 것이다. 엉뚱한 지도를 가지고 헤맬 때의 당혹스러움과 좌절감 그리고 목적지를 찾기 위한 노력이 얼마나 비효율적인 것인가를 한번 상상해 보라. 아무리 우리가 평소보다 더 많이 노력하고 애쓴다고 할지라도 실상 이러한 노력은 우리를 전혀 다른 장소로 빨리 데려갈 뿐이다. 우리의 삶에서 지도와 같은 역할을 하는 것이 성품이다. 이것이 성품이 갖는 위력이다.

성품은 진정한 자기 모습이다. 또한 그의 사람 됨됨이를 비추는 거울이다. 그러므로 아무리 숨기려 해도 숨길 수 없다. 따라서 우리들은 성품을 잘 가꾸고 닦아야 한다. 타고난 것이라 여겨 성품 도야陶冶를 게을리 해서는 안 된다. 성품은 노력을 통해서도 길러질 수 있기 때문이다. 우리는 이를 알고 스스로를 잘 가꾸고 다스려 품격을 갖추어야 한다. 좋은 성품은 진정한 삶에 이르게 하며, 성공과 행복에 이르게 하는 까닭이다.

4. 인간관계에 성공하라

사람을 인간人間이라 할 때, 그 뜻은 사람은 사람과의 관계 '사이'에 사는 존재란 뜻이다. 사람이란 본래 관계적 존재이다. 그렇기에 관계가 성공하면 성공하는 것이요, 관계에 성공하지 못하면 성공한 삶이라 할 수 없다. 혹자는 성공은 80%가 관계에 달려 있다고 말한다. 사람의 관계는 이처럼 중요하다. 관계에 성공하기 위해서는 다음 네 가지 자세가 필요하다.

1) 감성지수가 높아야 한다

흔히 사람들은 지능지수IQ가 높아야 성공한다고 생각한다. 그러나 근래 조사된 바에 의하면 감성지수EQ가 높은 사람이 성공할 확률이 높다고 한다. 감성지수란 자신의 감정과 충동을 잘 통제하고 절제하는 능력이다. 더 나아가 자신의 감정을 상대에게 공감시키고, 동시에 상대의 감정까지도 이해하고 공감하는 능력이다. 자신의 감정뿐 아니라 상대방의 감정까지 살피는 것이다.

요사이 우리 사회에는 분노조절이 안 되는 분노조절 장애를 겪는 사람들이 많다. 감정에서 오는 위기에 대한 대처 능력이 없어서 순간적 감정 때문에 삶을 망가뜨리는 것이다. 분노조절 장애는 대체로 폭력으로 나타난다. 층간소음, 자동차 운전 때문에 유발되기도 하고 심지어 연인과 데이트 중에, 가족 간의 말다툼 중에도 발생한다. 그러나 폭력으로 자기 감정을 표출하는 것은 가장 비열한 방법이다. 폭력이 특히 무서운 것은 한 번의 폭력은 계속된 폭력으로 이어져 습관화된다는 점이다. 폭력은 또 다른 폭력을 불러 악순환으로 이어진다. 감성지수가 높은 사람은 이와 달리 감정적 위기에 잘 대처할 수 있다. 자신의 감정을 능숙하게 억제하고 조절한다. 상대방을 이해하는 마음으로 받아들이고 공감하여 그 감정을 공유한다. 이는 상대방에 대한 배려, 존중, 관용이다. 공감이 있는 곳에 사람들이 모여들고, 또한 삶의 기쁨이 있다. 돈으로 살 수 없는 즐거움도 함께한다. 그러므로 우리는 공감능력을 높여야 한다.

우리가 사는 시대를 가리켜 하이테크high-tech시대라고 하는데 이보다는 하이터치high-touch가 더욱 필요하다. 인간은 기술만 가지고 사는 것이 아니다. 사람과 사람 사이의 휴먼네트워크human network는 사회가 기술화, 정보화될수록 더욱 강한 힘을 발휘한다. 세상이 아무리 달라지고 변한다 하여도 결코 달라질 수 없는 것이 인간의 마음이다. 인간에 대한 영구불변의 테마theme는 인간이다. 그러므로 인간에 대한 따뜻한 마음을 지닌 가슴이 필요하다.

처음으로 시체를 해부하는 해부학 수업에 들어온 의과대학의 학생에게, 교수가 살아 있음과 죽음이 무엇이라고 보느냐고 묻는 장면을 화면으로 본 적이 있다. 이때 그 물음에 대한 한 학생의 대답을 잊을 수가 없다. 그 학생은 죽음이란 딱딱함과 차가움이요, 삶이란 부드러움과 따뜻함이라고 답하였다.

부드러움과 따뜻함이 있는 곳에 삶이 있고, 생명이 있다. 그러므로 우리가 살아가는 데 있어서는 자신의 감정을 억제하고 조절하는 능력뿐 아니라 상대방의 감정을 따뜻한 마음으로 이해하고 공유하는 공감능력, 즉 높은 감성지수가 필요한 것이다.

2) 긍정적으로 생각하라

성공한 사람의 특징은 다음과 같다.

① 발걸음이 빠른 사람
② 앞자리에 앉는 사람
③ 시선을 집중하는 사람
④ 항상 웃는 사람
⑤ 긍정적이고 적극적인 사람

사람이 바뀐다는 것은 곧 그 사람의 의식이 바뀌는 것이다. 다시 말하자면, 그 사람의 생각이 바뀔 때 비로소 그 사람이 바뀔 수 있다. 생각은 사람의 인상뿐만 아니라 골격구조까지도 바꾼다고 한다. 생각의 힘은 이처럼 크다.

이런 일화가 있다. 링컨이 미국 대통령이 되었을 때 가까운 친구가 그에게 사람을 추천했다. 그런데 링컨은 그 사람을 만난 후 그를 쓰지 않았다. 훗날 다시 만난 친구가 그 이유를 물었을 때 링컨은 "나이가 40이 넘으면 자기 얼굴에 책임을 져야 한다"라고 말했다고 한다. 그 사람의 인상이 맘에 들지 않았던 것이다. 얼굴이란 얼(정신)이 들어 있는 굴(집)이다. 긍정적 사고는 생각과 행동, 더 나아가 사람의 인상이 달라지게 한다.

바구니에 들어 있는 밤 중 처음부터 큰 것을 골라 먹는 사람은 끝까지 큰 것을, 작은 것을 골라 먹는 사람은 끝까지 작은 것을 먹는다. 다른 생각은 똑같은 상황에서도 다르게 처신하게 한다. 물이 용량의 반이 담긴 컵을 보고 반밖에 없다고 생각하는 사람과 지금도 반이나 남아 있다고 생각하는 사람은 분명 다르다.

큰 코끼리를 훈련시키려면 사흘만 쇠막대기에 쇠줄로 묶어 놓으면 된다고 한다. 쇠줄에 묶여 있는 코끼리는 여러 차례 움직여 보려 하지만 아무리 힘을 써도 움직일 수 없으므로 사흘이 지나면 결국 포기하고 아무것도 하지 않는다는 것이다.

부정적인 생각은 제일 쉽다. 그러나 아무것도 할 수 없다. 부정적인 생각은 자기 자신뿐만 아니라 다른 사람까지 무력화하여 불행하게 만든다. 사람에게는 음과 양이 모두 있는데, 부정적인 사람은 어두운 면만 본다. 또 부정적인 말만 한다. 부정적인 말을 들은 사람은 20번 이상 긍정적인 말을 들어야 부정적인 말의 흔적을 지울 수 있다고 한다. 반면에 긍정적인 사람은 자기 자신뿐만 아니라 상대방 그리고 그가 속한 공동체까지 활기차고 행복하게 한다.

물론 사람의 삶에 오르막길이 있으면 내리막길도 있게 마련이다. 오를 때는 겸손한 마음으로 임하되 내리막에는 끝이 아닌 새로운 시작을 보아야 한다. 햇볕이 좋지만 계속 쬐면 사막이 되어 생명이 살 수 없다는 관점을 가져야 한다. 긍정적인 사람은 비 오는 날에도 더 좋은 날이 있으리라는 희망으로 견디고 이겨 낸다. 그리고 상대에 대해서는 늘 칭찬하고 격려한다. 따라서 긍정적인 사람은 다른 사람과 좋은 관계를 맺고 산다. 긍정적인 생각은 바로 삶의 동력이다.

3) 관용의 정신을 가져라

21세기에 필요한 사람을 이렇게 말한다.

① 함께할 줄 아는 사람: 더불어 함께하는 사람
② 절욕의 사람: 현재의 소비문화로서는 생존이 불가능하므로 소비를 최대한으로 줄이는 사람
③ 관용의 사람: 다름을 아름답게 보아 줄 줄 아는 사람

관용이란 너그러운 마음으로 서로 다름을 용납하는 정신과 태도를 말한다. 우리는 지금 개성의 시대에 살고 있다. 각기 삶의 형태도, 선호도, 가치도 다르다. 이러한 다름을 이상하게 보거나 배척하기보다, 넓은 아량으로 용납해야 한다. 앞서 말한 바대로 '다름을 아름답게 보아 주는' 것이다.

하나님은 사람을 평등하게 만들었다. 능력이나 환경이 같아서 평등한 것이 아니라 각기 다 다르고 유일하다는 의미에서이다. 햇볕을 받아 울창한 나무든 그늘 속에 야윈 나무든 제 몫이 있는 유일한 생명체이다. 이처럼 인간은 다 다르고 그리고 유일하다.

오늘날 우리는 상호 간의 다름을 인정할 것을 요구받고 있다. 이러한 시대를 살아가는 우리에게 필요한 것은 열린 사고, 개방적인 사고이다. 상대방의 개성과 취향을 존중하고, 상호 간의 다름을 인정하고 보아 주는 것이다. 모든 사람이 다 같은 생각을 할 수 없다. 아무리 좋은 정책이라도 명암이 있으며, 아무리 좋은 일에도 찬반이 있을 수 있다. 중요한 것은 나와 다른 생각과 판단을 하는 사람들의 이야기를 외면하거나 쉽게 정죄하기보다, 그들의 이야기를 들어 주는 것이다.

사랑에 있어서도 관용의 태도를 가져야 한다. 더글라스 대프트 Douglas N. Daft가 코카콜라 회장으로 취임하면서 "사랑을 얻는 가장 빠른 길은 주는 것이고, 사랑을 잃는 가장 빠른 길은 너무 꼭 쥐고 놓지 않는 것이고, 사랑을 유지하는 최선의 길은 그 사랑에 날개를 달아 주는 것이다"고 말했던 것을 기억한다. 사랑에도 너그러움이 없으면 안 된다는 뜻이다. 에리히 프롬Erich Fromm은 자신의 책 《사랑의 기술The Art of Loving》에서 사랑의 여러 속성들 중 하나로 존경respect을 말한다. 존경이라는 말은 라틴어 respere에서 왔는데, 이는 "있는 그대로 보아 주다"는 뜻이다. 우리에게는 상대방을 '있는 그대로 보아 주는' 관용의 태도가 필요하다. 이것이 우리의 인간관계를 성공으로 이끌 것이다.

4) 사회적 지수를 높여라

사회적 지수social Intelligence란 함께 어울리는 능력, 함께하는 능력을 말한다. 사회적 지수가 높은 사람이란, 혼자 해도 잘할 수 있지만 다른 사람들과 함께하면 더 잘할 수 있는 능력을 갖춘 사람을 말한다. 즉, 시너지synergy효과를 활용할 수 있는 사람이다. 수리적으로 1 + 1은 2지만 인간의 합은 결코 그렇지 않다. 인간은 함께할 때 엄청난 능력을 발휘할 수 있다. 2002년 뜨거웠던 여름 우리나라 축구를 월드컵 4강에 올려놓은 힘이 무엇일까? 한 사람 한 사람의 축구 실력이라기보다 모두가 전술적으로 하나 되어 뛰었던 팀워크team work일 것이다.

켄 블랜차드Ken Blanchard가 쓴 《하이파이브High Five》라는 책이 기억난다. 이 책은 만년 꼴찌였던 초등학교 아이스하키 팀이 최강의 아이스하키 팀이 되기까지의 이야기를 다룬다. 이 책의 주인공 앨런은 탁월하고 유능한 직장인이었다. 그런데 어느 날 구조조정으로 해고를 당하게 되었다. 그가 사장을 찾아가 이유를 물었을 때 사장은 이렇게 말한다. "당신은 탁월합니다. 그러나 우리는 다 함께 탁월해질 수 있는 사람을 원합니다." 그는 이후 팀워크의 중요성을 인식하고 아이스하키 팀의 코치가 된다. 그는 팀워크를 위한 규칙을 만들었는데, 득점한 사람은 1점, 득점을 할 수 있도록 어시스트를 한 사람은 2점, 그리고 어시스트 한 이에게 패스한 사람에게는 3점을 주는 것이었다. 결국 이 규칙을 따르다 보니 서로 욕심을 내기보다 좋은 위치에 있는 사람을 위해 패스하게 되었고, 팀은 진정한 한 팀이 되어 갈 수 있었다. 이 규칙이 모두를 영웅으로 만든 것이다. 여기에서 정말 감동적인 대목은 "우리 모두를 합친 것보다 더 현명한 사람은 없다None of us is as smart as all of us"라는 말이었다.

가장 큰 힘은 혼자서가 아니라 서로 협력할 때 나오는 것이다. 사회적 지수가 높을 때 자기발전은 물론이요 내가 속한 공동체의 발전과 변화가 일어난다. 함께 걸어가고, 함께 이겨내고, 함께 승리하는 사회적 지수가 우리의 인간관계를 성공으로 이끌 수 있다.

5. 도덕률 따라 살기

'꿈에 날개를 다는 데 웬 도덕률인가?'라는 생각이 들 수 있다. 너무 구태의연한 것 아닌가 싶을 수 있다. 그러나 결코 그렇지 않다. 도덕이란 인간이 추구하고 실현해야 할 가장 보편적인 가치인 까닭이다. 도덕을 우리가 실현하지 못할 때, 우리의 삶뿐 아니라 우리가 속한 공동체는 존립의 근거나 정당성을 잃게 된다.

우리는 개인적으로 크게 성공한 권력자, 재력가, 뛰어난 학자, 명망가가 부도덕성 때문에 자신이 한평생 쌓아 왔던 공든 탑을 하루아침에 허망하게 무너뜨리는 것을 수없이 보아 왔다. 이런 부도덕성은 개인적으로 그의 이름을 부끄럽고 욕되게 할 뿐만 아니라 그의 가족은 물론 사회에도 큰 누를 끼치게 된다. 그러므로 우리는 마땅히 살아갈 삶의 규범인 도덕률에 따라 살아야 한다.

국가의 경우도 마찬가지이다. 많은 경우의 국가 패망이 부도덕성 때문임을 역사는 증명하고 있다. 이처럼 도덕성은 국가를 세우기도 하고 무너뜨리기도 한다. 많은 역사학자들은 이李씨가 세운 조선왕조가 500년 동안 그 역사를 지탱할 수 있었던 것은 선비정신 때문이었다고 말한다.

조선시대의 선비들은 공직에 있을 때는 4불3거四不三拒를 해야 참 선비라 했다.

4불

① 부업을 하지 않는다.

② 땅을 사지 않는다.

③ 집을 늘리지 않는다.

④ 명산물을 먹지 않는다.

3거

① 청탁을 받지 않는다.

② 청탁을 어쩔 수 없이 들어주었다면 사례금을 받지 않는다.

③ 부조금을 받지 않는다.

이러한 정신은 오늘 우리에게도 많은 깨달음을 준다. 도덕률에 따라 사는 삶의 중요성을 인식하게 하는 것이다.

도덕률에 따라 사는 삶을 위해서 몇 가지를 제안한다.

첫째, 안중근 의사가 말한 견리사의見利思義이다. 이(이익)를 보았을 때 그것이 옳은가를 먼저 생각하라는 뜻이다. 옳고 그름을 따지지 않고 무조건 이익을 따라서는 안 된다. 공자도 군자는 의義에 밝고 소인은 이利에 밝다고 하였다. 군자의 길이 올바른 길이다.

둘째, 투명성과 정직성이다. 예로부터 '숨길 수 없다'는 뜻의 4지 四知라는 말이 있었다. 하늘이 알고, 땅이 알고, 내가 알고, 네가 안다는 것이다. 지금은 더욱 그렇다. 우리가 사는 사회는 정보화 사회로서 비밀이 없는 투명한 사회이다. 이런 시대에 감추고, 숨겨야 할 일을 한다는 것은 시대착오적 생각이다. 비밀은 없다. 따라서 우리는 정직하게, 바르게 처신해야 한다. 정직이 최선의 정책이라는 말은 어느 시대나 마찬가지이다. 일생을 행복하려거든 정직하라는 말은 금언金言이다.

마지막으로, 우리는 도덕률에 따라 산다는 말의 뜻을 적극적인 의미로 받아들여야 한다. 즉, 내가 삶의 규범과 정도를 지키는 정도의 소극적 의미가 아니라 다른 이와 공동체를 위한 공공선을 실행하는 정도의 적극적 의미로 받아들이자는 것이다. 내 삶, 내가 이룬 모든 것이 나와 내 가족뿐만 아니라 보다 더 넓은 공공의 영역인 이웃, 사회에서 선용되기를 바라며 살자. 이때에 내가 사는 삶, 내가 머무르는 공간이 밝고 건강해질 것이다.

이 땅의 많은 젊은이가 살아가는 오늘날의 현실은 결코 녹록하지 않다. 하루하루 살아가는 것이 힘들고 어렵다. 늘어 가는 실업률, 급등하는 부동산 가격, 심화되는 빈부격차 등 우리 젊은이들이 꿈을 꾸기 힘들 만큼 눈앞의 미래는 불안하고 막막하다. 분명 이것이 이 땅의 많은 젊은이들이 마주한 현실이다. 그렇다고 자기 상황에 안주하여 주저앉거나, 비관하여 포기하거나 좌절해서는 안 된다.

젊은이는 젊은이답게 눈앞의 현실만을 바라보기보다, 꿈을 가지고 보이지 않는 미래를 설계해야 한다. 우리에게 필요한 것은 꿈이 이끄는 삶이다. 우리가 꿈을 가지고 '헝그리 정신'으로 열정을 가진 채 인내하며 한 걸음 한 걸음 나아갈 때에 분명히 우리 앞에 새로운 세계가 열릴 것이다. 새로운 세계를 열기 위해 우리의 꿈에 날개를 달자! 비상한 이 꿈은 자기 자신뿐만 아니라 모든 이들도 같이 기뻐하고 즐거워하며 박수를 보내는 꿈이다. 나뿐만 아니라 모든 이에게 희망을 주는 꿈이다. 우리의 꿈에 날개를 달면 반드시 꿈은 이루어진다. 이제 더 머뭇거리지 말고 꿈과 희망을 가지고 앞으로 나아가자. 젊은이여! 그대는 우리 모두의 희망이다.

3

행복은 마음이 결정한다

우동기

전 영남대학교 총장

우동기 禹東琪
사회공학박사. 2·28민주화운동기념사업회장.
미국 스탠퍼드대학교 아시아태평양연구센터 객원교수,
영국 옥스퍼드대학교 연구교수, 영남대학교 총장,
대구광역시교육감 등을 역임했다.

1. 들어가면서

톨스토이의 소설 《안나 카레니나》의 첫 구절은 이렇게 시작한다. "행복한 가정은 모습이 다들 비슷하지만, 불행한 가정은 저마다 다른 이유가 있다." 현재 한국인들이 생각하는 행복의 기준은 대체로 비슷하다. 많은 사람들이 행복의 척도로 '건강', '가족 간의 화목' 등을 들지만, 속마음에는 '높은 지위', '좋은 차', '아파트 평수' 등이 행복의 중요한 척도로 자리 잡고 있다.

불행의 이유는 집집마다 다를 것이다. 그러나 지금 우리 사회에서 사람들을 가장 힘들게 하는 것은 상대적 빈곤이다. '배가 고파서' 불행한 것이 아니라 '배가 아파서' 불행하다. 남보다 월급이 적어서, 남보다 좋은 차 못 타서, 남보다 좋은 아파트에서 살지 못해 힘들다. 어제보다 못해서 힘든 것이 아니라, 남보다 못해서 힘들다.

한국인은 유달리 남을 의식하는 문화가 강하다. 체면을 존중하는 문화가 남아 있어서일 것이다. 한국인은 자신이 남과 다르게 보이는 것을 받아들이는 힘이 약하다. 남이 하는 일을 혼자만 안 하고 있으면, 그 일이 자신에게 맞거나 필요한 일인지 여부와 상관없이 왠지 불안하다. 주거 선호도가 높은 특정 지역의 아파트 값이 천정부지로 치솟는 것도, 덩달아 구매하는 일종의 밴드왜건bandwagon 효과와 무관하지 않다. 그렇게 하지 않으면 남보다 뒤처질까봐 불안해서 몰려든다. 한국인에게 있어 '다름'은 '틀림'이다. 많은 사람들은 '지난번과 다르다'라고 말하지 않고, '지난번과 틀리다'라고 말한다. 차이가

'존중'의 대상이라기보다 '차별'의 대상이 되는 경우가 많다.

　모든 사람이 행복을 꿈꾼다. 그러나 사람들이 꿈꾸는 행복의 모습이 동일한 사회는 결코 행복한 사회가 아니다. 사람들의 꿈은 다양해야 하고, 행복의 모습도 다양해야 한다. 그리고 모든 꿈과 모든 행복의 모습은 차별받지 않고 존중되어야 한다. 그래야 어떤 자리에 있건, 무슨 일을 하건 모든 사람이 각자의 자리에서 행복할 수 있다. 각자의 자리에서 각자의 모습으로 행복한 사람들로 가득한 사회가 진정으로 행복한 사회다.

　행복은 남의 꿈이 아니라 나의 꿈에서 찾아야 한다. 행복을 타인의 외적 시선이 아니라 내 안의 만족에서 찾아야 한다. 그래야 꿈을 못 이룬 실패자가 아니라 나만의 성공과 행복으로 인생을 살 수 있다. 나의 꿈, 나의 행복으로 사는 삶을 위해서는 어떻게 해야 할까? 이제 행복한 삶, 성공한 인생으로 사는 길을 찾아 나서 보자.

2. 꿈으로 살아라
배를 만들고 싶다면, 바다에 대한 동경심을 키워라

"만일 당신이 배를 만들고 싶다면, 사람들을 모아 목재를 가져오게 하고 일을 나누고 할 일을 지시하지 말고, 대신 저 넓고 끝없는 바다에 대한 동경심을 키워주어라."

　〈어린 왕자〉로 유명한 프랑스 소설가 생텍쥐페리의 말이다. 인생의 바다를 잘 항해하기 위해서는 꿈을 갖고 살아야 한다. 꿈은 선박이 나아가는 방향을 잡아 주는 키와 같다. 인생의 항해를 꿈이 없이 산다는 것은 키 없이 배를 모는 것과 같다. 꿈이 없이 사는 사람에게 좋은 미래는 결코 오지 않으며, 그런 사람에게 인생의 성공이 다가올 수는 없다. 꿈이 없는 사람의 삶은 그저 하루하루를 연명하는 것에 지나지 않는다.

꿈은 명사가 아니라 동사여야 한다. '배'라는 명사가 아니라 '바다를 동경한다'라는 동사가 꿈이 되어야 한다. 그래야 인생의 길을 선택하는 폭이 넓어지고 인생의 패배자가 되지 않는다. '배'가 아니라 '바다를 동경한다'가 꿈이 되면 배를 만드는 사람이 될 수도 있고, 바다를 그리는 사람도 될 수 있고, 바다를 지키는 사람도 될 수 있다. 그런 꿈을 가진 사람의 앞에는 많은 길이 펼쳐진다. 청소년들에게 꿈을 물어보면 의사, 판사, 가수 등과 같이 대부분 명사로 대답한다. 그러나 모든 사람이 자신의 꿈대로 의사가 되고, 판사가 되고, 가수가 될 수 있는 것은 아니다. 명사가 꿈이 되면, 그것이 되지 못하는 경우 바라는 것을 이루지 못했다는 실패의 좌절감 속에서 살 수밖에 없다. 그러나 아프고 약한 사람을 위해 살겠다는 꿈을 가지면 길은 넓어지고 다양해진다. 의사가 될 수도 있고, 아프고 약한 사람들을 위한 공익단체 활동을 할 수도 있고, 그런 이들을 위한 물건을 만드는 사람도 될 수 있다. 의사가 되지 않더라도 자신의 꿈을 이룰 수 있는 다양한 길이 열린다. 꿈을 가질 때는 다른 사람들이 원하는 것을 명사의 형태로 가질 것이 아니라, 내가 원하고 잘하는 것을 동사의 형태로 가져야 한다. 그래야 인생에서 실패나 좌절감을 덜 느끼고 행복하게 살 수 있다.

큰 꿈을 갖고 사는 사람은 눈앞의 작은 이익에 연연하지 않는다. 인생에서는 작은 것을 얻으려다 큰 것을 잃게 되는 경우가 많다. 큰 꿈을 가진 사람은 때로는 져주고, 때로는 잃으면서 산다. 큰 꿈에서 보면 그런 것들은 작은 것에 불과한 경우가 많다. 긴 인생에서 보면 그렇게 사는 것이 내 인생에 오히려 도움이 되는 경우가 더 많다. 신입사원들은 대부분 신입사원의 눈으로 사물을 보고 상황을 판단한다. 그러나 큰 꿈을 가진 사람은 사장의 눈으로 본다. 신입사원이 아니라 회사의 주인이라는 의식으로 일한다. 꿈이 없는 사람은 주인을 의식해서 일하지만, 큰 꿈을 가진 사람은 내가 주인이라는 의식으로 일한다. 그렇게 살아야 내가 인생의 주인이 될 수 있고, 정말 회사의 주인도 될 수 있다.

꿈을 이루려면 고통과 인내의 시간을 이겨 내야 한다. 70년을 사는 독수리는 40살이 되면 죽음과 새로운 삶 중 하나를 선택하는 결단을 내려야 한다. 그런데 새로운 삶을 살기 위한 결단에는 엄청난 고통의 과정이 따른다. 높은 바위산에 올라가 홀로 둥지를 틀고 150여 일 동안 길고 긴 쇄신의 과정을 거친다. 오래되고 낡은 자신의 부리가 닳아 없어질 때까지 부리를 바위에 부딪친다. 부리가 새로 나면 새 부리로 구부러지고 무뎌진 발톱을 하나씩 빼기 시작한다. 새로운 발톱이 생기면 이제 그것으로 무겁고 두꺼워진 깃털을 다 뽑아내 털갈이를 한다. 이렇게 다시 태어난 독수리는 새로운 30년을 사는 새로운 출발을 한다. 고통과 인내의 과정 없이 내가 원하는 꿈이 쉽게 이루어지는 일은 없다. 꿈을 이루기 위해서는 당연히 고통이 따를 수밖에 없다. "No pain, no gain." 고통 없이는 얻을 수 있는 것이 없다는 것이 삶의 진리고 세상의 이치다. 꿈을 갖는다는 것은 그런 꿈의 실현에 수반되는 고통까지도 껴안는 것이 되어야 한다.

3. 감사의 마음으로 살아라
행복은 성적순이 아니라 성격순이다

미국 켄터키대 데이비드 스노든David Snowdon 박사의 저서인 《우아한 노년Aging with grace》에 따르면, 1960년대 미국의 한 여자대학교 졸업 앨범에 실린 졸업생들을 추적 조사하니 졸업앨범에서 활짝 웃는 사람이 훨씬 더 행복하게 살고 있었다고 한다. 스노든 박사의 연구에 의하면, 사회성이 좋으며 즐겁고 건강하게 산 수녀의 뇌를 죽은 후 부검해 보니 놀랍게도 그 뇌에는 치매를 유발하는 물질이 많이 쌓여 있었다고 한다. 반대로 늘 혼자 지내고 우울하게 살며 치매에 시달리다 삶을 마감한 수녀의 뇌에는 치매를 유발하는 물질이 거의 없었다. 즐겁게 사는 삶이 치매를 유발하는 물질을 물리쳐 치매도 이겨 내게 한 것이다.

행복은 무엇을 가졌느냐가 아니라 어떤 마음을 가졌느냐의 문제다. 신라시대 원효 대사의 '해골바가지' 이야기는 무엇이 행복을 결정하는지 잘 보여 준다. 밤중에 잠을 자다 심하게 갈증을 느껴 마신 물은 달콤한 물이었지만, 아침에 눈을 떠서 바라본 물은 해골바가지에 고여 있는 더러운 물이었다. 물은 밤중이나 아침이나 동일하지만, 원효의 마음에 따라 달콤한 물이 되기도 하고 구역질 나는 물이 되기도 한다. 원효는 당나라에 가지 않고도 《화엄경華嚴經》의 중심 사상인 '일체유심조一切唯心造' 사상, 즉 일체의 모든 것은 오로지 마음에 있다는 것을 깨닫게 되었다. 원효는 그 길로 유학을 포기하고 신라로 돌아왔다. 굳이 당나라까지 갈 필요가 없었기 때문이다.

행복은 성격과 태도, 그리고 감사의 마음에서 시작한다. 지금 많은 사람의 불행은 덜 가진 데서 온다. 더 가지고 싶은 욕망에 브레이크가 없는 사람은 늘 초조하고 불안하다. 그런 사람에게는 평안함의 시간이 많을 수가 없다. 사람의 물질적 욕망은 끝이 없다. 앉으면 눕고 싶고, 말 타면 종 부리고 싶은 것이 사람의 마음이다. 그러나 더 많이 가지려는 욕망은 대개 충족되기가 어렵다. 그래서 사람들은 충족되지 않는 욕망으로 힘들어 한다. 그러나 더 가지려고 애쓰는 것이 아니라 욕망을 줄이면 지금 가진 것도 많아진다. 욕망의 분모를 줄이면 가진 것의 분자는 자연스레 늘어난다. 톨스토이는 다음과 같은 말을 남겼다. "욕심이 작으면 작을수록 인생은 행복하다. 이 말은 낡았지만 결코 모든 사람이 다 안다고는 할 수 없는 진리다."

모든 것이 충족되는 삶이 행복할 것 같지만 실상은 그렇지 않다. 충족이 언제나 원하는 대로 되면 충족의 기쁨이란 것은 사라진다. 가난하고 어렵게 살았던 시절, 어린 아이들에게 명절은 새 신발을 사는 기쁜 날이었고, 맛있는 것을 먹는 행복한 날이었다. 새 신발이 얼마나 귀했으면 학교 갈 때 신발이 닳을까봐 신발에 흙이 묻을까봐 들고 다녔을까? 그러니 그런 명절이 아이들에게는 얼마나 큰 기쁨의 날이었겠는가? 지금의 아이들에게 명절의 설렘과 기다림의 달콤함은 없다. 옛날 아이들에 비한다면 매일 매일이 명절이기 때문이다. 옛날 아이들이 느낀 명절의 행복과 기쁨은 결핍의 시대가 준 고통의 대가였다. 루소는 《에밀》에서 "어린이를 불행하게 만드는 가장 확실한 방법은 아이가 갖고 싶어 하는 것이 있으면 무엇이든 그 즉시 손에 넣을 수 있도록 해주는 것"이라고 하였다.

한쪽 팔을 잃은 사람은 행복할까, 불행할까? 알 수 없는 일이다. 만약 '다른 사람은 다 양 팔이 있는데, 나는 왜 한 팔이 없을까'라고 생각하여 괴로워하며 산다면 그는 불행하다. 그렇지만 '정말 다행이다. 다른 팔마저 없었다면 나는 어떻게 살았을까?'라고 생각한다면, 그는 두 팔을 가진 사람보다 더 행복할 수도 있다. 사랑하는 것을 가질 수 없을 때는 가진 것을 사랑하며 살아야 한다. 행복은 가진 것이 결정하는 것이 아니라 가진 마음이 결정한다. 그러니 행복하려면 긍정과 감사의 마음으로 살아야 한다. 티베트 격언에 이런 말이 있다. "해결될 일이라면 걱정할 필요가 없고, 해결되지 않을 일이라면 걱정해도 아무 소용이 없다." 긍정의 힘과 감사의 마음이 행복으로 이끄는 큰 힘이다.

4. 가치와 보람으로 일하라

하버드 출신 랭글리는 실패했지만 고졸인 라이트 형제는 성공했다

미국의 작가인 사이먼 사이넥의Simon Sinek의 저서 《나는 왜 이 일을 하는가?Start with Why》는 미국 아마존의 비즈니스 분야 최장기 베스트셀러이다. 사이먼 사이넥은 이 책에서 어떤 일을 하든, 어떤 삶을 살든 왜Why로 시작하라고 충고한다. '무엇을 하는가?', '어떻게 하는가?'의 문제가 중요한 것이 아니고, '왜 하는가?'가 핵심이라고 주장한다. 그는 이 책에서 라이트 형제가 어떻게 세계 최초로 비행기를 발명하게 되었는지에 대해 말한다. 하버드 출신의 천재 물리학자 새뮤얼 랭글리Samuel Langley는 정부로부터 엄청난 비행기 개발 자금과 인력 지원을 받았다. 그리고 유수한 언론의 기자들이 항상 랭글리의 뒤를 쫓아 다녔다. 랭글리의 비행기 발명을 특종으로 보도하기 위해서였다. 그러나 랭글리는 17년간의 노력에도 불구하고 비행기 개발에 실패했다.

세계 최초의 비행기는 1903년, 오하이오 시골 마을에서 자전거 가게를 하던 윌버 라이트Wilbur Wright와 오빌 라이트Orville Wright 두 형제에 의해 개발되었다. 고졸 학력의 라이트 형제가 4년 만에 비행기를 개발할 수 있었던 것은 돈과 명성을 쫓은 랭글리에게는 없었던 가치와 신념이 마음속에 강하게 있었기 때문이다. 랭글리가 라이트 형제와 같은 신념과 가치가 없었다는 것은 라이트 형제가 비행기를 발명했다는 소식을 들은 랭글리가 '그럼 나는 라이트 형제보다 더 좋은 비행기를 만들어야겠다'라고 결심한 것이 아니라 비행기 개발을 접어 버린 것을 보면 잘 알 수 있다. 라이트 형제는 비행기를 개발하여 사람들이 하늘을 날게 하고 싶었고, 그래서 사람들의 삶을 더 행복하게 해주고 싶은 열정이 있었기 때문에 모든 악조건을 다 이겨낼 수 있었던 것이다.

전성철 전 IGM(세계경영연구원) 회장이 드는 가치관 경영 7계명에 이런 이야기가 나온다. 중국 상하이에 발마사지 가게가 2곳 있었다. 한 곳은 문전성시이고, 한 곳은 개점휴업 상태였다. 문전성시인 발마사지 집 사장은 직원들에게 종종 "당신은 무엇을 하는 사람입니까?"라고 물었다. "저는 발마사지하는 사람입니다"라는 답이 돌아오면 "아닙니다. 당신은 그저 발을 주무르는 사람이 아닙니다. 지친 사람들의 스트레스를 줄여 주고 에너지를 불어넣는 사람이에요"라고 말했다. 개점휴업 상태인 발마사지 가게 직원들은 자신은 '남의 발이나 주물러야 하는 신세'라고 한탄과 푸념만 했다. 사람이 몰리는 가게와 발길을 끊은 가게의 차이는 그저 돈을 벌기 위해 마지못해 일하는 가게와 가치와 보람으로 일하는 가게의 차이가 만들어 낸 것이다.

타이어뱅크는 2010년대 중반 매년 30~40%씩의 성장세를 보인 강한 기업이다. 타이어뱅크의 김정규 회장은 직원들이 단순히 '타이어를 판다'라는 마음으로 일을 하면 잡일과 허드렛일을 한다는 자괴감만 쌓일 뿐이라고 생각했다. 그래서 직원들에게 '자동차에서 생명을 지키는 건 타이어다. 그러니 여러분은 단순한 타이어 판매원이 아니라 생명을 지키는 수호신'이라는 자부심을 반복적으로 심어 주었다. 사람들의 삶에 중요한 기여를 한다는 프라이드가 타이어뱅크가 비약적으로 성장하는 힘이 되었다.

자신의 일에 대한 사랑이 월급이 많아서, 직장의 후생복지가 좋아서가 아니라 일 자체의 보람과 가치 때문이라면, 아무리 힘들고 어렵다 하더라도 신명으로 일을 할 수 있다. 복지는 후퇴가 없기 때문에, 복지 때문에 일을 하는 사람에게는 더 나은 복지가 힘의 원동력이다. 그래서 복지가 계속 개선되고 더 나아지지 않으면 그런 사람은 점점 자신의 일을 힘들어하게 될 수밖에 없다. 그러나 보람과 가치가 원동력인 사람은 복지와 큰 상관없이 기쁨으로 일할 수 있다.

방탄소년단을 탄생시킨 방시혁 대표는 서울대 졸업식 축사에서 "젊은 친구들의 세계관을 형성하는 데에 긍정적인 영향을 주는 것, 음악 산업을 발전시키고 종사자들의 삶의 질을 개선하는 데 기여하는 것"이 자신의 행복이라고 하였다. 세계적인 월드 스타를 탄생시켜 부와 명예를 얻는 것이 행복이 아니라 사람들에게 좋은 영향을 주고 삶을 더 낫게 해주는 게 행복이라는 보람과 가치가 세계적 그룹 방탄소년단을 만들어 낸 것이다. 자신이 하는 일의 가치와 보람을 찾아서 일하는 것은 매우 중요하다. 마당을 쓸어도 지구의 한 모퉁이를 쓴다는 마음으로 하면 힘도 덜 들고, 쓸고 난 뒤의 뿌듯함도 더할 수 없이 커진다. 그런 뿌듯함이 인생의 순간순간에 가득한 것이 진정한 인생의 행복이다.

5. 공익적 가치에 관심을 기울여라
정약용은 집에서 온 편지는 자신이 산 촛불로 읽었다

최부崔溥는 조선 초기 사헌부 감찰을 지낸 인물로 풍랑을 만나 중국에 표류하였다가 《표해록漂海錄》을 남긴 인물이다. 어느 날 승문원에서 벼슬을 시작한 송흠宋欽이라는 그의 벗이 벼슬살이 초년에 서울에서 고향으로 내려왔다. 마침 이웃 고을에 최부가 귀향해 있음을 알고 송흠이 말을 타고 찾아왔다. 최부는 송흠에게 서울에서 고향까지는 나라의 허락으로 왔으니 괜찮으나, 고향의 집에서 자기 집까지는 사무私務로 온 일인데 왜 나라의 말을 타고 왔느냐고 꾸짖으며 송흠을 고발하여 처벌받게 하였다. 다산茶山 정약용丁若鏞은 공무 관련 문서를 볼 때에는 관청에서 산 촛불을 켰지만, 집에서 온 편지를 읽을 때에는 관청에서 산 촛불을 끄고 자기 돈으로 산 촛불을 켜고 읽었다고 한다.

한국사회에서 최부나 정약용처럼 사는 것은 쉬운 일이 아니다. 그렇게 되면 대부분의 경우 인정머리 없는 사람으로 비난받거나 융통성 없는 사람으로 대접받기 십상이다. 그러나 우리 사회가 한 단계 더 업그레이드되고, 진정한 선진국으로 나아가려면 최부나 정약용 같은 사람이 많아져야 한다. 우리나라보다 늦게 출발하였고, 우리나라보다 땅도 작고, 인구도 적고, 자원 하나 없는 싱가포르가 오늘날 이룩한 번영의 밑바탕에는 바로 그러한 공공정신과 공익적 가치에 대한 존중이 두텁게 깔려 있기 때문이다.

공사公私를 명확하게 구별하는 것은 조선 선비정신의 하나였다.

선비들이 자신에게 득이 되거나 이익이 있을 때, 그것을 취할 것인지 아닐지를 명확하게 가르는 기준은 '옳음'이었다. 이른바 '견리사의見利思義' 정신이다. '사익'보다 '공익'을 더 존중하며 사는 삶, 공공적 가치를 실현하는 것을 직업으로 하지 않더라도 그런 일에 힘을 보태며 사는 삶은 나 자신의 존엄성을 높이는 일이다. 우리 사회를 바꾸는 데 내가 어떤 역할을 하였다는 뿌듯함은 도저히 돈으로는 환산할 수 없는 기쁨이다.

'퍼스트 펭귄the first penguin'이란 말이 있다. 미국 카네기멜론대 교수인 랜디 포시Randy Pausch의 책 《마지막 강의The Last Lecture》를 통해 알려진 이 말은 선구자를 뜻한다. 육지에 사는 펭귄은 먹잇감을 구하기 위해 바다로 뛰어들어야 한다. 그러나 바다는 먹잇감을 구할 수 있는 장소임과 동시에 바다표범이나 범고래 같은 천적이 있는 공포의 장소다. 그래서 펭귄 무리가 바다에 들어가려고 할 때 머뭇거리게 되는데, 이때 한 마리가 먼저 바다에 뛰어들면 다른 펭귄들도 두려움을 이기고 잇따라 뛰어든다. 이처럼 용기를 내 먼저 도전하여 다른 이들의 참여를 유발하는 사람을 일컬어 '퍼스트 펭귄'이라 한다.

일상생활 속에서도 조금만 눈여겨보고 조금만 귀 기울여 보면, 우리 사회를 더 좋은 세상으로 만들기 위해 '퍼스트 펭귄'이 될 수 있는 일들이 적지 않다. 공익적 가치와 공공의 정신에 관심을 두고 살아가면 할 수 있는 일도 많고 해야 할 일도 많다. 아무도 신경 쓰지 않고, 모두 다 하려 하지 않아도 '나부터' 조용히 실천하는 '퍼스트 펭귄'이 되자. 그래서 언젠가는 나의 행동이 도미노domino처럼 번져 나가 세상이 조금씩 바뀌는 변화가 오면 더할 나위 없이 기쁠 것이고, 설령 그런 날이 오지 않더라도 나는 옳은 일을 하며 살았다는 뿌듯함에 내 인생은 그 누구보다도 풍요로워질 수 있을 것이다.

6. 긍정으로 도전하라
아문센은 날씨가 좋든 나쁘든 매일 20마일을 전진했다

인류 최초로 남극 정복에 성공한 사람은 노르웨이 탐험가 로알 아문센Roald Amundsen이다. 1911년, 아문센은 남극 주변 로스해의 고래만 대빙벽에서 개썰매를 타고 남극점을 향해 출발하였다. 아문센은 출발한 지 55일 만에 영국의 로버트 스콧Robert Scott을 제치고 남극점 도달에 성공하였다. 아문센과 스콧 두 사람은 공통점이 많았다. 나이와 경험도 비슷했으며, 비슷한 시기에 역사상 최초로 남극점 정복을 시도했다. 그렇지만 아문센은 성공했고, 스콧은 실패했다. 아문센은 날씨가 좋아도 매일 20마일, 날씨가 험해도 매일 20마일을 전진하였다. 그러나 스콧은 날씨가 좋으면 하루 30마일을 전진했고, 날씨가 험하면 그냥 쉬었다.

성공한 아문센은 "승리는 준비된 자에게 찾아오며, 사람들은 이를 '행운'이라고 한다. 패배는 미리 준비되지 않은 자에게 찾아오며, 사람들은 이를 '불행'이라고 한다"라고 하였다. 실패한 스콧은 일기에서 "날씨 운이 끔찍하게 안 좋다. 우리 팀에게 할당된 몫의 불운보다도 더 많은 불운이 닥치는 것 같다. 운이 차지하는 비중이 이토록 크다니!"라고 하였다. 힘이 들거나 어려움에 부딪히더라도 꾸준히 해 낸 아문센의 힘이 성공으로 이끌었다. 항상 준비하고 긍정의 마음으로 적극적으로 도전하는 힘이 아문센을 성공으로 이끈 것이다.

프랑스의 소설가 로맹 롤랑Romain Rolland은 저서 《매혹된 영혼 l'Ame-enchantee》에서 "위대한 사람은 자기가 할 수 있는 일을 한다. 그러나 보통 사람들은 할 수 있는 일도 안 하면서 할 수 없는 일만 바란다" 라고 하였다. 긍정적이고 도전적인 사람은 할 수 있는 방법을 찾고, 부정적이고 패배적인 사람은 할 수 없는 이유를 찾는다. 문제 상황이나 힘든 일이 닥치면 회피하거나 외면하지 말고, 그 문제를 어떻게 해결하면 좋을지를 적극적으로 모색하여야 한다. 힘들다고 걱정만 하고 있거나 안 된다고 걱정만 하면서 할 수 있는 것은 아무것도 없다.

세상에는 바꿀 수 없는 것이 두 가지 있다. 자신의 과거와 다른 사람이다. 그러나 자신의 미래와 자기 자신은 바꿀 수 있다. 자신의 미래를 바꾸는 힘은 긍정적인 마음으로 끝없이 도전하는 것이다. 앞으로의 사회는 아는 게 힘이 아니라 하는 게 힘이다. 끝없이 도전하고, 도전하고, 또 도전하며 땀을 흘려야 한다. 땀 흘리지 않고, 힘 안 들이고, 그냥 편하게 사는 것을 행복으로 삼고 지금의 삶에 안주하는 것은 행복 마이너스 대출자, 행복 신용불량자와 다름없다. 미래의 행복을 쌓는 것이 아니라 미래의 행복을 당겨쓰는 어리석음을 범해서는 안 된다.

자신의 꿈을 향해 하루를 계획하고, 한 달을 계획하고, 일 년을 계획하고, 인생을 계획하며 살아야 한다. 계획하지 않는 것은 실패를 계획하는 것과 마찬가지다. 항상 자신의 미래와 인생을 생각하며 살아야 한다. 생각 없이 살면, 사는 대로 생각하게 된다. 계획을 세웠으면 조급해 하지 말고 꾸준히 실천하며 살아야 한다. 마틴 루터 킹은 "계단 전체를 올려다볼 필요 없이 그저 첫 발걸음만 떼면 된다"고 하였다. 장애를 걸림돌로 생각하는 것이 아니라 디딤돌로 생각하는 용기로 살아야 한다. 넘을 수 없는 벽이라는 생각이 들어도 긍정의 마인드로 도전하는 패기로 살아야 한다.

인생과 마라톤은 출발점이 있고 결승점이 있고, 오르막길이 있으면 내리막길이 있다는 점에서 비슷한 점이 많다. 그러나 인생은 살아가는 과정 그 자체가 목표이지 마라톤처럼 마지막 결승점이 목표가 아니다. 일을 하다 보면 실패하거나 좌절할 수도 있고, 그 결과가 마음에 들지 않아 속상할 때도 많다. 그러나 결과에 집착하지 말고, 실패의 과정 또한 버릴 수 없는 자기 인생의 소중한 부분으로 받아들이며 살아야 한다.

7. 공감하고 배려하라

얼음 위의 황제펭귄은 돌아가며 무리 바깥에 선다

남극에 사는 황제펭귄은 허들링Huddling이라는 일종의 원운동으로 추위를 이겨 낸다. 남극의 혹한 속에서 한데 모여 서로의 체온으로 혹한의 겨울 추위를 견디는 것이다. 몸으로 방풍벽을 친 펭귄 무리의 안쪽 공간은 바깥보다 따뜻하다. 그러나 바깥 외벽에 있는 펭귄들은 영하 50도의 추위에 노출된다. 어떤 펭귄도 오래 버티지 못하고 얼어 죽게 되는 온도다. 바깥쪽과 안쪽에 있는 펭귄들은 계속해서 서로의 위치를 바꾸어 가며 모두가 함께 사는 상생의 방법을 선택한다.

해마다 겨울이면 봄철에 중국 동북부와 시베리아로 떠났던 기러기 떼가 우리나라를 찾아온다. 기러기는 V자형으로 편대를 이루어 하루에 시속 50~90킬로미터로 수백 킬로미터를 비행한다. 기러기가 V자형 편대비행을 하는 것은 에너지의 30%를 절감할 수 있기 때문이다. 맨 앞 대장 기러기가 날개 짓을 하면 맞바람과 부딪쳐 소용돌이 상승기류가 발생하고, 뒤따르는 기러기는 이 상승기류를 이용해 날개의 힘을 아낀다. 혼자 날 때보다 훨씬 힘을 덜 쓰게 된다. 경험이 없고 힘이 약한 기러기는 뒤를 따르고, 맨 앞에는 경험이 많고 힘이 센 기러기가 나서는데, 맨 앞의 기러기가 지치면 서로 교대하며 날아간다. 또한 기러기 떼는 소리로 서로를 격려하면서 먼 길을 가는 힘든 비행을 이겨 낸다.

황제펭귄의 허들링과 기러기 떼의 V자형 편대비행이 보여 주는 동료애와 협업은 AI^Artificial Intelligence(인공 지능)와 사물인터넷 시대가 도래할 미래사회를 살아가는 데 있어 가장 중요한 덕목이다. 미래사회에서 가장 가치 있고 중요한 자질은 사람들과 소통하고, 공감하고, 함께하는 능력이다. 그러한 능력은 앞으로의 사회에서는 선택이 아니라 필수 생존조건이라고 하더라도 지나친 말이 아니다. 알파고는 바둑의 천재 이세돌을 이겼다. 그러나 알파고는 바둑을 두는지도 모를 뿐만 아니라 이겨도 기쁘지 않고, 져도 슬프지 않다. 기쁨과 슬픔과 공감의 능력 부분은 결코 AI가 대체할 수 없는 영역이다. 앞으로 인류는 역사상 그 어느 때보다도 '휴머니티humanity'라는 인간애가 더욱 소중한 시대를 맞게 될 것이다. 인간애가 없는 사람은 21세기에 더 이상 살아남기 어렵다.

다른 사람을 공감하고 받아들이고 이해하는 것이 쉬운 일은 아니다. 더구나 나와 생각이 너무 다른 사람도 있고, 나를 싫어하는 사람도 있다. 그러나 앞으로는 이런 사람까지 껴안고 함께할 수 있는 사람이 성공할 것이다. 남아프리카공화국 최초의 흑인 대통령이자 흑인인권운동가인 넬슨 만델라Nelson Mandela는 "빨리 가려면 혼자 가고, 멀리 가려면 함께 가라"라고 하였다. 하버드대 대학원을 졸업하고 미국 햄프셔대 교수를 역임한 혜민 스님은 세상의 모든 사람들이 나를 좋아해 줄 수는 없다고 하였다. 그래서 "싫어하는 것은 엄격히 말하면 그 사람 문제지 내 문제는 아니다"라고 말하면서 누군가 나를 싫어하면 그냥 내버려두라고 하였다. 또한 그는 남에게 상처를 받으면 아픈 상처를 억지로 떼어내려고 몸부림치지 말라고 하였다. 프라이팬에 붙은 음식찌꺼기를 떼어내기 위해서는 물을 붓고 그냥 기다려야 하듯이, 시간이 지나면 아픈 상처도 저절로 떨어져 나가므로 그냥 마음의 프라이팬에 시간이라는 물을 붓고 기다리면 된다는 것이다.

다른 사람을 배려하고 공감하고 소통하고, 다른 사람으로부터 상처받지 않고 사는 마음, 누구와도 함께할 수 있는 마음, 공존과 상생의 마음을 가지는 것은 21세기의 주요한 덕목일 뿐만 아니라 오래 행복하게 사는 비결이기도 하다. 앞서 언급한 데이비드 스노든 박사에 따르면, 천주교 수녀들은 치매에 잘 걸리지 않고 일반인보다 훨씬 오래 산다고 한다. 수녀들이 노년을 잘 보내는 비결은 평안한 마음과 서로 믿고 도와주는 공동체 정신을 갖고 있기 때문이다. 서로에 대한 배려·신뢰·믿음·사랑은 행복한 공동체 형성의 주요한 힘이다.

8. 예술 작품을 즐겨라
예술 작품은 생각의 근육을 풀어 준다

몸의 근육을 쓰는 것이 스포츠라면, 예술 작품을 감상하는 것은 마음의 근육을 쓰는 것이다. 대중가요나 구상미술 작품 같은 것은 비교적 쉽게 접근할 수 있지만, 클래식이나 추상미술 작품 같은 것은 감상이 쉽지 않다. 쉽게 접근할 수 있는 예술 작품 감상을 우리가 평소 쓰는 생활근육을 쓰는 것에 비유한다면, 접근이 어려운 예술 작품 감상은 평소 안 쓰는 근육을 쓰는 요가나 필라테스를 하는 것에 비유할 수 있다. 요가와 필라테스가 안 쓰는 굳은 근육을 자극하고 풀어 주듯이, 쉽지 않은 예술 작품 감상은 평소 안 쓰는 마음의 근육을 자극하고 풀어 준다.

클래식 음악의 리듬과 선율Melody의 다양성은 매우 크고, 악기들 간의 조합이 만들어 내는 울림의 폭은 매우 크다. 클래식은 우리가 일상생활에서 느끼는 기쁨과 슬픔, 희망과 좌절 같은 감정들보다 훨씬 다양하고 폭넓은 감정을 경험하게 해준다. 추상 미술이 담아내는 화폭의 세계는 우리가 습관과 타성에 젖어 관행적으로 생각하는 인식에 충격을 준다. 다르게 보고 깊게 보면 익숙한 사물과 상황도 완전히 새로운 모습으로 다가온다. 예술을 통한 이러한 경험과 통찰은 삶과 세상에 대한 이해의 폭을 넓혀 주고 깊은 성찰을 가져다준다. 삶과 세상을 머리가 아니라 가슴으로 받아들이는 데 예술만큼 더 좋은 것은 없다.

예술 작품이 생각의 근육을 풀어 주고 삶과 세상에 대한 깊은 성찰을 준다는 것은, 우리의 굳은 생각에 유연성을 주고 사물과 상황을 새롭게 보는 창의적인 힘을 키워 준다는 말이다. 예술 작품은 관행으로 생각하고 받아들이는 습관적 인식을 되돌아보게 하고, 타성으로 살아가는 삶에 대해 사색적으로 성찰하게 하는 힘을 길러 준다. 21세기 미래사회를 사람들은 VUCA 시대라고 한다. VUCA는 변동성Volatility, 불확실성Uncertainty, 복잡성Complexity, 모호성Ambiguity의 약자로, 변동의 폭이 크고 복잡하며 불확실하고 모호한 사회 환경을 뜻하는 말이다. VUCA 시대에는 더 이상 기존의 경험이나 인식으로는 해결할 수 없는 새로운 문제들이 발생한다. 그러므로 창의적이고 새로운 사고는 21세기를 살아가는 데 필요한 중요한 힘이다.

창의적이고 융합적인 사고방식을 기르는 좋은 방법 중 하나가 바로 문학, 음악, 미술 같은 예술 작품을 많이 접하는 것이다. 예술의 본질은 세상을 새로운 눈으로 보는 것이다. 예술가는 사람들에게 익숙한 문법과 인식틀로 세상을 보지 않는다. 예술 작품은 우리가 당연하게 여기거나 타성에 젖어 보는 사물과 상황을 새로운 각도에서 보도록 한다. 예술은 새로운 관점에서 보도록 일깨우는 힘을 가지고 있으며, 새로운 눈으로 삶을 성찰하게 하는 힘을 갖고 있다. 따라서 예술 작품을 많이 접하는 경험은 21세기 사회에서 절대적으로 필요한 창의적이고 융합적인 안목을 길러 주는 좋은 습관이 아닐 수 없다.

9. 나오면서

행복한 삶과 성공한 인생은 어떤 차를 타고, 어떤 아파트에 살며, 어떤 지위에 있는가와 크게 상관이 없다. 행복한 삶은 어떤 차를 타든, 어떤 아파트에 살든, 어떤 지위에 있든 얼마나 감사하며 행복할 수 있는가 하는 마음에 달려 있다. 성공한 삶은 목표를 세워 그 목표를 향해 최선을 다하며 살며, 목표를 달성하기 위하여 수단과 방법을 가리지 않는 것이 아니라, 수단의 정당성을 생각하며 사는 삶이며, 인간에 대한 따뜻함을 가슴에 품고 넘어진 동료를 일으켜 함께 가는 삶이다. 비록 목표에 도달하지 못하더라도, 실패하여 마음에 큰 상처가 남더라도 더 이상 나쁘지 않아서 다행이라며 다음을 위해 또다시 툭툭 털고 일어서는 삶이 성공이고 행복이다.

아인슈타인은 "인생을 살아가는 방법은 오직 두 가지, 기적 같은 건 없다는 삶과 모든 걸 기적처럼 여기는 삶밖에 없다There are only two ways to live your life. One is as though nothing is a miracle. The other is as though everything is"라고 하였다. 감사의 마음으로 최선을 다하여 살아야 하는 것이 인생이란 뜻이다.

진정으로 행복한 인생은 몸의 기쁨, 즉 감각적 쾌락pleasure이 아니라 정신적 기쁨happiness과 깨달음joy의 즐거움으로 사는 것이다. 인생의 진정한 성공은 내가 얼마나 편하고 행복하게 살았는가가 아니라, 내가 얼마나 세상 사람들이 편하고 행복하게 살 수 있도록 기여하며 살았는가 하는 데 달려 있다. 미국의 사상가이며 시인인 랠프 월도 에머슨Ralph Waldo Emerson은 〈성공이란 무엇인가〉라는 시에서 진정한 성공을 다음과 같이 노래하고 있다.

자주 그리고 크게 웃는 것
현명한 이에게 존경을 받고
아이들에게서 사랑을 받는 것
싫은 소리에도 귀 기울일 줄 알고
친구가 등을 돌릴 때 인내할 줄 아는 것
아름다움을 느낄 줄 알며
다른 사람이 가진 가장 좋은 점을 찾을 줄 아는 것
올곧은 아이를 길러 내고
이름 없는 들꽃 한 송이에도 사랑을 쏟고

사회 환경을 개선하여

자기가 태어나기 전보다

세상을 조금이라도 더 살기 좋은 곳으로

만들어 놓고 떠나는 것

자신이 한때 이곳에 살았음으로 해서

단 한 사람의 인생이라도 더 행복해지는 것

이것이 바로 진정한 성공이다

랠프 월도 에머슨, 〈성공이란 무엇인가〉

4
_____

인문정신과 인성교육

이배용

전 이화여자대학교 총장

이배용 李培鎔

한국사학박사. 코피온(해외봉사단체) 총재.

한국의 서원 통합보존관리단 이사장.

이화여자대학교 총장, 한국대학교육협의회 의장,

국가브랜드위원회 위원장,

한국학중앙연구원 원장 등을 역임했다.

1. 인문정신과 시대적 과제

우리나라는 예로부터 동방예의지국이라고 일컬어져 왔다. 동방예의지국이란 인사 잘하고 예절 바른 것만 뜻하지 않는다. 형식적이기보다 내면적인 도덕성과 진정성을 가지고 신뢰받고 타인을 배려하는 인간성을 말하는 것이다. 그런데 언제부터인가 우리는 도덕과 정신은 땅에 떨어지고, 막말하고 무질서하고 서로를 헐뜯는 품격 잃은 사회가 되어 가고 있다. 특히 참다운 인재 육성을 가장 중심적인 가치로 여겨야 하는 학교에서부터 폭력이 난무하고 잔학한 범죄가 빈번하게 일어나는 현상에는 안타까운 심정을 넘어 참담함을 금할 수 없다. 소 잃고 외양간 고치는 것보다 이러한 사태가 발생하지 않도록 미리 대비할 수 있는 학교 교육에 대한 폭넓은 반성과 도덕 재무장이 절실히 필요한 시점이다.

극기복례克己復禮라는 말처럼, 다시금 철저히 자기반성을 통해 인간 본연의 자세를 되찾는 대책을 강구하여야 한다. 정직과 신뢰, 책임과 성실, 존중과 배려, 공동체적 질서와 화목, 품격과 예절은 예나 지금이나 지성인이 갖추어야 할 필수 덕목이다.

요즈음 사회 각계에서 인문정신을 되살려야 한다는 요구가 높아지고 있다. 대내적으로 볼 때, 우리 사회는 세계에 유례를 찾아 볼 수 없는 압축 성장을 하면서 이룩해 온 물질적 성과에도 불구하고 가치관의 혼란, 소모적인 사회적 갈등과 대립, 생태적 문제 등을 겪으면서 인간의 삶과 역사에 대한 근본적 성찰에 대한 요구를 받고 있다. 급속한 경제성장에도 불구하고 경제협력개발기구OECD에서 발표한 '행복한 삶 지수' 등에서 우리 국민이 체감하는 행복도는 지속적으로 하락해 왔다. 이것은 사람이 살아가면서 추구하는 행복은 빵만으로는 얻을 수 없다는 것을, 즉 정신적인 부분도 충족되어야 한다는 것을 말해 준다.

세계사를 보더라도, 한때 물질적으로 크게 번영을 누렸다 해도 인문정신 문화의 뿌리가 없는 민족은 결국 쇠잔과 멸망의 길을 재촉한 사례를 우리는 많이 보아 왔다.

이러한 대내외적 요구에도 불구하고 그동안 물질만능 풍조와 기계문명에만 젖어 있던 우리가 유형문화 속에 깃들어 있는 정신적 가치를 놓치는 바람에 공존과 타협의 지혜가 저평가되고, 비생산적인 가치관의 충돌과 소모적인 대립, 갈등이 우리 사회의 건강한 발달을 여전히 늦추고 있다. 이런 문제들 때문에 우리 사회가 또 한 번 도약할 수 있는 새로운 미래 비전을 함께 창출해 나갈 기회도 놓치고 있다.

세계사를 통해 보면, 인문정신은 항상 새로운 시대를 열어 주는 역할을 했다. 예를 들어, 서양의 르네상스는 고대 그리스의 인문정신을 부활시켜 근대로 가는 새로운 세상을 열어 주었다. 가장 최근에는 스티브 잡스나 빌 게이츠가 IT기술문화의 새로운 세상을 열기 위해 인문학 및 인문정신을 강조했던 것은 잘 알려진 사실이다.

이 밖에도 인문정신은 위기의 시기에 나아가야 할 방향을 제시해 주는 역할도 했다. 예를 들어 나폴레옹 군대가 독일을 휩쓸고 초토화시키며 독일 국민을 극한에 내몰며 절망하게 했을 때, 독일 국민을 일으켜 세운 것은 철학자 피히테가 1807년에 행한 유명한 연설 "독일 국민에게 고함"이었다. 피히테는 이 연설을 통해 독일 국민의 정신과 혼을 일깨우고, 나아가야 할 바를 제시했다.

그러나 인문정신은 서양에만 있는 것이 아니다. 인문정신을 멀리 다른 곳에서 찾지 않고, 우리 역사 속에서 찾는 지혜와 태도가 필요하다. 인문정신이 한국의 역사와 문화 곳곳에 살아 숨 쉬고 있기 때문이다.

한국 역사 속에 담긴 인문정신을 찾는 작업이 다름 아닌 한국 역사 속의 정신적 가치와 지혜를 찾는 작업이라 할 때, 그것은 바로 우리 한국인들이 추구해야 할 중요한 과제이자 사명이라 할 수 있다.

우리 역사 속에는 인문정신이 다양한 모습으로 출현한 것을 볼 수 있다. 단군조선의 홍익인간 이념에서부터 불교가 기반이 된 화랑도 정신, 유교가 기반이 된 선비 정신, 실학 정신 등에 이르기까지 한국 역사의 면면에는 한국이 가진 고유한 인문정신이 깔려 있다. 이런 인문정신이 있었기에 한국이 최빈국에서 경제 강국이자 문화 강국으로 발전할 수 있었다고 생각하며, 앞으로도 세계문화 리더 국가 역할을 훌륭하게 수행할 수 있는 가능성을 본다.

우리 선조들은 독자적인 정신적 가치와 이념을 가지고 불교, 유교 등 타 문명의 정신을 흡수해 독창적이고 고유한 인문정신을 형성하면서 역사와 문화를 능동적으로 만들어 왔다.

예를 들어, 인도와 중국을 거쳐 발달해 온 불교를 수용하면서도 동아시아 불교에 영향을 끼칠 정도로 선진적이고 독창적인 한국의 불교정신을 발전시켰다. 이러한 사례는 원효의 불교 사상에서 볼 수 있다. 원효의 《대승기신론소大乘起信論疏》와 《금강삼매경론金剛三昧經論》은 중국 불교계에도 큰 영향을 끼쳤고, 《십문화쟁론十門和諍論》은 범어로 번역되어 인도에까지 영향을 미쳤다. 그리고 첨성대, 성덕대왕신종, 황룡사 9층 목탑 등의 문화예술과 과학기술은 이런 인문정신을 기반으로 발전할 수 있었다.

신라의 불교를 계승하며 불교를 국가의 정신적 지주로 삼은 고려 시대에도 인문정신은 목판 고려 팔만대장경, 금속활자 발명, 고려 상감청자 등을 통해 구체적으로 발현되기도 했다.

조선 역시 불교문명을 대체할 새로운 사상으로서 성리학을 받아 들이면서도 그대로 추종한 것이 아니라, 고조선에 대한 우리의 역사 의식과 결부시켜 도덕 문명의 뿌리인 옛 조선을 구현한다는 의식을 분명히 하였다. 이런 정신이 바탕이 되었기에 조선 시대에 우리 민족의 자주성과 자긍심 그리고 합리성이 내포된 독창적인 문자인 한 글의 창제, 측우기, 거북선 등 세계 최초의 첨단 과학기술이 등장하고, 집현전集賢殿으로 대변되는 고도의 인문통치와 세계사에서도 빛나는 최고의 리더 세종대왕이 출현할 수 있었고, 이황李滉과 이이李珥 등을 통해 독창적인 조선의 성리학이 그 모습을 드러낼 수 있었다. 또한 조선 후기에는 탁월한 인문학적 지식을 갖춘 정조를 통해 규장각奎章閣이 설립되고, 뛰어난 인재들이 양성되어 화성행궁 건설 등 조선의 르네상스라 할 만한 시대를 열 수 있었다. 이 시기에 중국과 서구로부터 발원된 새로운 충격을 능동적으로 받아들여 정약용丁若鏞

이라는 인물과 그로 대표되는 실학을 꽃피울 수 있었던 것도 인문정신의 바탕이 있었기에 가능했다.

현재 한국은 전 세계로부터 주목을 받는 국가가 되었다. 최빈국에서 세계 10위권의 경제력을 가진 국가로 성장하고, 민주화와 산업화를 동시에 성취한 세계사상 유일무이한 국가이기 때문이다. 외부에서 볼 때 한국의 이러한 발전은 기적이라 할 수 있지만, 한국의 역사와 문화를 들여다보면, 그 발전은 우연이 아니라는 점을 알 수 있을 것이다.

이러한 대한민국의 경이로운 발전은 수준 높고 품격 있는 문화와 그 문화를 만들어 낸 우리 선조들의 인문정신이 있었기에 가능했다고 볼 수 있다. 이제 인문정신을 되살려 황폐해진 물질만능 풍조를 품격 있는 정신문화 구조로 재정비해야 하는 시대적 과제가 우리 앞에 놓여 있다. 그러기 위해서는 인간다운 올바른 품성을 갖춘 미래 인재를 양성해야 할 것이다. 바로 교육의 중심에는 인성교육이 절대적으로 필요하다는 것이다.

2. 인성교육의 본질

'인성人性교육'이란 무엇인가? 문자 그대로 풀어 본다면 '인간의 인간 됨 교육'이 될 것이다. 그렇다면 인간의 인간됨이란 무엇인가? 인간이 인간으로 살아간다는 것은 지금까지 인간의 생존을 견인해 온 원리에 충실하면서 인류의 공생과 번영에 기여함을 의미한다. 그 첫 번째 원리는 인간은 다른 동물들과 달리 삶의 기술을 객관적 지식의 형태로 축적하고 발전시키면서, 자신의 몸을 대신하는 기계와 기술을 통해서 강력한 생존전략을 구사할 수 있게 되었다는 것이다. 두 번째 원리는 가치와 규범이라는 문화적 전략을 통해 인간적 삶의 양식을 재생산해 왔다는 것이다.

인간을 인간으로 만드는 교육은 따라서 지식의 전수와 가치와 규범의 전승으로 모아진다. 오늘날 인간이 소유하게 된 지식의 체계는 매우 정교해져서 우주를 탐사하고 우주선을 타고 지구와 가까운 행성에 여행할 수 있는 수준에까지 이르렀다. 이제 4차 산업혁명 시대에는 인공지능의 위세, 로봇의 출현으로 인해 인간의 설 자리에 대한 다각적인 우려와 대처가 논의되고 있다. 이러한 지식의 전수는 오늘날 다양한 학문체계가 담당하고 있다. 특히 과학/기술의 영역은 이 우주 내 인간의 생존전략에서 중요한 역할을 담당하고 있다. 정보과학 기술의 발달은 이제껏 인간의 지식이 축적되고 활용되던 방식으로부터 혁명적 전환이 이루어지고 있음을 보여 준다. 인간 자신과 자신을 둘러싼 자연과 세계에 관한 객관적 지식의 확보는 인성교육에 있어서 중요한 요소를 이룬다. 우리의 믿음이 객관적이고 합리적 지식에 바탕을 두지 않는다면 맹목적 이념 추종이 지식을 대신할 것이기 때문이다.

이처럼 다각적으로 급변하는 사회 안에서 인간 교육은 직접적 강령의 주입이 아니라 스스로 윤리적 판단을 하도록 가치판단 능력을 키워 주는 일이다. 윤리적 상황에 대한 이해를 돕고 선택의 결과와 행위의 책임에 대한 이해 능력을 키우는 일은 다양한 인간 삶의 상황들을 섭렵하고 간접 경험을 통해 다양한 선택에 대한 이해를 높임으로써 가능할 것이다. 문학이나 역사는 우리에게 매우 풍부한 인간 삶의 모습과 선택을 제시하고 있으며, 철학은 윤리적 가치와 원리, 인간의 자유의지에 대한 우리의 이해를 깊게 해준다. 인문학적 사유를 통해 인간은 배움에 대한 근본적 동기를 부여받을 수 있으며, 인간 자신에 대한 이해를 깊게 함으로써 궁극적으로 보다 나은 인간 사회를 만들어 나가는 데 기여할 수 있다. 이러한 가치들을 어찌 인공지능이 대신해 줄 수 있겠는가?

우리의 미래와 국가의 경쟁력 수준이 인재 양성에 달려 있다고 할 때, 결국은 교육을 통해 균형 잡힌 판단을 갖추고 모든 것을 슬기롭고 조화롭게 해결할 수 있는 인간을 만들어 가기 위해 깊이 성찰해야 한다고 생각한다.

인문학적 사유를 통해 우리가 확보하게 되는 중요한 특징은 내면성과 자기 성찰성이다. 이러한 내면성을 함양시키는 능력을 다음과 같이 정리해 볼 수 있을 것이다.

1) 사유 능력의 함양

생각은 누구나 할 수 있는 듯 보이지만, 그냥 앉아서 생각한다고 해서 진정으로 '생각'할 수 있는 것이 아니다. 인문학은 인간의 역사

안에서 생각의 여러 갈래 길들을 만들어 놓았다. 이러저러한 갈래들 속에서 우리는 생각하는 힘을 키울 수 있는 것이다. 생각하는 힘이 키워지면 우리는 새로운 생각의 길을 만들어 낼 수도 있으며, 우리 뒤에 오는 사람들은 그럼으로써 더 많은 생각의 길을 갖게 될 것이고 그들의 사유는 더욱 풍요로워질 것이다.

2) 분석 능력의 함양

새로운 것을 창조하기 위해서는 새로운 변화를 위해 버릴 것은 과감히 버리고 지킬 것은 소중히 가꿀 수 있는 균형 잡힌 판단력을 갖추어야 한다. 여러 갈래 생각의 길을 걸었던 사람은 그에 비추어 사물과 현상을 평가하는 여러 눈을 가질 수 있으며, 이에 따라 분석력과 비판적 안목을 가질 수 있다. 어떤 대상을 비판할 때는 무조건 부정적 측면에 집중하는 것이 아니라 긍정적 안목 위에서 사물에 대한 정밀한 객관적 분석력이 전제되어야 한다. 그래야 새로운 창조를 위한 합리적 사고가 정립될 수 있다.

3) 상상력의 함양

인간의 도덕적 능력에 있어서 중요한 것은 역지사지의 태도이다. 역지사지의 능력은 인간관계 기술을 함양시키고 나아가 자신의 행동에 대한 자기의식적 반성을 가능하게 한다. 역지사지의 능력은 상상력의 일환으로서, 이러한 상상력은 새로운 세계를 창조해 내는 예술적 능력에만 관여하는 것이 아니라, 타자와의 소통 능력에도 매우 중요한 역할을 한다.

4) 배움 능력의 함양

《논어論語》는 "배우고 때때로 익히면 그 또한 즐겁지 아니한가?"라는 말로 시작한다. 배움의 능력을 갖고 있다는 것은 인간이 살아 있음을 증명하는 것이다. 스스로 묻고 잘못된 것을 고치고 새로운 것을 배우는 것이야말로 인간의 문명을 지금껏 견인해 온 힘인 것이다. 이 근원적 호기심과 배우고자 하는 동기는 자기 자신 안에서 주어지는 것으로서, 인간의 근원적 내면성의 표현이다.

5) 문제 해결 능력의 함양

인문학적 사유는 단순히 자기 속에 침잠하여 묵상하는 사유가 아니다. 그것은 자신으로부터 동기를 부여받아 자신의 삶에 적극적으로 개입하려는 의지와 맞닿아 있다. 다양한 인간 삶에 대한 이해는 우리가 시시각각 마주하는 문제들에 대한 해결 능력을 높일 것이며, 예측할 수 없는 인간 삶의 우연성에 대처할 수 있는 예지력을 키워줄 것이다.

3. 전통교육과 인성교육

오늘날 우리나라가 온갖 시련을 극복하고 기적 같은 발전을 이룬 원 동력에는 교육의 열정이 있다. 특히 전통교육은 지식의 차원뿐 아니라 심성을 끊임없이 바로잡는 인성교육이 중심에 있었다.

유교 경전에 보면 "경이직내 의이방외敬以直內 義以方外"라는 문구가 있다. 즉, 안으로는 공경심을 가지어 마음을 곧게 하고 밖으로는 의로써 반듯한 행동을 하라는 선비들의 기본적인 마음가짐이다. 옛날 선비들은 충효忠孝의 의리를 제일로 쳤다. 그럼으로써 자신의 입지가 단단해지고 남이 보기에 당당해지는 것이다. 전통유학교육은 첫째, 교육방법에서 수신을 통해 인격적으로 완성된 인간을 추구했다. 둘째, 교육내용 면에서 문학·역사·철학·예악·정치·사회 등 다양한 영역을 포괄하여 균형감각을 갖추어 인성과 지도력을 함양하게 힘썼다. 셋째, 유교교육의 지향점은 자기 충실과 타인과의 조화, 인간과 자연과의 조화의 지혜를 일깨워 주었다.

오늘날 교육열의 본산이며 인성교육을 중심에 두었던, 조선시대 사립학교의 효시인 서원 교육에는 인류의 미래지향적 가치인 소통, 화합, 나눔, 배려, 자연, 평화를 추구하는 교육적 이상과 융합적인 조화의 기능이 있다. 서원에 들어서면 수려한 자연 경관이 눈에 들어온다. 수백 년을 역사의 증인으로 지켜 온 나무들이 울창하고, 맑은 계곡이 흐르고, 주변 산세와 어울리는 목조 건축의 아름다운 조화는 백 마디 말을 필요로 하지 않는 배움과 깨달음의 시작이다. 이는 지성과 인성 교육까지도 강조한다는 점에서 오늘날에도 이어받을 귀중한 정신교육유산이다.

또한 서원은 조선시대 선비의 학문과 도덕, 품격을 보여 주며, 지역 문화의 역사성과 한국 문화의 정체성을 담고 있다. 나아가 서원에는 유·무형의 다양한 문화유산(역사, 교육, 제향의례, 건축, 기록, 경관, 인물 등)들이 존재하며, 도서 출판, 문화예술, 정치 등 복합적인 문화사가 이루어졌던 문화적 거점이었다. 또한 서원은 향촌 자치 운영기구로서 지역의 교육, 문화, 지성사의 수준을 높이는 데 크게 기여하였다.

또한 서원은 주로 주변의 자연경관이 빼어난 곳에 입지하였으며, 서원을 구성하는 건물들이 배치되면서 각각의 공간들이 형성되어 주변경관과 조화를 이루었다. 서원은 선현을 배향하고 제사를 지내기 위한 제향공간, 유생들의 장수藏修를 위한 강학공간, 유식遊息을 위한 누문공간, 제향과 강학 기능을 지원하고 관리하는 지원공간, 그리고 서원의 주변공간으로 구분된다. 서원과 주변 자연환경을 고려한 배치형식들은 서원건축이 지니는 특성이라고 볼 수 있다. 이로써 서원 건축이 무엇을 지향하는가를 엿볼 수 있다.

천인합일天人合一의 경지, 즉 자연과 인간의 이치의 결합은 스스로 사람다움이 무엇인지를 깊이 성찰할 수 있는 자연을 통해 배우는 언어이다. 자연의 이치라고 할 수 있는 오행五行의 목木, 금金, 화火, 수水, 토土의 원리에서 인간심성의 기본인 오성五性의 인仁, 의義, 예禮, 지智, 신信이 상호 합일되는 과정을 매우 중요한 덕목으로 삼는다.

즉, 사람은 나무木를 통해서 인仁을 배우고, 쇠金를 통해서 의로움義과 정의, 의리를 배우고, 불火을 통해서 예禮의 질서를 배우고, 물水을 통해서는 배움, 즉 깨달음智을 알게 된다. 물이 낮은 곳으로, 또 넓은 곳으로 바다를 향해 부단히 흐르듯이 겸손과 포용의 자세를 배우게 되는 것이다. 흙土은 만물이 딛고 생성하는 토양이 되듯이 인간관계에서 기본은 무엇보다도 믿음信이라는 데서 참다운 인성의 가치를 제공한다.

2019년 7월 6일 아제르바이잔 바쿠에서 열린 제43차 세계유산위원회 총회에서 "한국의 서원"이 유네스코 문화유산으로 등재되었다. 우리나라의 유네스코 유형유산으로는 14번째이다. 서원 9곳이 연속유산으로 선정되었는데, 영주 소수서원, 안동 도산서원, 병산서원, 경주 옥산서원, 대구 달성 도동서원, 함양 남계서원, 장성 필암서원, 정읍 무성서원, 논산 돈암서원이 그곳이다. 이러한 한국의 서원들은 유네스코 등재기준인 탁월한 보편적 가치를 입증할 OUVOutstanding Universal Value Ⅲ에 해당하는 유산으로서 인정받았다. 기준(ⅲ)에 따른바 "문화적 전통, 또는 살아 있거나 소멸된 문명에 관하여 독보적이거나 적어도 특출한 증거"로 완전성과 진정성을 갖췄다는 것이다. 즉, 교육적·사회적 활동에서 널리 보편화되었던 한국 성리학의 탁월성이 입증된 것이라 할 수 있다. 조선시대 향촌 지식인들은 자발적으로 기금을 모아 이 유산을 통해 성리학 교육을 적합하게 수행하기 위한 교육체계와 건축물을 창조하였으며, 전국에 걸쳐 성리학이 전파되는 데 기여하였다.

미래의 정신적 원동력을 자연의 순리와 인성교육을 중요시한 유학에서 찾으려는 사람들이 늘고 있는 요즘, 서원의 가치도 재평가되고 있다. 모두가 물질적 성공에 치중할 때, 공허해질 수 있는 정신적 가치를 잡아 주고 자연과 인간의 조화를 이루는 서원은 지나간 과거가 아닌 미래를 향한 힘이 될 것이며, 한국의 문화유산을 넘어 인류 문명사 속의 세계 문화유산으로 거듭날 것이다.

4. 인성교육과 대학의 역할

21세기의 대학은 더욱 복잡하고 도전적이며 역동적인 글로벌 시대에 살아가야 할 학생들을 준비시켜야 하는 의무를 지닌다. 이를 위해 대학은 학생들로 하여금 다양한 인간 삶의 상황들을 섭렵하고 간접경험을 통해 다양한 선택에 대한 이해를 높여 스스로 윤리적 판단을 하도록 가치판단 능력을 키워 주며, 윤리적 상황에 대한 이해를 돕고 선택의 결과와 행위의 책임에 대한 이해능력을 갖추도록 해야 한다. 사회와 고립된, 이기적이고 경쟁적인 지식인을 양성하는 것이 아니라 타인을 배려하고 사회에 기여할 수 있는 윤리적인 지성인을 배출하도록 대학은 힘써야 한다. 인성교육은 단순히 교양과목의 지식 습득으로 이루어지지 않는다. 인성은 개인의 노력만으로 형성되지 않는다. 대학들은 가치관, 인성의 문제에 관심을 갖고 제대로 된 교육을 위해 구체적인 매뉴얼과 목표를 세워야 한다. 대학의 교육에 대한 철학, 전통, 학풍이라는 환경이 중요하다. 대학 자체의 '인성'이 필요한 시대가 된 것이다.

오늘날 산업화, 과학화가 급속도로 진행되면서 전통적 관습이 서서히 붕괴되고 일탈적 행동이 난무하는 혼란을 거듭하고 있다. 개인주의, 이기주의적 사고에 매몰되어 사회 분열과 갈등 심화, 그리고 공동체적 차원의 도덕성이 무너져 가는 위기에 직면해 있다. 더욱이 물질만능의 풍조에서 외형적인 힘의 우위에 인간은 가야 할 길의 방향을 잃고 있다.

과학과 기술의 발달은 그 자체로 문명을 발전시키고 인간의 생활을 편리하게 하는 측면이 컸다. 그러나 한편으로는 인간의 본질적 가치와 의미에 대한 혼란을 야기한다는 우려도 있다. 그동안 과학과 기술은 근대화를 주도하면서 인간의 삶의 조건을 바꾸어 놓는 문화적 위세를 보여 왔다. 뿐만 아니라 더욱 심각하게는 과거에 예측하지 못하였던 새로운 윤리적 쟁점들을 생산하는 중이다. 과학과 기술의 발달 그 자체로 인해, 특히 생명공학, 환경생태학의 영역과 관련하여 발생하는 문제, 그리고 정보사회적 개방화와 기계화로 인한 생활조건과 행동양태의 변화로 인한 문제 등이 대표적이다. 과학주의 혹은 기술주의는 계량화, 객관화와 같은 자체의 논리로써 정당화하는 도덕적 판단의 기준을 적용하여 생활의 여러 영역에서 관료주의적 힘을 발휘한다. 그리하여 사회 구성원들에게 새로운 질서를 강요하며, 종교, 예술, 가족, 정치, 역사, 진리, 지성 등에 대한 의미를 새롭게 규정하고 있다. 문명의 이기로서의 일면과 도덕적 무법자로서의 일면을 함께 소유한 양면성을 지닌 것이다. 동양 고전 〈정관정요〉에서 말하듯이 물은 배를 띄울 수도 있지만 때에 따라서 뒤집어 엎을 수도 있다는 구절을 명심해야 한다.

인도의 영혼으로 불리는 간디는 일찍이 사회가 해소해야 할 7가지 폐단을 제기하였다. 첫째, 원칙 없는 정치, 둘째, 노동 없는 부, 셋째, 양심 없는 쾌락, 넷째, 인성 없는 지성, 다섯째, 인간성 없는 과학, 여섯째, 도덕 없는 상업, 일곱째, 희생 없는 신앙이 그것이다. 이렇듯 아무리 과학이 발달해도 인간이 그 중심에 있어야 한다는 것은 동서고금 불변의 진리이다. 그런데 세상에 인간이 만들어 놓은 인공지능에 인간이 밀려나고, 가내와 거리에 로봇이 활보하는 가운데 인간의 모습이 축소되고 사라지는 현상이 생겨나서야 되겠는가.

앞서 유학교육이 지향하고 길러 내는 인간상을 제시하였다. 참된 인간을 키워 내는 지향점은 오늘날에도, 아무리 시대가 변해도 다르지 않다.

첫째, 자기 스스로 실력과 인격을 겸비해 당당한 전문인으로 존경받는 인물이 되는 것이다. 실력은 스스로 노력해서 얻는 것이며 남들도 존경심을 가지고 그렇게 인정할 수 있어야 한다.

둘째, 사리 판단을 할 때 신중하게 처신하며 본인이 선택하고 결정한 일에는 어떤 순간에도 책임을 져야 한다. 균형과 조화의 지혜를 가지고 매사를 사려 깊게 생각할 줄 알아야 한다.

셋째, 보는 사람이 있든 없든 한결같은 자세로 부끄럽지 않은 모

습과 행동을 하여야 한다. 옛날 선비들도 명도^{明道}와 신독^{愼獨}을 가장
제일로 꼽았다. 정의로운 도를 지키고 근신하며 남을 속이지 말아야
한다는 것이다. 결국 도덕심에서는 정직이 제일이라는 뜻이다.

넷째, 높은 이상을 가지고 넓고 사려 깊은 지성으로 미래를 품고
세계를 품어야 한다. 그럴 때에 세상이 필요로 하는 사람이 되는 것
이다. 즉, 변화하는 시대에 앞서가는 시대적 안목을 키워야 한다.

다섯째, 관용의 정신을 가져야 한다. 항상 밝은 미소와 따뜻한 가
슴으로 배려하고 나누고 헌신할 줄 아는 진정한 마음이 있어야 한
다. 그래야 모든 사람이 믿고 따르고 함께 상생과 희망의 시대를 열
어갈 수 있다.

여섯째, 무엇보다도 나라를 사랑하는 애국심을 가져야 한다. 자기
가 속한 기관, 나아가서는 국가에 자긍심과 주인의식을 가지고 지켜
야 할 가치, 이어받아야 할 정신을 투철히 인식하고 실행해야 한다.

앞으로 4차 산업혁명 시대를 선도할 수 있는 인재를 양성하는 것
이 무엇보다도 중요한 대학의 역할임은 틀림없다. 아울러 부단한 교
육현장의 혁신을 통해 새로운 창의성을 갖춘 지식기반 사회를 형성
해야 할 것이다. 이와 함께 대학은 매사에 균형감각과 조화의 지혜
를 가지고 하드웨어 시대에서 소프트웨어 시대로 진행해 온 과정을
이어나가, 따뜻한 마음을 가지고 배려하고, 나누고, 포용할 줄 아
는 '하트웨어'를 더 부각시켜야 한다. 그럼으로써 대학 본연의 정신
이 살아나고, 대학이 인류의 화합과 행복에 기여하게 될 것이다.

우리의 미래와 국가의 경쟁력 수준이 인재 양성에 달려 있다고 할

때, 결국은 대학이 균형 잡힌 판단을 통해 모든 것을 슬기롭고 조화롭게 해결할 수 있는 인간을 만들어 가기 위해 깊이 성찰해야 한다. 물론 양적인 발전, 과학의 발달, 물질의 풍요도 중요하지만, 대학의 교육은 무엇보다도 정신적인 면에서 세상과 타협하거나 거기에 예속되어서는 안 된다. 세상의 문명을 선도하면서 이끌어 가는 진리 탐구의 정신을 잃어버리지 않아야 한다. 그러한 기반 위에서 실용성도 모색해야 할 것이다. 아울러 학생들의 인성개발의 기저에는 따뜻한 가슴을 가지고 사랑을 실천하는 자세, 감사할 줄 아는 마음을 새겨 주는 역할도 매우 중요하다. 그래야만 대학이 산소 같은 힘을 발휘할 수 있고, 또 물결 같은 부드러운 힘으로서 인간다운 세상을 주도하고 선도할 수 있지 않을까 생각한다.

● 사립대학이 풀어야 할 막중한 현안이 있을 때마다 선도적으로 이끌어 주신 존경하는 우암 조용기 이사장님의 열정에 깊은 감사를 드립니다.

5

기본으로 돌아가자

손병두

삼성경제연구소 고문, 전 서강대학교 총장

손병두 孫炳斗

경영학박사. 삼성경제연구소 상임고문.

서강대학교 총장, 한국대학교육협의회 회장, 제8기 KBS 이사장,

한국학중앙연구원 이사장 등을 역임했다.

1. 들어가면서: 위기는 어디에서 왔는가

1997년 우리나라는 이른바 IMF 경제위기를 맞았다. 그 당시 태국에서 시작된 외환위기가 인도네시아, 말레이시아, 필리핀을 거쳐 한국에 상륙할 때까지 정부 당국은 한국은 펀더멘털fundamental이 튼튼해서 걱정을 안 해도 된다고 했다. 그러나 외환위기는 왔고 국가는 부도 위기에 몰렸다. 30대 대기업 중 16곳이 부도가 났고, 대량 실업사태가 발생했다.

이때 IMF로부터 구제 금융을 받아 위기를 모면하면서 우리나라는 글로벌 스탠더드에 맞는 4대 부문의 개혁, 즉 공공개혁·금융개혁·기업개혁·노동개혁이라는 IMF의 요구를 수용해야 했다. 그래서 당시의 경제위기에 대해 IMF 경제위기라는 말을 쓴 것이다.

IMF 경제위기를 야기한 원인을 보는 시각은 각 경제주체별로 달랐다. 정부는 시장의 실패에서 온 것으로 보았다. 즉, 대기업이 욕심을 부려 외국의 단기자금을 빌려와서 장기적으로 과도하고 잘못된 투자를 한 탓에 차입금을 갚을 능력이 없어서 일어났다고 본 것이다. 반면 기업에서는 정부의 실패에서 온 것으로 보았다. 정부가 1만 달러 소득 달성과 OECD 가입을 위해 무리한 환율고평가정책을 쓴 점, 섣부른 세계화를 추진하느라고 종금사들이 해외에 나가서 단기로 외화를 차입하여 기업에 장기시설자금을 공여해서 상환기간의 미스매칭mismatching이 생긴 점, 노동시장이 경직화되어 기업 구조조정에 애로가 컸던 점, 노동조합이 너무 전투적이라 불법파업을 다반사로 한 점 등에 원인이 있다고 보았다. 한편, 외국 언론에서는 동남아 국가(한국 포함)들의 부패로 인한 부패자본주의, 정실자본주의의 결과로 보았다.

이와 같이, '왜 위기가 왔는가?'에 대해 경제적 측면에서는 많은 설명이 있었다. 그러나 그러한 위기를 야기한 근본적 문제가 무엇인지에 대한 논의는 소홀했다.

2. 근본적인 문제는 무엇인가?

우리나라는 시장경제체제를 택하여 5천 년 가난에서 벗어나고 이른바 '한강의 기적'이라고 하는 급속한 압축 성장을 이루었다. 그러나 체질적인 문제, 즉 경제를 운용하는 주체들의 윤리도덕과 시민의식은 결여되었다. 여기에서 경제위기의 근본적 원인을 찾을 수 있다. 자본주의 시장경제는 튼튼한 윤리도덕의 기반 위에서만 건전하게 발전할 수 있기 때문이다.

당시 외국 언론들은 한국의 경제위기가 부패자본주의, 정실자본주의에 기인한 것이라 지적했다고 앞서 언급했다. 이것이 옳은 지적이라고 할 수 있다. 이 외에도 이러한 근본적 문제를 꿰뚫어 본 분이 있다. 그는 경제학자도 아니고 경제활동을 직접 한 분도 아니다. 바로 종교인인 김수환 추기경이다.

김수환 추기경은 87세의 나이로 2009년 2월 16일 돌아가셨다. 김

추기경은 돌아가시기 전 병원에 입원해 계셨던 약 1년여 동안 나라 걱정을 많이 하셨다고 한다. 돌아가시기 2달 전인 2008년 12월, 주변 사람들이 그분의 임종이 임박했다고 판단해 장례준비를 할 때였는데, 돌연 김 추기경께서 정신이 돌아오셔서 나라 걱정을 하셨다고 한다. 주위의 모시던 분들이 "걱정만 하시지 말고 어떻게 해야 하겠습니까"라고 여쭙자 그분이 말씀을 마무리하시고는 말씀하신 내용을 가지고 필자인 서강대학고 손병두 총장과 상의해 보라고 하셨다고 한다. 그래서 2008년 12월 19일 김 추기경을 모시던 측근인 신치구 신앙생활연구소소장과 김 추기경의 조카사위인 KAIST 김호권 교수가 필자를 방문해서 그간의 사정을 설명했다. 그분들이 전한 내용은 이러했다.

"우리나라는 자유민주주의와 시장경제 제도를 택하여 눈부신 경제발전과 민주화를 이룩했다. 그러나 아직 선진국 수준에는 못 미친다. 우리에게 부족한 것은 국민의 시민의식이다. 첫째, 부지런하나 정직하지 못하다. 즉, 거짓말을 잘하고 진리와 진실을 외면한다. 둘째, 남을 배려할 줄 모른다. 너무 이기적이고, 남의 탓만 한다. 셋째, 법을 잘 지키지 않는다. 약속도 잘 지키지 않는다. 넷째, 감사할 줄 모른다."

즉, 김수환 추기경께서는 우리가 극복해야 할 부족한 시민의식은 정직·배려·준법·감사라고 지적하신 것이다.

3. 우리 시민의식의 현주소

1) '정직'하지 못한 국민

(1) 거짓말의 일상화

우리네 가정을 보면, 부모들이 받기 곤란한 전화가 걸려올 때 자녀들더러 "아빠 없다고 해" 식의 거짓말을 하라고 시키는 경우가 잦다. 이렇게 아이들에게 별 의식 없이 거짓말을 가르친다. 이 정도로 거짓말이 우리 생활에서 일상화되었다.

그런데 미국의 어린이들은 어떤가. 어린이들 사이에 가장 큰 욕이 "너 거짓말쟁이야! You are a liar"이다. 선진국인 미국은 이렇게 어릴 때부터 거짓말은 해서는 절대 안 된다는 것을 철저히 가르친다. 그러나 우리나라 가정에서나 학교에서는 정직의 중요성을, 정직이 삶의 기본이라는 것을 가르치는 데 소홀하다.

또 정치인들은 어떤가. '아니면 말고' 식의, 진위 검증을 소홀히 한 무책임한 폭로가 다반사다. 이처럼 거짓이 횡행하는 사회 풍조가 만연해 있다.

(2) 진실이 외면되고 괴담, 유언비어가 판치는 사회

인터넷, SNS상에 떠도는 괴담, 유언비어는 사회를 망치는 암적 존재로 독버섯처럼 자라고 있다. 사회를 갈라놓을 뿐 아니라, 막말과 욕설, 악성 댓글로 사람을 죽음으로 몰아가기도 한다.

(3) 공직자들의 윤리·도덕적 기강 해이 심각

공직자들의 부정부패 사건이 늘어나고 고위공직자들의 국회청문회 과정에서 드러나는 비리와 위선은 도를 넘고 있다. 비위사실에 무감 각하거나 뻔뻔하기조차 하다.

(4) 사회 전반의 부정부패와 비리 만연

2013년 국제투명성기구TI에서 우리나라 초·중·고등학생을 상대 로 조사한 내용을 보면, "10억 원 주면 1년 동안 감옥살이를 하겠다" 라고 응답한 비율은 초등학생 12%, 중학생 28%, 고등학생 44% 로, 학령이 높아질수록 돈이면 다 된다는 생각과 물질만능주의에 빠 져 거짓말도 서슴지 않겠다는 응답을 했다.

우리나라의 부패인식지수CPI: Corruption Perceptions Index는 2017년 100점 만점에 52점으로 전 세계 180개국 중 51위다. 2015년 37위

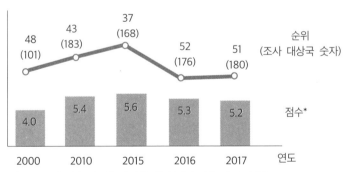

〈그림 5-1〉 우리나라의 부패인식지수

*주: 점수는 10점 만점. 만점에 가까울수록 부패가 적은 것으로 간주.
출처: 국제투명성기구

에서 계속 하향 추세를 보이고 있다. OECD 35개국 중에는 29위로 여전히 하위권이다. OECD 국가 중 덴마크, 핀란드, 스웨덴 등 북유럽 국가들이 상위권에 속해 있다.

70점대는 사회가 전반적으로 투명한 상태, 50점대는 절대부패로부터 벗어난 정도라고 보는 것이 일반적인데, 이렇게 보면 우리 사회는 절대부패로부터 겨우 벗어난 사회라고 할 수 있다.

2) 남에 대한 배려가 부족한 국민

(1) 시기, 질투심, 내 탓보다는 남의 탓

우리 속담에 "사촌이 땅을 사면 배가 아프다"는 말이 있다. 그만큼 많은 국민들이 남이 잘되는 것을 시기하고 질투한다는 것이다. "우리 국민은 배고픈 것은 참아도 배 아픈 것은 못 참는다"라는 우스갯소리도 있다. 바로 그 이유로 북한 주민이 굶주리는데도 혁명이 일어나지 않고 있다는 것이다.

(2) 장애인, 외국인 노동자, 다문화이주민, 탈북자에 대한 편견과 차별

사회적 약자에 대한 우리 국민들의 전반적인 태도를 보면, 우리 국민은 약자에 강하고 강자에 약한 비굴함을 잘 드러낸다. 외국인 노동자, 다문화 이주민이 300만 명이 넘어서고, 탈북자 수도 3만 명을 넘어섰지만 우리 국민은 이들을 따뜻하게 배려하지 못하는 것이 현실이다.

또한 장애인에 대한 편견과 차별도 심해, 장애에 대한 인식이 경제발전 수준을 따라가지 못하고 있다. 장애인에 대한 배려의 수준이 선진국과 후진국을 구분할 수 있는 주요한 지표 중 하나라고 할 때, 우리는 이 점에 관한 한 후진국 수준에 속한다.

(3) 지나친 이기주의, NIMBY 주의

우리 국민은 혐오시설이나 기피시설은 '남의 정원에는 좋지만 내 정원에는 안 된다'라는 NIMBYNot In My Backyard 성향이 강하다. 우리 사회가 공동체로서 행복하게 살아가기 위해서는 서로 배려하고 양보해야만 하는데 그렇지 못한 것이다.

그리하여 부안 지역 원자력발전소 방사선폐기물 저장소(방폐장) 건립 반대, 밀양 송전탑 건설 반대, 제주 해군기지 건설 반대, 사드 배치 반대, 군 시설이나 장애인 시설 반대 등으로 갈등이 그칠 날이 없다. 이런 시설들은 우리 공동체를 위해서 꼭 필요한 시설임에도 주민들은 한사코 '내 지역에서는 안 된다'라고만 주장한다.

이렇듯 이성적인 판단보다는 감성이 앞서고, 국익이나 공동체의 이익보다는 사익을 앞세우는 것이 당연시되고 있다.

(4) 폭력이 만연한 사회, '갑질'의 다반사

우리 사회에 있어 폭력의 만연 현상은 심각하다. 이른바 공영방송에서조차 '막장' 드라마, '막말' 연예 프로그램이 거침없이 방영되고 있다. SNS상의 언어폭력은 도를 넘고 있다. 신문의 사회면에는 성폭력, 주취폭력 등의 기사가 넘쳐 나며, 학교에서조차도 어린 학생들이 학교폭력에 시달리거나 범죄의 유혹으로 빠져들고 있다. 직장에서는 이른바 '갑질' 행태로 인하여 상하 간 존중과 배려보다는 비난과 폭로가 이어지는 삭막한 관계로 몸살을 앓고 있다.

3) 준법정신이 부족한 국민

(1) 법 < 헌법 < 국민정서법 < 떼법

우리 국민의 준법정신은 참으로 약하다. "법 위에 헌법이 있고, 헌법 위에 국민정서법이 있고, 국민정서법 위에 떼법이 있다"라는 말이 있다. 떼만 쓰면 통한다는 말이다. "주먹은 가깝고 법은 멀다"라는 말도 있다. 그만큼 법을 존중하지 않는다는 말이다.

법은 공동체가 서로 약속과 질서를 지킴으로써 서로에게 이롭기 때문에 만들어진 것이다. 법을 지키지 않는 사회는 미개한 사회다. 토마스 홉스Thomas Hobbes가 이야기한 '만인에 대한 만인의 투쟁'이 벌어지는 사회, 즉 정글의 법칙이 통하는 약육강식의 야만사회다.

그러나 우리나라에서는 법을 존중하지 않는다. 헌법이 대한민국을 지키는 최고의 법인데 그것을 뛰어넘어 국민정서로 판단하려 하고, 그것도 모자라 떼를 써서라도 문제를 해결하려는 불합리하고 불법한 일들이 횡행하고 있다.

(2) 편법, 불법이 덕 보는 세상

법을 만드는 국회에서 가장 법을 잘 지키지 않는다. 심지어 막말과 서로 치고받는 몸싸움, 망치와 톱이 동원되는 폭력이 난무한다. 그래서 '동물국회'라고까지 희화화해 부르기도 한다. 오죽하면 '동물국회'보다는 '식물국회'가 낫다고 하면서 국회선진화법까지 만들기도 했다. 한편 노조는 불법파업을 하고 불법집회를 열어 도로를 무단 점거하고 교통을 마비시킨다.

이렇듯 법을 지키면 손해 보고 오히려 편법, 불법이 덕을 보는 세상이 되고 있다.

(3) 불평등, 불공정 사회

우리 사회가 평등하고 공정한 사회라고 믿는 사람이 많지 않다. 불공정 사례가 너무나 많기 때문이다. 2016년 국정농단사태가 밝혀진 데는 최순실의 딸 정유라의 대학 입학이 공정하지 못하다고 해서 수험생들의 불만이 폭발하여 촛불집회로 이어진 것이 도화선 역할을 했다. 전 법무장관 조국의 딸 사건도 유사한 불공정 사례의 하나다. 이렇듯 우리 사회는 공정한 절차를 지키지 않는 사회가 되고 있다.

(4) 법치주의 파괴, 공권력의 무력화

민주주의는 법치에 의해서 유지된다. 법치주의가 통하지 않는다면 무법천지가 되고 힘센 자가 득세하는 세상이 된다. 법을 수호하는 공권력이 무력화되고 사람들이 법을 우습게 보아 법이 있으나 마나

해 진다는 것이다.

지금 우리 사회는 노조가 불법집회를 하고 교통을 마비시켜도 경찰이 그냥 쳐다보고만 있다. 2011년 11월 26일 서울 종로경찰서장이 불법시위대에 폭행당하는 사태가 일어나도 경찰은 무력했다.

미국의 경우는 어떤가. 2013년 10월 6일 당시 미국 집권당 민주당의 23선 찰스 랭글 의원은 도로점거시위를 하다가 경찰에 의해 수갑을 차고 연행되었다. 2011년 4월 11일 워싱턴 D.C. 시장 역시 연방의회에서 불법시위를 하다가 워싱턴 D.C. 경찰에 의해 체포되어 수갑을 차고 연행되었다.

그뿐인가. 일반시민의 준법정신도 대단하다. 아프가니스탄 전쟁에서 동료 39명을 구한 다코타 마이어 예비역 병장은 2011년 9월 15일 미국 최고의 훈장인 명예훈장을 받았다. 이 소식을 오바마 대통령이 직접 전화를 걸어 마이어 병장에게 전하려고 했으나 '업무시간

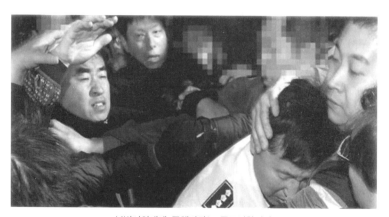

불법시위대에 폭행당하는 종로경찰서장

도로점거시위를 하다 수갑 찬 찰스 랭글 의원

중 사적인 전화는 불가하다'라는 회사의 규정에 따라 오바마 대통령의 전화를 받지 않고 거절하였다. 오바마 대통령은 2시간이 지난 뒤 점심시간에야 그와 통화할 수 있었다고 한다. 미국 시민은 법 앞에서는 누구나 평등하다는 것을 보여 준 사례이다.

만약 한국 같았으면 23선의 집권당 국회의원이 수갑을 찬 채 연행되고, 서울시장이 서울시 경찰에 의해 수갑을 찬 채 연행되는 것을 상상할 수 있겠는가. 또한 평범한 시민이 업무시간 중이라고 대통령의 전화를 받지 않겠다고 거절할 수 있었겠는가.

미국이 강한 나라가 된 것은 이처럼 국민 모두가 준법정신이 강했

기 때문이라고 본다. 우리 국민들도 미국 국민들과 같이 강한 준법정
신을 가져야 한다.

4) 감사할 줄 모르는 국민

은혜를 베푼 사람에게 감사할 줄 모르고 오히려 손해를 끼치고 배반
하는 배은망덕한 사람을 '짐승만도 못한 놈'이라고 욕하곤 한다. 사
람이 사람으로서의 도리를 다하지 못했기 때문이다.

우리는 일상생활에서도 "감사합니다"라는 말을 하는 것에 매우 인
색하다. 반면 미국 사람들은 "Thank you"(감사합니다) 라는 말을 입
에 달고 산다. 조금이라도 도와주거나 친절을 베풀면 "Thank you"
라고 한다. 그리고 입으로만이 아니라 실제로, 진정으로 감사한 마
음을 행동으로 표현한다.

우리가 북한 공산집단의 남침으로 6 · 25 전쟁을 당했을 때 미국
을 비롯한 16개국이 참여한 UN군의 도움으로 공산당을 물리치고
자유 대한민국을 지킬 수 있었다. 휴전 이후에도 모든 것이 파괴되
어 아무 먹을 것이 없을 때 미국의 원조로 배고픔을 견뎠고, 경제를
재건하는 데 있어서도 미국으로부터 결정적인 도움을 받았다. 지금
도 미국 군인들이 우리나라에 와서 북한 공산집단의 침략을 방어하
기 위해 한 · 미 동맹국으로서 의무를 다하고 있다.

그런데도 우리 사회에는 반미反美 풍조가 있고, 그러한 풍조를 조
직적으로 선동하고 미국을 적대시하는 세력이 있다. 인천에 있는 맥

아더 장군 동상을 파괴하려는 시도가 여러 차례 있었다. 또한 미국 대사관 앞에 반미 구호를 쓴 현수막을 걸어놓고 시위하고, 미국대사관저의 담을 뛰어넘어 가서 반미 행동을 하는 사람들이 있다.

이것이야말로 은혜를 악으로 갚는 가장 큰 배은망덕의 사례라고 할 수 있겠다. 이렇게 된다면 우리가 어려울 때 도와준 나라들의 국민이 우리 국민을 어떻게 바라볼 것인가. 우리가 세계시민으로서 당당하게 그 나라 국민들 앞에 설 수 있겠는가.

우리 국민이 역지사지하는 마음, 감사의 마음을 가질 때 일등국가의 시민이 될 수 있을 것이다.

5) 올바른 국가관 · 애국심의 부족

우리 국민 중에 우리의 헌법가치인 자유민주주의와 시장경제를 제대로 이해하는 사람이 얼마나 될까. 이는 공기로 숨을 쉬면서 그 공기의 고마움과 중요성을 모르고 사는 것과 같은 것이 아닐까.

또한 우리 국민 중에 '국기에 대한 맹세'를 제대로 복창할 수 있는 사람이 얼마나 될까. 〈애국가〉를 1절부터 4절까지 제대로 부를 수 있는 사람이 얼마나 될까. 우리 국민 중에 우리나라 나라꽃이 무궁화인 것을 알고 사랑하는 사람이 얼마나 될까. 태극기를 바라보면 가슴이 뛰고, 애국가를 1절부터 4절까지 부르면 가슴이 뭉클하고 무궁화 꽃을 바라보면 가슴이 설레는 감동을 느끼는 국민이 얼마나 될까.

미국은 다인종 국가임에도 위기상황 시 '성조기' 아래 하나로 뭉친다. 어떻게 그럴 수 있을까. 미국 어린이들은 유치원, 초등학교, 중학교에서, 등교 후 매일 성조기를 향하여 '국기에 대한 맹세'를 복창한 뒤 수업을 시작한다. 이 작은 일에서부터 미국인의 애국심은 길러지는 것이다. 그런데 우리는 아이들에게 그런 교육을 시키고 있는가.

교육뿐 아니라 생활 속에서도 국가 상징물을 소중히 여기지 않는 태도가 흔하다. 국경일이 돼도 태극기를 게양하는 집이 몇 집이나 되는가. 또, 주요한 의식에는 국민의례를 하도록 법적으로 되어 있는데도 그것을 생략하거나 안 하는 경우가 너무나 많다.

애국가도 마찬가지다. 애국가는 1절에서 4절까지 가사를 음미하며 제창할 때 가슴이 뭉클함을 느낄 수 있다. 그러나 대부분의 행사에서는 애국가도 시간 관계상 1절만 부르고 만다고 한다. 1절부터 4절까지 다 불러도 불과 4분도 안 걸리는 시간을 아끼기 위해서란다. 심지어 대통령 취임식 때도 애국가를 1절만 부른 경우도 있었다. 이런 마음가짐으로 어떻게 애국심이 길러질 수 있겠는가.

태극기는 어떤가. 우리가 함부로 대할 수 없는 한국인의 혼이 담겨 있는 태극기가 아닌가. 3·1운동 때 수많은 사람들이 전국 방방곡곡에서 태극기를 들고 '대한민국 만세'를 외치지 않았던가. 그리고 수많은 독립운동가 애국지사들이 태극기를 가슴에 품고 장렬한 죽음을 맞이하지 않았던가. 6·25 전쟁 때 국군이 적군에 점령당한 서울을 탈환하고 중앙청 국기게양대에 태극기를 올렸을 때 그 감격은 어떠했을까.

중앙청 국기게양대에 태극기를 게양하는 한국군 해병대

이러함에도 심지어 어떤 총리는 태극기를 밟고 지나가는 무례를 범하여 언론의 질타를 받은 적도 있다. 총리가 우리 태극기를 대하는 태도가 이럴진대 더 무슨 말을 할 수 있으랴.

4. 어떻게 해야 할 것인가

모든 문제는 교육에 답이 있다. 시민의식을 제고하기 위한 다양한 교육이 이루어져야 한다. 이제 앞에서 살펴본, 우리에게 부족한 여러 가지 시민의식의 교육에 대해 살펴보자.

1) '정직'에 대한 교육

'밥상머리 교육'이 매우 중요하다. 어릴 때부터 정직의 중요성에 대해 제대로 된 가정교육을 시켜야 한다는 말이다. 우리 속담에 "세 살 버릇 여든까지 간다"라는 말이 있지 않은가. 그러므로 아이들에게 정직이 생활이 되고 습관이 될 수 있도록 엄한 가정교육이 필요하다. 가장 좋은 교육은 부모가 솔선수범하는 것이다.

학교에서는 인성교육을 강화해야 한다. 말로만 가르치는 것이 아니라 'learning by doing, learning by serving', 즉 '행동과 봉사를 통한 배움'으로 정직하고 올바른 인성을 학생들이 체화할 수 있도록 해야 한다.

직장에서도 정직을 가르쳐야 한다. 삼성그룹 창업주인 이병철 회장은 직원들에게 늘 정직을 강조했다. 실수한 것은 용서해도 거짓말하는 것은 용서하지 않았다. 부정을 저지르는 사람은 가차 없이 해고했다.

2) 롤 모델을 통해 배우는 '정직'

(1) 김수환 추기경(1922~2009)의 정직

2005년 성탄을 한 주 앞두고 김 추기경은 황우석 교수의 배아줄기세포 논문 조작 소식을 듣고 굵은 눈물을 흘렸다.

어머니가 돌아가셨을 때도 울지 않았던 김 추기경은 이날 "어떻게

김수환 추기경의 눈물 (2005.12.15 혜화동 집무실)

학생을 가르치는 교수가 거짓말을 할 수 있는가. 진실이 생명이다. 우리 모두 소처럼 우직하고 정직하게 살아야 한다"라며 눈물로 호소했다.

(2) 도산 안창호 선생(1818~1938)의 정직

도산 선생은 24세 나이에 미국 유학을 가서 초등학교에 입학했다. 그러나 지역신문 인터뷰에서 도산 선생의 나이가 24세로 밝혀지자 학교에서 퇴학을 당할 처지가 되었다. 당시 미국 초등학교에는 18세 이상은 다닐 수 없다는 규정이 있었기 때문이다. 교민들이 도산 선생에게 외국인이 우리 나이를 어떻게 아느냐며 18살이라고 속이고라도 학교에 다니라고 하자, 도산 선생은 학교를 못 다니면 못 다니는 것이지 나이를 속일 수는 없다고 단호히 제안을 거부하였다.

당시 우리 교민들은 캘리포니아 지역의 오렌지 농장에서 일했다. 그런데 교민들이 성실하지 않고 거짓말을 잘해서 농장주가 속을 썩

도산 안창호 선생

이고 있을 때, 도산 선생이 교민 노동자들을 모아 놓고 교육을 했다. '미국 농장에서 자기 일처럼 정직하게 정성껏 일해야 한다. 귤 한 개를 따더라도 상하지 않게 정성껏 따는 것이 나라를 위하고 가정을 위하고 자기를 위하는 길이다'라고 강조한 것이다. 그래서 저녁마다 모이면 '나가자'(나라와 가정과 자기를 위해서 정직하게 일하자)를 크게 외쳤다고 한다.

(3) 미국 초대 대통령 조지 워싱턴(1732~1799)의 정직

워싱턴의 정직을 잘 보여주는 유명한 일화가 있다. 어린 시절, 워싱턴은 새로 사온 도끼로 아버지가 아끼는 벚꽃나무를 잘라 버렸다. 잘린 나무를 본 아버지가 불같이 화를 내며 누가 그랬냐고 했을 때, 워싱턴이 숨기지 않고 자기가 그랬다고 말하고는 아버지의 용서를 구했다는 것이다.

워싱턴의 통치 철학은 '정직의 리더십'이었다. 그는 "정직이야말로 최선의 정책이라는 말은 개인의 생활뿐만 아니라 그 이상으로 공공 분야에도 들어맞는 격언"이라고 말했다. 미국 건국의 아버지들의 이러한 정직한 리더십이 미국이 짧은 기간 내 세계 초 일류국가가 된 비결이라고 할 수 있다.

(4) 미국 16대 대통령 에이브러햄 링컨(1809~1865)의 정직

링컨은 조지 워싱턴의 자서전을 읽고 '정직'을 배웠다고 한다.

링컨이 고향 일리노이주 뉴 살렘에서 잡화상 점원으로 일하던 시절에 있었던 일이다. 하루는 점포를 마감하고 계산을 해보니 잔돈이 남았다. 왜 남았는지를 곰곰 생각해 보니, 멀리 살고 있는 할머니가 물건을 샀는데, 그 할머니에게 거스름돈을 주지 않았던 것이다. 늦은 밤이었지만 링컨은 그 거스름돈을 드리기 위해 멀리 있는 할머니의 집까지 찾아갔다. 할머니는 링컨에게 다음날 주어도 되는데 무엇 하러 힘들게 늦은 밤중에 왔느냐고 했다. 그러자 링컨은 오늘 잘못된 계산은 오늘 갚아야 한다며 죄송하다고 사과했다고 한다.

이후에도 링컨은 평소에 "정직과 지식은 나의 보배요 재산이다"라는 말을 자신의 삶으로 실천했다.

(5) 마하트마 간디(1869~1948)의 정직

간디는 인도를 영국의 지배로부터 해방시키기 위해 헌신한 지도자다. 그는 독립운동을 하면서 진리를 강조했다. 그는 말했다. "인도의 독립을 얻기 위해 진리를 희생시키기보다는, 독립을 얻지 못하는 한이 있더라도 나는 진리를 택하겠다. 진리 없는 독립은 참 독립이 아니요, 참된 인간해방이 아니기 때문이다."

3) 롤 모델을 통해 배우는 '배려'

(1) 세월호 참사에 꽃핀 살신성인 세월호 영웅 10인

비록 우리 사회에 자기만 알고 남을 배려하지 않는 풍조가 만연해 있지만, 세월호 참사 때 우리는 비극 속에서도 희망의 꽃을 볼 수 있었다. 바로 죽음을 앞에 두고 살신성인殺身成仁한 영웅들이다. 이 귀한 행동이 세월호 참사가 정치적으로 휘말리면서 세상에 알려져 빛을 받지 못하고 묻혀 버렸다. 안타까운 일이다.

10명의 영웅들은 승무원 박지영(22세), 정현선(28세), 김기웅(23세), 단원고 교사 남윤철(35세), 최혜정(25세), 학생 최덕아(17세), 정차웅(18세), 사무장 양대홍(45세), 민간잠수사 이관웅(53세), 어린이 김혁규(6세)이다.

이들 중 박지영 승무원과 최혜정 교사 2명에 대하여 미국 공익재단 FCMFThe Four Chaplains Memorial Foundation가 '살신성인의 행동이 세계에 모범이 된다'라며 골드 메달을 수여했다. 이 두 분은 한국인으로서는 첫 수상자가 되었다.

고 박지영 승무원은 "선원들은 가장 마지막에 나가야 하기 때문에 너희를 구하고 난 나중에 나갈게" 하면서 가슴까지 물이 차올라도 마지막까지 승객을 구조하기 위해서 최선을 다했다. 고 최혜정 교사는

"걱정하지 마. 너희부터 나가고 선생님이 나갈게" 하면서 학생 10여 명을 구출했다.

(2) 이태석 신부(1962~2010)의 사랑 실천

이태석 신부는 가난한 집에서 태어나 의사가 되었지만 돈을 벌기보다 어려운 이를 돕는 사람이 되고자 성직자가 되었다. 내란과 전쟁이 끊이지 않는 곳, 빈곤과 질병으로 시달리는 남수단으로 갔다. 한센병 환자를 비롯한 많은 환자들을 치료하였고, 아이들에게 공부를 시키고 브라스밴드를 만들어 꿈을 가꿀 수 있게 했다. 그분은 "끊임없는 나눔만이 행복의 원천이 될 수 있습니다. 당신은 사랑입니다"라며 나눔과 사랑을 실천하다가 2010년 1월 14일 48세의 젊은 나이로 암에 걸려 세상을 떠났다. KBS에서 이태석 신부의 이야기를 담은 〈울지마 톤즈〉라는 휴먼다큐멘터리가 방영되어 전 국민을 감동으로 몰아넣기도 했다.

(3) '바보의사', '작은 예수', 장기려 박사(1911~1995)

장기려 박사는 6 · 25 때 아들과 함께 월남한 의사다. 피난처 부산에서 봉사와 희생의 진료로 사랑의 꽃을 피웠다. 1968년 민간 의료보험, '청십자의료보험조합'을 세우고 "평생 가난한 사람으로 살겠습니다"라는 다짐을 실천하는 삶을 살았다. 그래서 사람들은 그를 '바보의사', '작은 예수'라고 불렀다.

(4) '영등포 쪽방촌 슈바이처' 선우경식 의사(1945~2008)

선우경식 의사는 1987년 신림동에 요셉의원을 설립한 후 평생 결혼
도 하지 않고 노숙자, 장애인, 알코올 중독자, 빈민 등에게 무료진
료를 해주었다. 그는 '의사는 밥벌이하기 위해서 하는 일이 아니다'
라는 신념을 실천하다가 2008년 암으로 사망했다.

(5) '소록도 한센인 영아들의 어머니' 마리안느와 마가렛 간호사

오스트리아 출신의 두 간호사 마리안느와 마가렛은 제2차 세계대전
의 참상을 목격한 후 생명과 평화의 소중함을 깨닫고 간호사가 되어
6·25전쟁으로 힘들어 하는 우리나라를 돕고자 1962년 2월 한센인
마을인 소록도로 왔다. 그분들은 평생 결혼을 하지 않고 환자의 썩
은 살을 맨손으로 만지며 간호했고, 한센인 자녀를 위한 영아원을
운영하면서 45년 동안 봉사했다. 그 시간 동안 한센인의 인권회복
을 위해 노력하여 결실을 본 후 그분들은 2005년 편지 한 장 남기고
홀연히 고향 오스트리아로 돌아갔다. 더 이상 소록도에 머물면 나이
가 들어 한센인들에게 오히려 짐이 되겠다는 생각에서였다. 소록도
전 병원장이었던 조창훈 씨가 "그네들은 백로였다. 백로! 인간이 아
니야"라고 회고할 정도로, 두 분은 자기를 희생한 사랑을 실천했다.

(6) '아프리카 말라위 나이팅게일' 백영심 간호사(1962~)

백영심 간호사는 제주도 간호대학을 졸업한 후 아프리카 말라위로
가서 의료환경이 열악한 현지인들을 위해 의료봉사활동을 29년여

간 계속하고 있다. 그동안 병원도 세우고, 간호대학도 설립하여 의료 인력을 양성했다. 현지인들은 '한국의 나이팅게일, 병 고쳐 주는 시스터 백'이라고 부른다. 150센티미터의 작은 체구에 갑상선암 투병에도 불구하고 그분의 사랑 실천은 지속되고 있다. 결혼도 하지 않고 "태평양의 물 한 방울처럼 살래요"라고 하면서 의료봉사활동을 열정적으로 수행하고 있다.

(7) 어려운 이웃을 위한 '하느님의 종', 김하종 신부(1957~)

이탈리아 태생인 김하종(보르도 빈첸시오) 신부는 우리나라에 와서 1998년 어려운 이웃이 밀집된 경기도 성남시 달동네에 '안나의 집'을 열고 노숙인, 가출청소년 쉼터를 운영하고 있다. 독거노인을 위한 무료급식소를 열고 몸소 시장을 보고 음식을 장만하여 독거노인을 접대한다. 청소년 공부방도 운영하고 있다. 어릴 때 심하게 앓던 난독증 장애를 딛고 배려와 희생의 삶을 실천한 것이다. 그는 "죽을 때까지 한국에 살면서 어려운 사람을 위해 봉사하고 싶어요"라고 하면서 우리 사회의 그늘진 곳을 밝게 비추고 있다.

4) 롤 모델을 통해 배우는 '준법정신'

(1) 도산 안창호 선생(1878~1938)의 준법정신

도산 선생이 미국 캘리포니아 지역으로 가서 가장 처음 한 일은 그곳에 이민 간 교민 1세대들이 미국 사회에 잘 정착할 수 있도록 정신

교육과 의식교육을 하는 것이었다. "정직해야 미국 사회에서 살아남는다", "약속과 법을 지켜야 미국 사회에서 살아남는다", "청소와 정리정돈을 잘해야 미국 사람들이 업신여기지 않는다" 등의 말로 그분은 끊임없이 교민들을 가르쳤다.

도산 선생은 특히 준법정신을 강조했다. 준법정신이 조직과 국가를 유지하는 기본이라고 보았던 까닭이다.

"준법정신이야말로 국민생활의 제일 조건이며 의무다."

"법을 지키는 일은 국민생활의 기본훈련으로서, 약속을 잘 지키는 일, 시간을 잘 지키는 일, 규칙을 잘 지키는 일은 거짓 없고 성실한 인격을 기르기 위한 필수적 요소이다."

"일단 정해진 규범은 그것을 지키는 데 대소와 경중이 없고, 상하와 귀천이 없다. 학교의 규칙이나 회의 규약이나 기숙사의 전례나 모두 법이다. 단체생활은 곧 법의 생활이다. 국가란 법 위에 세워진 것이다. 법이 해이하면 단체나 국가는 해이해진다."

"법은 냉혹한 것이다. 법과 애정을 혼동하는 곳에서 기강이 해이해지며, 한 사람에게 사정私情을 둠으로써 법이 권위를 잃고, 법이 권위를 상실하면 그 단체, 그 국가는 와해되고 만다."

도산 선생은 이와 같은 말로 준법정신의 중요성을 여러 번 설파했다. 그는 교육구국敎育救國의 이념 아래 법을 잘 지키는 사람을 양성해야겠다며 1908년 9월 26일 평양에 대성학교를 설립하기도 했다.

(2) 칼레의 시민대표들

노블레스 오블리주Noblesse Oblige는 높은 신분에 따른 도덕적 의무를 말한다. 노블레스는 '닭의 벼슬', 즉 명예를 말하고, 오블리주는 '달걀의 노른자', 즉 의무를 말한다. '닭의 사명은 자기의 벼슬을 자랑함에 있지 않고 알을 낳는 데 있음'이라는 뜻이다.

1337년부터 1453년까지 영국과 프랑스 사이에 백년전쟁이 있었다. 영국 왕 에드워드 3세는 프랑스 칼레성을 포위하고 파격적인 항복조건으로 성주에게 최후통첩을 했다. 시민들 중 6명을 뽑아 보내면 그들을 칼레 시민 전체를 대신해 처형하고 나머지 시민은 살려주겠다는 조건이었다. 성주는 시민들을 모아 놓고 누가 전 시민을 대신해서 죽으러 갈 것인가를 물었다. 그때 제일 먼저 손 든 사람이

〈칼레의 시민〉(The Burghers of Calais) 상

칼레 성에서 제일 부자인 사람이었다. 뒤따라 그 동생과 지체 높은 사람 여섯 명이 손을 들었다. 그들은 칼레 시민의 생명을 구하기 위해 자신의 생명을 기꺼이 희생하고자 성문 열쇠를 든 채 오랏줄에 묶여 영국 왕에게로 넘겨졌다. 이들이야말로 노블레스 오블리주를 실천한 표상이라고 할 수 있다. 그 후 칼레시에서는 이들 6인의 영웅을 기리기 위해 시청 앞 광장에 세울 조각 작품을 공모하였다. 이때 당선된 작품이 1899년 오귀스트 로댕이 11년 동안 심혈을 기울여 완성한 청동 조각상 〈칼레의 시민The Burghers of Calais〉 상이다.

이 조각상은 높은 좌대에 설치되지 않고 광장 평지에 서 있다. 이 조각상은 시민들을 위대한 영웅의 모습이 아니라 칼레시에 대한 헌신적 정신과 죽음을 앞에 둔 공포 사이의 딜레마에 진실로 고민하는 인간적 모습으로 표현하고 있다.

(3) 간디의 묘비명

간디는 자신의 묘에 '사회를 파괴하는 7가지 죄악Seven Social Sins'을 묘비명으로 남겼다. 원칙 없는 정치politics without principle, 도덕 없는 상업commerce without morality, 노동 없는 부wealth without work, 인성 없는 지성knowledge without character, 인간성 없는 과학science without humanity, 양심 없는 쾌락pleasure without conscience, 희생 없는 신앙worship without sacrifice 이 그것이다. 이 7가지 묘비명을 우리 사회를 밝히는 지표로 삼을 수 있다고 믿는다.

5) 시민운동을 통한 '감사나눔' 교육

(1) 김수환추기경연구소

김수환추기경연구소는 김수환 추기경의 정직 · 배려 · 준법 · 감사 · 나눔 · 사랑의 정신을 가르치기 위한 교육프로그램을 개발하여 학교, 지역사회, 교회, 성당 등을 주 대상으로 하는 교육을 9년 동안 지속하고 있다.

(2) 손욱 회장 (전 삼성종합기술원 원장)

손 회장은 '감사나눔 125' 운동을 활발하게 전개하고 있다. 하루에 착한 일 1가지 하기, 2달에 책 한 권 읽기, 하루에 5가지 감사편지쓰기 운동이 그것이다. 특히 하루 5가지 감사편지쓰기 운동은 가정, 학교, 기업, 군, 병원, 교도소 등에 보급되어 많은 성과를 거두고 있다.

(3) 이용태 전 삼보컴퓨터 회장

이 전 회장은 유림단체인 박약회博約會를 중심으로 150여 명의 퇴직교사들로 자원봉사자단을 구성하여 어머니들과 학생들을 상대로 인성교육을 실시하고 있다. 재미있는 스토리텔링을 통한 프로그램이라 인기도 높다. 현재까지 140만 명을 교육시켜 큰 성과를 거두고 있다.

(4) 한국선진화포럼

남덕우 전 총리가 설립한 한국선진화포럼은 '시민의식선진화특별위원회'(위원장 이배용 전 이화여대 총장)를 구성하여 시민의식 선진화를 위한 각종 활동을 전개하고 있다.

6) 올바른 국가관 · 애국심에 대한 교육

올바른 국가관이나 애국심은 유치원에서부터 길러져야 한다. 미국처럼 매일 등교하면 국기 앞에서 국기에 대한 맹세를 복창하는 것을 생활화한다면 자기도 모르게 애국심이 길러지게 될 것이다. 애국가도 1절부터 4절까지 행사 때마다 부르게 하면 마찬가지로 애국심이 길러질 것이다. 학교에서도 교육의 방향을 근본적으로 바꿔야 한다. 지식만 가르칠 것이 아니라 올바른 인성교육프로그램을 개발하여 체계적으로 교육해야 한다. 우리나라 역사도 올바르게 가르쳐서 국민으로 하여금 자신의 조국이 자랑스러운 대한민국임을 알게 해야 한다. 세계 제2차 대전 후 식민지에서 해방되어, 그것도 6·25라는 전쟁을 치르고도 70여 년 만에 세계 12위의 경제대국이 된 자랑스러운 우리의 역사를 배워야 애국심이 길러진다.

5. 나오면서: 선진 일류국가로 가는 길

우리 대한민국이 가야 할 길은 선진 일류국가가 되는 것이다. 선진 일류국가가 되기 위해서는 우리 국민이 지금까지 살펴본 선진시민

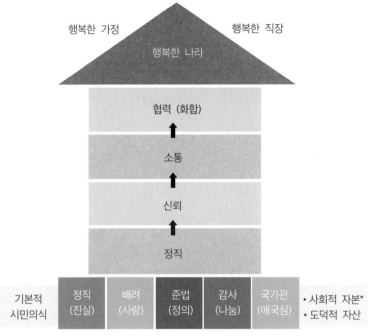

〈그림 5-2〉 행복한 나라로 가는 기초

* "사회적 자본은 사람들이 협력할 수 있게 도와주는 능력입니다."
― 프랜시스 후쿠야마 (스탠퍼드대 교수, 《신뢰》 저자)

의식을 함양해야 한다. 즉, 기본으로 돌아가야 한다. 기본적 시민
의식, 즉 정직(진실), 배려(사랑), 준법(정의), 감사(나눔), 국가관
(애국심) 등과 같은 윤리도덕의 기반을 튼튼히 해야 한다.

이런 덕목들을 경제학에서는 사회적 자본social capital 또는 도덕적
자산moral asset이라고 한다. 《신뢰Trust》라는 책을 저술한 미국 스탠
퍼드대의 프랜시스 후쿠야마 교수는 "사회적 자본은 사람들이 협력
할 수 있게 도와주는 능력입니다"라고 했다. '정직'하면 서로 '신뢰'

할 수 있고, 서로 '신뢰'하면 '소통'이 가능해지고, '소통'이 가능해야지 '협력과 화합'을 할 수 있게 된다.

지금 우리나라를 '불신사회', '불통사회', '갈등사회' 라고 한다. 이를 치유하려면 기본적인 시민의식, 즉 사회적 자본이 축적돼야 한다. 그렇게 되면 행복한 가정, 행복한 직장, 행복한 나라가 될 수 있다. 국민소득도 4만 달러를 능가할 수 있고, 빈부격차도 줄어들 수 있다. 이것이 우리가 바라는 선진 일류국가가 되는 길이다. 바로 기본으로 돌아가자.

6
_____

아이 러브 돈키호테

성진기

전남대학교 명예교수

성진기 成晉基
철학박사. 전남대학교 명예교수. Cafe Philosophia 대표.
전남대학교 인문대학장, 인문학연구원장,
한국철학회장 등을 역임했다.

1. 내 인생의 깃발

인생이란 아직 조각가의 손길이 닿지 않은 거친 원석과 같다. 이 돌에 토끼를 새길지 범을 그릴지는 인생 당사자의 자유로운 선택에 맡겨진 과제다. 그러나 아무리 자유롭다 해도 책임을 수반하는 선택은 쉬운 일이 아니다. 프랑스의 철학자 사르트르J. P Sartre는 자유를 형벌이라고 말한다. 비록 형벌일지라도 우리는 자신의 삶의 목적과 의미를 창안할 수 있기 위해서는 자유로운 존재여야 한다. 자, 우리는 자기 삶의 깃발을 무엇으로 내걸까.

우리는 길을 갈 때 기존의 길을 따라가는 상식에 의존한다. 이럴 때에는 스스로 만들지 않은 타인의 길을 답습하게 된다. 당연히 쉽고 편한 방법이다. 그러나 그 길이 도보가 아닌 인간 삶의 길이라면, 즉 인생의 영역이라면 다르게 생각할 수 있다. 어떤 사람이 자신의 인생길을 갈 때 반드시 선행자의 발자국을 따라 갈 필요는 없다. 서산대사西山大師가 깨달은 말이 있다. "눈 덮인 들판을 갈 때 허튼 걸음을 말라. 내가 남긴 발자국이 뒷사람의 길이 되니." 얼마든지 앞사람의 잘못된 길을 따라갈 우려가 있다. 그러므로 인생은 당사자의 자유롭고 진지한 선택에 의해 길을 갈 수 있어야 한다. 보통 남의 욕망에서 비롯된 칭찬에 좌우되는 삶을 살기 쉬운데 이를 정신분석학자 라캉J. Lacan은 '인정욕망認定慾望'이라고 말한다. 이는 내 몸 (삶)을 지탱해 주는 단단한 척추, 즉 원칙이 내게 부실하다는 뜻이다. 자기 자신의 인정이 의미 있는 인정이다.

인생이 고통이요 아픔이라는 사실은 체험으로 안다. 수많은 문학 작품이 인생의 비극을 그려 보인다. "배고파서 외롭고 헐벗어서 외롭고 억울하여 외롭고 병들어서 외롭고 늙어서 외롭고 이별하여 외롭고 혼자 떠나는 황천길이 외롭고, 죽어서 어디로 가며, 그게 다 한이지 뭐겠나. 참으로 생사가 모두 한이로다." 이는 박경리朴景利의 소설 《토지》에 나오는 말이다.

인생이 헛되다는 메시지를 전하는 경전도 수두룩하다. "전도자가 가로되 헛되고 헛되니 모든 것이 헛되도다. 내가 해 아래서 행하는 모든 일을 본즉 다 헛되어 바람을 잡으려는 것이로다." 《성경》 중 〈전도서傳道書〉 한 구절이다. 불교의 《반야심경般若心經》에도 비슷한 말이 나온다. "이 세상의 모든 존재하는 것은 실체가 없고, 생도 멸도 없으며, 더러운 것도 아니고, 더러움에서 떠난 것도 아니고….."

철학자 쇼펜하우어A. Schopenhauer는 인생은 눈물의 골짜기라고 한탄한다. 인간은 죽음의 병상에서는 형이상학적 동물이 된다. "나는 노송 위에 앉아 있는 한 마리 외로운 비둘기, 통용되지 않는 지폐….." 철학자 키르케고르S. Kierkegaard의 자신을 향한 비탄이다.

바로 지금 우리 주위의 젊은이들이 삶의 고뇌를 앓는 증인들이다. 우리 젊은이들은 취업률은 그만두고라도 자살률이 OECD 국가들 가운데 상위인 나라에 살고 있다. 그들은 초점 없는 시선, 허망한 가슴으로 삶을 산다. 하지만 우리는 살아야 할 이유, 살아가는 지혜를 강구해야 한다. 난초는 악조건에서 제대로 꽃을 피운다고 한다. 인간도 악조건에서 정상적인 인간의 삶을 창조하는 위대한 존재다.

인간은 마이너스를 플러스로 전환시키는 능력의 소유자다. "닥친 불행을 돌려보낼 길은 없다. 그러나 불행을 밟고 그 속에서 새로운 길을 발견할 힘은 우리에게 있다."프랑스 소설가 발자크H. Balzac의 명언이다. 우리가 지금 그래야 하는 긴장된 상황에 놓여 있다.

철학자 니체F. Nietzsche는 이런 말을 한다. "현존하는 거의 모든 것은 '그럼에도 불구하고'로서 존재한다. 근심과 고통, 가난과 고독, 신체의 허약함과 악덕 등 수많은 장애가 있음에도 불구하고 잘 이루어져 있다."가난과 질병은 불편한 상황일 뿐 숙명이 아니다. 이 상황을 극복할 누군가가 있다. 바로 우리 자신이다. 밀란 쿤데라Milan Kundera가 쓴 소설 《무의미의 축제》를 주목해 보자. 그 소설은 세상에 홀대받는 수많은 "보잘것없는 것들을 사랑해야 하고, 그러기 위해 사랑하는 법을 배워야 한다"라고 말한다. 사랑은 단순한 인정의 수준을 넘어서는 행위이다.

우리를 둘러싸고 있는 이 하찮고 무의미한 것들을 향해 축제를 벌이려면 용기가 필요하다. 사실 어떤 대상의 의미란 자체적으로 존재하지 않고 그것을 대하는 우리들이 창조하는 것이다. 인간은 세계에 대한 가치부여자로 군림한다. 우리는 세속의 잣대로는 과소평가되는 우리들의 삶의 편린片鱗을 사랑하는 용기를 가져야 한다.

2. 영웅들의 꿈, 모험

한 시골 소년이 대도시로 나가 투우사가 되고 싶은데, 자기 마을 앞엔 기차가 서질 않아 투우사로 가는 길이 막막하다. 도시로 나갈 '길'을 궁리하던 어느 날, 소년은 철로 변으로 나가 굉음을 내며 달려오는 기차의 시커먼 화통을 향해 작은 손수건을 펴들고, 마치 투우사가 달려드는 소의 머리를 향해 천을 내두르는 시늉을 한다. 멀리서이 광경을 파악한 기관사가 기차를 세우고 어린 소년을 낚아채 기차에 태운다. 마침내 소년은 대도시로 나가 일류 투우사가 된다. 이는 스페인을 배경으로 한 영화 〈피와 모래〉의 내용이다. 한 시골의 소년처럼 내 길을 내가 찾으려는 자에게 길이 열린다.

답습을 탈피해 나다운 삶을 살고자 하는 사람이 창조자다. 창조란 무엇을 그냥 만들어 낸다는 뜻에 그치지 않는다. 창조는 살아감의 기쁨을 촉진하는 최고의 가능성이다. 창조에 발을 들여놓은 자들은 절망과 두려움 때문에 생기는 고통을 겁내지 않는 자들이다. 창조가 가져오는 삶의 신선함과 환희로 인해 인간의 유한함에서 비롯되는 한계를 극복한다. 불안을 안은 창조는 인간의 삶에 엄청난 플러스를 가져다준다. 창조적 고통은 다름 아닌 갈망의 고통이다. 창조적 인간의 매력은 결과에 있지 않고 성취하고자 하는 갈망의 소유자라는 데 있다.

젊은 날 한 번쯤 집어 들었던 책, 세르반테스M. Cervantes의 소설 《돈키호테》를 기억해 보자. 주인공 돈키호테가 풍차를 향해 돌진

할 때 과연 그는 머릿속에 무슨 생각을 떠올렸을까? 돈키호테는 100%의 실패를 생각하지는 않았을 것이다. 모든 모험은 부정적 결과도 예상되지만 그래도 희망을 건다. 물론 그 희망을 장담할 자는 없다. 이 희망을 담보하기 위해서 모험 수행자는 최선을 다할 것이다. 진정과 최선의 행위를 수행하는 데에 모험의 가치가 있다. 젊을수록 자기가 살아보고 싶은 삶을 향해 돌진하는 모험이 필요하다. 모험에 기가 죽으면 비겁자가 되기 쉽다. "나면서부터 현명한 사람은 없다. 시간이 모든 것을 완성한다." 세르반테스가 남긴 말이다.

3. 춤 출 줄 아는 삶

가공인물 조르바Zorba 얘기를 해야겠다. 조르바는 소설 《그리스인 조르바》의 주인공이다. 그는 우리를 재치 있게 깨우친다. 인간들에게 광기狂氣를 체험하라고 다그친다. '광기란 인간의 비정상적인 정신 상태를 지칭하지 않는다. 오히려 인간은 광기를 통해 비로소 자신을 옥죄고 있는 밧줄을 끊어 낼 수 있다'고 역설한다. 광기란 자유를 획득하는 치열한 산통이다. 인간이 진정으로 자유로워지면 굳어버린 상식과 일상의 장애물을 깨뜨릴 수 있다. 시시포스의 바위 굴리기처럼 되풀이되는 삶을 겁내지 않게 되어 비로소 웃을 수 있고 춤을 출 수 있게 된다. 어둡고 슬프고 아플 때 춤을 추는 역설적 초극이 가능한 것이다. 이렇게 자유로운 영혼이 삶의 신비를 연출한다.

호기심이 많은 자가 행복하다. 호기심은 흥미요 관심으로 해석하면 된다. 자연이든, 세상사이든 느끼고 생각하는 태도는 자신의 삶에 보다 많은 활력을 제공한다. 하늘의 달에 호기심을 가진 갈릴레오는 지구의 운동을 발견했고, 밤하늘을 관찰한 고흐는 별밤을 그렸고, 윤동주尹東柱는 시를 지었다. 이몽룡은 그네를 타는 여인에게 호기심이 발동해 운명적 사랑을 하게 되고, 붓다는 인간의 생로병사 현상에 관심을 가진 나머지 득도를 한다. 질이 깊은 호기심은 소박한 행복을 넘어 우리의 삶을 위대하게 할 수 있다.

4.의미를 묻는 인생

인간은 신은 못 되지만 그렇다고 동물로 추락하는 존재도 아니다. 신처럼 전능하지 못하지만, 그렇다고 동물처럼 본능에만 의존해 살진 않는다. 어찌 보면 어중간한 중간자다. 하루에도 몇 차례 동물적 욕망에 사로잡히는가 하면 또 여러 번 신처럼 거룩해지고 싶은 욕구를 가진다. 이 갈등은 깊은 사유로 이행된다. 인간은 생각하는 동물의 운명을 감수하는 것이다. 파스칼B. Pascal의 말대로 인간은 '생각하는 갈대'다. 인간은 진리와 아름다움, 그리고 성聖스러움을 감지하는 위대한 소질을 사유를 통해 발휘한다. 현대인들은 음미하고 사유하는 삶을 등한시하고 기술적이고 편리한 수단을 선호한다. 특히 생활의 경비와 이득에 역점을 둔 가성비만 따진다. 그러나 사유가 깊지 않은 삶은 물질적 풍요와 상관없이 천박해질 수 있다.

의미가 밥 먹여 주냐고 이의를 제기할 수도 있겠지만, 의미의 유무가 인간의 생사를 가르는 경우가 많다. 프랑클V. Frankl이 쓴 《죽음의 수용소》에 나오는 얘기를 살펴보자. 히틀러 치하에서 유대인이라는 이유로 유대인 수용소에 갇힌 오스트리아 빈 대학 정신과 의사의 얘기다. 비참한 죄수의 생활 때문에 심신이 피폐해져 죽음 직전에 이르렀지만, 여자 수용소에 갇혀 생사를 모르는 아내를 떠올리는 순간 자기는 죽을 수 없다는 생각이 든다. 달리 말해 자기가 살아야 할 이유, 의미를 발견한 것이다. 이처럼 모든 사람은 자기 나름의 존재 이유가 있는 것이다. 그 이유를 발견하고 가꾸는 노력을 해야 건강한 실존이 가능하다. 이른바 프랑클이 창안한 의미요법Logotherapy의 골자다.

5. 도덕적 존재로의 용기

현대사회는 치열한 경쟁 사회다. 생존경쟁의 전사들이 우글대는 소굴이다. 인간들은 저마다 '생존을 위하여!'라는 구호를 외치며 경쟁에 돌입해 행복할 틈이라곤 찾을 수가 없다. 과연 그런가. 영국의 철학자 러셀B. Russell은 그건 '생존경쟁'이 아니라 '성공경쟁'이라고 비판한다. 인생은 성공만을 목표로 하지 않는다. 그런데도 사람들은 성공을 위해 눈물을 흘리고 피를 쏟는 삶을 살려고 한다. 성공 지향적 인간들은 비겁하고 부정한 삶도 괘념하지 않는다. 그래서 현대인들은 거의가 행복이 아닌 불행감에 젖어 있다. 세상이 좋아하는 성공을 거두지 못한 인간과 인생에 대해 비하적인 가치관에 저항해야 한다.

좀 다른 얘기지만 독일의 철학자 칸트J. Kant는 행복을 갈구하는 사람에게 이런 물음을 던진다. "당신이 행복할 자격이 있는가?" 행복은 사람다운 사람의 몫이어야 한다는 말이다. 인간의 자격은 무엇일까. 한마디로 도덕적 존재를 말한다. 칸트는 여기서 '인격'이라는 개념을 들고 나온다. 사물에 물격物格이 있듯이 사람에겐 인격人格을 요구한다. "위로는 별이 빛나는 하늘이 있고, 내 가슴 속에는 빛나는 도덕률이 있나니." 칸트의 감탄인데, 이는 인간의 내면에 도덕의 마음이 작동하고 있다는 뜻이다. 인간 내면의 도덕심은 양심과 같을 것이다.

이와 유사하게 영국의 경험론 철학자 로크J. Locke도 "우리의 마음 속에 세워져 있는 촛불은 우리의 모든 목적을 달성하는 데 충분할 정도로 밝다"라는 말을 한다. 내 마음 속의 촛불을 밝혀야 한다. 부처님을 찾으려면 자기 마음 안에서 찾으라는 말이 떠오른다.

필자는 도덕심이 땅에 떨어진 사회는 몹시 피곤하고 불행한 사회가 될 것으로 본다. 도덕은 인간의 보편적인 행동 지침이기 때문이다. 특히 우리의 미래 세대가 그러지 않기를 바라는 심정이다.

"한 마리의 제비가 날아왔다고 완연한 봄이 온 것은 아니다." 그리스의 철학자 아리스토텔레스Aristoteles가 한 말이다. 도덕적 행위는 우연한 한 번의 행위로 판단할 수 없다. 의도적으로 수행된 행위, 그리고 지속성을 가진 행위에 대해 도덕성을 따진다.

"소년이여 용기를!"이라는 말의 뜻은 '도덕적 존재가 되려는 용기'를 가지라는 말이다. 삶이 고달플 때 인간다워지기를 포기하는 사례를 쉽게 목격하는데, 이는 크게 경계해야 할 일이다.

인간다운 세상의 꿈은 도덕적 인간들의 손에 달렸다. 현대인들이 도덕적 능력을 가지기 위해선 굴절된 의지의 치유가 필요하다. 지적 수준은 높지만 마음의 온도가 영하 수준이라 생각과 정서가 차갑다. 특히 타인에 대해 냉혹하다. 그러나 상호 이전투구는 인생과 역사의 낭비에 불과하다.

6. 패배를 거부한다

인류는 도전과 응전의 역사를 감당해 왔다. 그리고 발전을 이룩했다. 그러면서 인간은 찬란한 자기 정체성을 이룩했다. 철학적 인간학자들은 인간을 '되어져 가는 존재Menschenwerden'로 인식한다. 생물학적 조건이 열등한 인간이 존재의 왕좌에 군림했다. 사람은 인간으로 태어나는 것이 아니라, 창조를 통해 인간이 되어 간다. 인간은 기성품이 아니다. "전투다! 나는 삶에서 이득을 얻어내고, 기쁨을 찾아내야만 한다. 안 그러면 망한다. 하지만 어떻게, 대체 어떻게?" 장애인 작가 알렉상드르 졸리앙Alexandre Jollien의 《인간이라는 직업》에 등장하는 절규다. 더없이 허술한 상황들 중에 오히려 투쟁에 적합한 경우가 많다는 것은 흥미로운 역설이다. 그런 상황에서 수동적

대처는 금물, 도전을 해야 한다. 삶의 악조건이 오히려 더 강한 삶으로 이끄는 것이다. 보호막을 내린 채 자신을 잉여로 살아가게끔 단죄당하는 사람들, 심지어 죽음으로 내몰린 사람들에게는 될 대로 되라는 식이야말로 위험천만한 삶이라고 역설한다. 우리는 이에서 엄숙한 삶의 모습을 상상하며 마음의 옷깃을 여미게 된다.

요즘 젊은이들은 외톨이로서의 삶을 무심하게 받아들이는 것 같다. 고독은 때론 삶에 득이 된다. 그러나 홀로 있으려는 것은 삶에 대한 두려움이거나 타인에 대한 경멸의 표출일 수도 있다. 자기 밖의 세상과 화해하는 삶을 권고한다. 봄에 씨앗을 뿌리고 가을을 기다리는 농부처럼 수많은 일기 불순한 날이 맑아지기를 믿고 기대하는 것도 건강한 안목이다. 더욱 자신의 여러 가지 약점과도 화해하는 방법을 강구해야 한다. 깊이 들여다보면 우리 자신에게 얼마나 많은 결점이 도사리고 있는가. 인내하며, 고쳐 가며, 배려하며, 용서하며 세상과 화해하는 노력을 부탁하고 싶다.

우리가 젊은 시절 읽었던 헤밍웨이E. Hemingway의 《노인과 바다》에서 삶의 큰 교훈을 얻을 수 있다. 주인공 산티아고 노인은 망망대해에서 물고기와 사투를 벌여 이긴다. 그러나 항구로 돌아왔을 때 살점은 모두 상어에게 뜯겨 뼈가 앙상한 청새치를 끌고 온 꼴이 된다. 그러나 작가는 물고기와의 대결 자체의 가치를 소중히 여긴다. 주인공은 중얼거린다. "인간은 파괴될지언정 패배하지 않는다Man can be destroyed, but not defeated." 위대한 삶을 위한 최고의 처방전이다.

인생은 가혹한 운명과의 싸움일 경우가 많다. 평온한 운명을 기대하는 요행을 버려야 한다. 니체는 "위험하게 살아라. 베수비오화산의 비탈에 도시를 세워라"고 외친다. "이것이 인생이런가. 좋다. 다시 한 번!" 니체의 절규다. 이처럼 우리의 운명이 평탄하기를 바라지 말고 가혹할 것을 바라도 좋은 것이다. 운명과 싸우다 장렬하게 죽을지언정 물러서는 패배는 허용하지 않는다. 건강한 정신은 고통을 기피하지 않고 오히려 그것을 받아들여 대결을 통해 자신을 강화하고 고양시킨다. 박찬국 교수는 《사는 게 힘드냐고 니체가 물었다》에서 니체의 운명애를 위와 같이 설명한다.

7. 위대한 긍정

죽음을 걱정하는 사람들이 많다. "진정 자유로운 사람은 죽음에 대해서는 별로 생각하지 않는다. 그의 지혜는 죽음이 아니라 오직 삶만을 성찰한다." 철학자 스피노자B. Spinoza가 《에티카》에서 한 말이다. 죽음보다 삶에 더 많은 신경을 쓰라는 주문이다. 철학자 하이데거M. Heidegger는 《존재와 시간》에서, "죽음이란 우리 삶의 한 부분이다. 삶의 절정이요, 끝부분일 뿐이다. 어쨌든 죽음은 삶 안에 있다. 죽음이란 존재의 종말이 아니라 종말적 존재다"라는 생각을 펼친다. 죽음을 두려워하고 도망치려는 태도는 부질없는 짓이요, 비겁한 자세다. 오히려 죽음을 영접하는 것은 우리의 삶을 더욱 의미있게 하는 계기가 된다.

"No pain, no gain." 아픔 없이 어찌 성취가 있으리오. 우리가 보다 영예로운 인간, 건강한 인생을 희구한다면 우리의 연약함과 고통을 인정하고 극복을 도모해야 할 것이다. 이런 도전을 돈키호테에게서 배운다.

돈키호테는 극복의 영웅이다. "그는 자신의 일상적이고 습관적인 것에 대해 끊임없이 저항한다. 그의 하나하나의 행동은 먼저 관습을 극복하고 새로운 방식의 행위를 발명하는 것을 필요로 한다. 이러한 삶은 영원한 고통이며, 관습에 굴복하고 물질의 포로가 되어 있는 자신의 일부를 끊임없이 잘라내는 것이다." 스페인 철학자 오르테가Jose Ortega Y Gasset는 《돈키호테 성찰》에서 돈키호테를 이렇게 이해하고 있다. 필자도 같은 생각이다.

끝으로, 심리학자 아들러A. Adler의 주장을 경청해 보자. 아들러는 《인생에 지지 않을 용기》라는 책에서 "인간은 불완전함을 인정할 용기를 가져야 한다"라고 말한다. 있는 그대로의 자신을 받아들이는 '자기수용'의 용기를 강조한다. 불완전한 인간은 열등감에 부대끼기 마련인데, 남에게 잘 보이려고 고심하지 말고 "두려움에 맞서라. 용기는 두려움이 주는 선물이다"라고 말이다.

용기를 가진 젊은이는 어떤 인생이든 해볼 만할 것이다. 이런 이유로 필자는 망설이는 햄릿형 인간보다 도전하는 돈키호테형 인간을 사랑한다.

7

한국의 교육시스템이
성공하려면?

고형일

전남대학교 명예교수

고형일 高炯一
교육사회학박사. 전남대학교 명예교수.
전남대학교 사범대학 교수, 한국교육개발원 원장,
OECD 교육정책위원회 부의장 등을 역임했다.

1. 들어가면서: '조국 사태'와 교육의 공정성

요즈음 한국 시민사회는 일명 '조국 사태'로 크게 분열되어 있는 느낌이다. 한쪽은 '조국 파면'을, 다른 한쪽은 '조국 수호'를 외치며 수많은 군중이 거리에 나와 있기 때문이다. 비록 조국 전 장관이 장관직에서 물러나기는 했지만 후폭풍이 만만치 않다. 야당이야 조국을 장관직에서 물러나게 하는 것이 표면적 목적이었지만, 여당은 이사태가 지닌 깊은 의미를 다각적으로 이해해야 하기 때문이다. 여기서는 이러한 다각적 이해 중 하나로서 교육학적 관점에서 생각해보고자 한다.

법무부 장관에 조국 서울대 교수가 임명되자 야당은 항상 그들의 행동방식대로 반대를 표명했다. 그러나 조국 교수의 딸 입시 특혜와 관련된 의혹이 언론에 오르자 그에 대한 임명 반대가 이른바 여당 친화적 인사들 사이에도 주장되기 시작했다. 동양대 진중권 교수의 주장이 대표적인 사례다. 그는 "조국과 친구지만 정의는 외면할 수 없다"라고 주장하면서, "'조국 사태'는 공정성과 정의의 문제이지, 결코 이념이나 진영으로 나뉘어 벌일 문제는 아니"어서 조국 교수는 공직 후보자로서의 자격이 없다고 말한다. 그리하여 '조국 사태'는 검찰개혁의 절박성과 더불어 현행 입시제도가 잉태한 사회적 불평등까지도 개혁하자는 원칙론까지 대두시켰다. 진보 인사의 대표적 인물인 조국 전 장관이나 보수 인사의 대표적 인물인 나경원 자유한국당원내대표나 모두 자녀의 입시 '스펙' 관리에 부적절하게 개입한 의혹을 두고, 진 교수는 고등교육기관 입학에 제도적으로 내재한 불공정하고 불합리한 요소를 이용하여 특권을 대물림한다는 이슈를 크게 부각시켰다. 이번 '조국 사태'를 통해서 검찰개혁의 시급성뿐만 아니라 제도적 불공정성에 기인한 사회적 불평등 척결의 중요성도 동시에 드러난 것이다. 따라서 이 글에서는 한국의 입시구조가 사회계층의 재생산에 어떻게 작동하고 있는지, 이런 구조에서 이른바 보통시민들은 어떻게 행동하고 준비해야 하는지를 생각해 보고자 한다.

2. 특권 대물림의 입시구조

지난 100년 동안 한국사회에서는 급격한 사회변동을 통하여 몇 세기 동안 지속되어 온 기존의 신분질서가 철저히 붕괴되면서 근대적 능력주의 이데올로기가 주류를 이루었다. 교육을 이용한 사회계층 상승이라는 신화가 한국의 눈부신 경제발전에 힘입어 한국인 모두의 근본적 믿음체계를 형성하게 된 것이다. 특히 기존 사회신분 제도가 철저히 붕괴된 사회에서 대학을 다녔다는 것, 그것도 일류대학을 다녔다는 것은 근대적 경제구조의 안착과 더불어 사회적 신분 상승에 결정적 역할을 하였기에 교육을 통한 사회적 계층상승 신화가 성립하게 되었다. 이러한 사회적 분위기 때문에 한국의 학교에서는 교육적 경쟁보다는 배분적 경쟁이 주류를 차지할 수밖에 없었다. 상위의 직업 획득을 위해 상위 일류 교육기관에 입학하는 것만이 교육의 목표가 된 것이다. 교육활동에 있어 교육적 경쟁보다는 배분적 경쟁이 주류를 이루게 되었다. 말하자면 배분적 경쟁에 교육적 경쟁이 종속된 것이다. 희망하는 목적물을 공정하고 윤리적인 방법으로 획득하는 교육적 경쟁이 수단과 방법을 가리지 않고 상대방을 제거하는 비윤리적 배타적 경쟁으로 변한 것이라 할 수 있다.

1) 대학입학시험의 의미

1968년부터 중·고등학교 입학시험이 없어지기 시작하면서 한국사회에서 입학시험은 이제 대학에만 남게 되었다. '입시'는 대학입학시험과 동의어가 되었고, 대학입학 경쟁은 장기화, 가열화, 배타화, 연합화의 방식을 보이고 있다(이종각, 1989). 배분적 경쟁의 이러한 특징은 다음 절에서 논의할 것이므로, 여기서는 먼저 대학입학시험의 의미를 알아본다.

　대학입학시험(이하 입시)은 신입생 모집 정원을 미리 정해 놓고, 이보다 더 많은 인원이 지원했을 때 누구를 선발할 것인가를 결정하는 방법이다. 여기에는 필기시험, 구술시험, 학생종합생활기록부(이하 학종), 소논문, 추천서 등 여러 가지가 사용된다. 현재 한국의 입시는 대학수학능력시험(이하 수능)을 중심으로 하는 정시모집과 학종을 중심으로 하는 수시모집으로 대별된다. 수시와 정시 모두 제출된 성적표와 관련 서류, 면접 등을 평가하여 점수를 내고, 이를 석차화해서 정원 한도 내에서 입학을 허가하는 원리를 따른다.

2) 입시경쟁의 두 가지 장치

한국에서 입시경쟁이 단일화·장기화·가열화·배타화·연합화의 특징을 띠게 되는 데는 여러 가지 요인들이 있겠지만, 여기서는 이를 야기하는 두 가지 요인적 장치만을 지적하고자 한다. 국가관리 하의 입시와 대학 간 서열체계가 그것이다.

첫째, 입시의 국가 관리라는 장치이다. 이는 국가고사 성적만으로 수험자에게 석차를 매겨 대학 입학을 허가하게 하는 것으로, 전국의 대학과 수험생 모두가 국가가 지정한 한 가지 방식으로만 입시를 치르게 하는 방식이다. 동일한 날 동일한 시간에 전국에서 대학 진학 희망자 모두에게 부과된다. 모든 것이 한 가지 방식만을 고집하기 때문에 입시경쟁은 치열해질 수밖에 없다. 현재 한국의 수능이 바로 그것이다. 한편 학종을 근거로 하는 전형도 얼핏 보기에 해당 대학의 자율성이 상당해 보이지만 이 역시 국가가 지정한 일정한 작성요령에 따라 마련된 것이다. 학종을 구성하는 여러 영역들이 다양해 보이지만 많은 대학에서 요구하는 것이 비슷하면 사실상 일률화 또는 단일화된 것이나 마찬가지다. 이렇게 단일한 방식으로 국가가 입시를 관리하면 입시경쟁은 더욱 강화될 수밖에 없다.

둘째, 대학 간 서열체계라는 장치이다. 이는 전국의 모든 대학들이 하나의 고정된 서열 체계를 이루고 있음을 의미한다. 사회 통념상 서울대를 정점으로 서울의 사립대학, 지방의 국립대학, 지방의 사립대학(그중에서도 서울에 가까울수록 서열이 높은 편이다), 2~3년

제 대학 등의 순으로 서열을 이루고 있다. 대체로 국립대학이 사립대학보다, 서울과 수도권의 대학이 지방의 대학보다, 설립이 오래된 대학이 신설 대학보다, 석·박사 과정이 있는 대학이 없는 대학보다, 4년제 대학이 그렇지 않은 대학보다 서열상 우위에 있다. 이러한 대학의 서열체계는 기본적으로 '어느 대학을 선호하는가'라는 수요자의 선택에 기인한다. 그러나 한국의 대학 서열은 첫째, 취업이나 사회생활에서의 각종 기회나 자원이 서울과 수도권에 집중된 점, 둘째, 설립이 오래된 대학 졸업생들이 사회 각 분야에서 중요한 위치를 점하면서 생기는 학연적 도움, 셋째, 국립대학이 사립대학에 비해 등록금과 시설 및 재정지원 등에서 국가의 특혜를 받는 점 등 외부적 요인들에 의해 생긴 서열이다. 각 대학들만의 독특한 교육프로그램과 연구 활동 그리고 사회봉사 등으로 형성된 서열이 아닌 것이다. 외부적 요인에 의해 형성된 서열화는 이제 고정불변의 체계가 되었다. 이런 고정되고 단일한 대학 서열체계를 가상하여 수험자들은 상위에 있는 대학, 그것도 최상위의 명문 일류대학에 입학하려고 치열한 경쟁을 벌인다.

이상의 두 장치, 즉 입시의 국가 관리와 대학 간 서열체계를 연관시켜 보면 한국의 입시제도가 조장하는 입시경쟁의 구조가 확연히 드러난다. 한쪽에는 한국의 모든 대학들이 서열에 따라 한 줄로 세워져 있고, 다른 쪽에는 입시를 치른 학생들이 점수 석차에 따라 한 줄로 서 있다. 이런 구조에서 서열 상위의 대학부터 차례로 상위석차의 학생들이 골라 가는 모습을 가정하는 것이 한국의 입시경쟁이다. 그런데 대학 간 서열체계에는 거의 변화가 없다. 기존의 상위 대학들은 자신의 학문 및 교육활동으로 그 서열에 변화를 주기보다는 기존의 외부적 요인으로 생긴 서열에 안주하는 경향이 많다. 일부 대학에서 그 서열이 어쩌다 변하는 수도 있지만 이는 거의 무시해도 될 수준이다. 따라서 경쟁은 대학진학 희망자들 측면에서만 일어난다. 희망자들은 상위의 석차를 획득함으로써 상위의 서열인 명문 일류대학에 가려고 무한경쟁에 돌입한다. 대학희망자들 사이에만 일어나는 이러한 경쟁은 전국에 걸쳐 참가자가 많을수록 그 강도가 높아질 수밖에 없다.

3) 입시 경쟁의 방식

고교 졸업생보다 대학입학 정원이 더 많아지면 대학에 진학하려는 학력 경쟁보다는 상위권의 대학으로 진학하려는 학벌 경쟁이 주축을 이루게 된다. 고정된 서열체계의 상위 대학에 진학하려고 행하는 경쟁이 그것이다.

　이러한 사회적 맥락에서는 학벌 경쟁에서의 우위를 점하기 위해 고등학교, 중학교, 초등학교, 유치원 순으로 경쟁의 강도가 내려가는 경쟁 장기화의 추세가 나타난다. 상위 석차인 대학 입학을 위한 준비와 관리가 이른바 '금수저' 집단에서는 태교에서부터 시작된다. 경쟁의 연쇄 고리가 상위의 대학 진학을 위해 그 아래 단계의 학교로 길게 연장되는 방식을 경쟁의 장기화라고 할 수 있다.

한편 경쟁의 방식은 아래로만 연장되는 것이 아니라 옆으로도 확산된다. 입시와 관련된 개인, 기관, 집단들이 직·간접으로 경쟁에 관여하게 된다. 학생을 중심으로 학부모, 교사, 학교장, 동창회, 지역교육청, 지역 언론기관 등이 연계되는 연합적 경쟁 방식, 즉 경쟁의 연합화가 나타난다.

나아가 가장 비교육적이고 비윤리적인 경쟁의 배타화가 나타난다. 경쟁의 단일화, 가열화, 장기화, 연합화는 경쟁 그 자체의 논리에 의해 움직이게 될 가능성이 높다. 명문대 합격이라는 미래의 장기적인 목표를 위해서는 우선 눈앞의 경쟁자를 당장 밀어내는 현재적 목표달성이 더 중요하게 된다. 상위 석차라는 목표에의 도달은 경쟁 상대 제거 여부에 달려있기 때문이다. 미래의 장기적 목표가 현재의 당면한 목표인 상대방의 제거로 바뀌기 쉽다. 따라서 이러한 경쟁은 배타적으로 변화되기 십상이다.

4) 입시경쟁의 결과

한국의 대학진학 희망자들은 상위권 서열의 대학에 진학하기 위해 거의 모두가 지방 소재 대학에서 서울 소재 대학으로, 하위권 대학에서 상위권 대학으로, 수능성적이 하위인 학과에서 상위인 학과로의 무한 경쟁에 참여한다. 이는 자신의 흥미와 적성을 충족시키기 보다는 권세와 재산, 명예를 용이하게 획득할 수 있는 직업을 얻으려는 욕망 때문일 것이다. 한국에서 자식을 둔 학부모 모두는 이러한 욕망 때문에 공정한 경쟁이 이루어질 수 있고 신뢰할 만한 입시 제도를 요구하고 있다.

지난 70년 동안 입시제도는 정권의 부침과 연동하여 끊임없이 바뀌어 왔다. 이제는 수시모집과 정시모집이라는 두 가지 형식으로 고착되는 실정이다. 수시전형에는 특기자, 기회균등, 학생부 종합, 학생부 교과, 논술 등 다양한 전형이 있다. 하지만 그중에서도 특히 학생부 종합전형이 대표적이다. 이는 수능 최저학력을 기초로 내신점수, 추천서, 자기소개서, 봉사활동, 수상내역 등으로 구성되어 있다. 현재 대학들은 입학정원의 70%까지를 수시전형으로 선발하고 있다. 대학 입학희망자의 3분의 2 이상이 수능 점수 하나보다는 자신의 흥미와 특기, 적성·인성을 기초로 대학에 갈 수 있게 되었다.

수능 중심 입시제도의 폐해는 학생들이 점수 하나에만 매달리게 되어 중·고 교육과정이 파행적으로 운영되고, 학부모는 가계를 지탱하기 어려운 정도의 과외비를 부담해야 한다는 것이었다. 지금의 정시전형이 이러한 폐해를 나타낼 수 있다. 그리하여 학생역량을 다양하고 종합적으로 평가하는 학생부 종합전형을 도입한 것이다. 이는 고교 교육과정의 정상적인 운영과 학생들의 흥미와 특기에 기초한 다양한 교내·외 교육활동에 대한 참여를 활성화하려는 노력의 일환이다. 디테일 속에 악마가 숨어 있듯이 이것도 시행 10여 년을 거치면서 폐해가 드러나고 있다. 대학이 학생부 종합전형의 자세한 과정과 기준을 공개하지 않아, 학생과 학부모들은 이에 대해 '깜깜이 전형'이라며 불만을 토로하고 있다. 또한 입학 관련 서류 준비 과정에 특권계층 학부모들의 보이지 않는 힘이 작용한다는 의구심도 강하였다. 이러한 불만과 의구심이 이번 '조국 사태'를 맞아 '공정과 정의'라는 사회적 이슈를 호출하게 만들었다.

특히 진보와 보수 구별 없이 사회 지도층이 자신의 지위와 네트워크를 이용하여 자녀들의 '스펙' ― 인턴활동, 학술활동, 봉사활동, 각종 수상기록 등 ― 을 만들어 왔다는 의혹이 불거졌다. 사회 지도층이 불공정한 입시개입을 통해 자신들의 특권을 대물림하려 한다는 것이다. 당사자들은 학생부 종합전형 관련 서류들의 준비과정에 대한 직·간접적 관여가 학생부 종합전형이라는 제도에 내재한 불합리성과 불공정성 때문이라고 항변하지만, 일반 국민은 이에 대해 반칙이나 지위의 남용이라는 측면에서 강하게 불만을 제기하고 있다. 제도적 불공정에 대한 문제보다 상대적 박탈감에 기인한 사회적 불평등 문제가 더 큰 이슈로 등장한 것이다. 이는 바로 한국인들이 대학, 그것도 명문대 입학을 권세와 재산, 명예를 용이하게 획득할 수 있는 수단으로 간주하기 때문이다. 나아가 입시 비리는 채용 비리와 깊게 연결될 수 있다는 의구심 때문일 것이다.

입시제도가 어떻게 바뀌어도 제도적 불공정이나 불합리성 그리고 제도의 편파적 운영 등은 언제나 있게 마련이어서, 그 부작용은 잘 드러나지 않고, 또한 상당한 기간이 흐른 다음 밝혀진다. 이러한 기회를 통해 '금수저'들은 자신의 재산과 지위를 최대한으로 이용하려 할 것이다. 따라서 이른바 '흙수저'들은 경쟁에 항상 불리할 수밖에 없다. 그렇다고 항상 희망이 없는 것은 아니다.

3. 무엇을 준비해야 하나?

2019년 10월 23일, 일산 킨텍스에서는 한-OECD 국제컨퍼런스 특집, 〈한국교육의 미래를 말하다〉가 시작되었다. 여기에 참석한 OECD 교육정책위원회 교육국장 A. 슐라이허Andreas Schleicher 는 "한국의 교육은 대학입시에 치중되어 있다. 대학진학 외에도 학생들이 다양한 성공경로를 찾을 수 있도록 노력해야 한다"라고 주장하였다. 한국의 교육이 일류 명문대만을 목표로 하는 것을 비판한 것이다.

  '일류, 일등'만을 고집하는 이런 엄혹한 교육적·사회적 환경에서도 다른 경로의 성공 사다리를 오를 수 있는 가능성이 전혀 없는 것은 아니다. 1982년의 대학입학학력고사 이래로 대학입시가 국가에 의해 한 가지 방식으로 통제되고 있지만, 한국사회는 88올림픽을 성공적으로 치르면서 더욱 다양화·다층화·세계화되었다. 한국사회의 성장과 더불어 성공의 경로 또한 과거에 비해 다양화된 것이다. 그러나 국가나 국민은 지금의 대학수학능력고사라는 단일한 기준에 근거한 성공만을 고집하고 있다. 지금처럼 단일한 성공경로로는 다양화되고 세계화된 국내외 경쟁에 대처하기 어렵다. 다양한 방식의 성공경로들이 제시되고, 육성되고, 장려되어야 한다.

  성공경로가 다양화·다기화된다 하더라도 성공에의 노력과정은 다를 수 없을 것이다. 성공경로는 다르지만 성공에 이르는 과정에 투여된 개인적 노력은 대개 비슷하기 때문이다. 30대 초반 '흙수저' 출신 가수 송가인이 그러한 좋은 사례일 것이다. 그녀는 어떻게 가난의 고통과 무명의 설움 속에서도 '자신을 잃지 않고, 인간의 존엄을 지키며' 성공의 사다리를 오를 수 있게 되었을까?

1) 파형의 아이콘: 가수 송가인

요사이 방송가는 대세 중의 대세로 가수 송가인을 지목하고 있다. 그녀가 출연하는 모든 방송 프로그램은 동시간대 프로그램 중 항상 시청률 1위를 차지하고, 높은 화제성으로 그녀의 인기는 하늘을 치솟고 있다. 게다가 그녀가 참석하는 지역 축제는 그녀를 보려는 구름 같은 관중으로 넘쳐 난다. 모든 방송과 축제 관계자들은 그녀를 모시려고 거액의 출연료 지불도 마다하지 않는다. 그녀는 치솟는 대중적 인기 덕에 혜성처럼 등장한 한국판 신데렐라가 되었다. '흙수저' 출신 여가수의 성공을 우리 모두가 기원하며 그 과정을 즐기고 있다.

송가인은 한반도 남쪽 한 귀퉁이 진도 지산면이라는 궁벽한 섬마을에서 가난한 농부 아버지와 무속인 어머니 사이에 태어나 중학교 때까지 고향 마을을 떠나지 못하였다. 중2 때 어머니가 그녀의 소질을 알아보고 판소리를 배우게 하면서 그녀는 고향을 떠나 광주광역시 소재 광주예술고등학교로 진학한다. 송가인은 중앙대 안성캠퍼스 음악극과를 졸업하고 바로 서울로 거처를 옮겨 전통적인 국악인의 길을 걷다가 2012년 본격적으로 트로트가수로 변신한다. 그녀는 2019년 TV조선이 기획한 〈내일은 미스 트롯: 100억 미스 트롯 걸을 찾아라!〉(이하 〈미스 트롯〉)라는 경연프로그램에서 만 2천 명의 경쟁자를 물리치고 1등을 차지한다. 특히 그녀가 출연한 〈미스 트롯〉 2회의 엔딩 1분 분량은 71만 뷰를 기록하기도 하였다. 그녀가 부른 〈한 많은 대동강〉을 시작으로, '진짜가 나타났다'는 사람들의 찬사와 더불어 이 프로그램은 회를 거듭할수록 시청률 고공행진으로 '대박' 프로그램이 되었다. 그녀의 구성진 가락과 폭발적인 가창력은 시청자의 심금을 울리며 여러 가지로 분열되어 있는 국민 정서를 흥과 끼로 통합시키고 있다. 또 한편으로 그녀의 노래는 서민들의 울분과 한의 정서를 치유하기도 한다.

가수 송가인의 성공 비결은 무엇일까? 여기서는 4가지로 요약해 본다.

첫째, 탁월한 노래 실력이다. 그녀의 노래 수준은 12,000명의 경쟁자들과 비교가 되지 않았을 뿐만 아니라 기존 트롯 가수 수준을 몇 단계 업그레이드한 수준이다. 트롯을 고품격 가곡으로 변형시켰다. 이는 그녀가 다른 트롯 가수에 비해 상대적으로 높은 학력을 가진 점, 무명시절의 처절한 연습과 관련이 깊다. 즉, 정규교육기관을 중심으로 10여 년 이상 갈고 다듬은 판소리 실력과 무명으로 지낸 7년 동안 매일 5~6시간 이상 반복한 연습의 성과물이라고 할 수 있다. 그녀는 한 방송 프로그램에서 자신이 가수로서 기쁜 순간이 연습을 통해 어려웠던 노래 부분을 소화해 낼 때라고 고백하기도 하였다.

둘째, 꿈을 향한 도전 정신이다. 꿈을 향한 도전에 가장 큰 방해물은 가난이다. 그녀는 고등학교 시절 짝퉁 운동화를 신고 학교에 갔다가 급우 하나가 그 신발을 교실로 가져와 "누구 것이냐?"라고 하는 등의 놀림을 받기도 하였다. 무명가수 시절에는 생계를 위해 비녀나 장신구를 만들며 노래 연습을 계속하였다. 가난은 건강한 몸과 건전한 정신까지도 낡게 한다. 대체로 빈곤층은 가난 때문에 몸이 허약해지고, 정신도 냉소적이고 패배주의적이며, 매사에 부정적 반응을 보이기 쉽다. 실천의지나 성취동기도 낮을 수 있다. 그러나 송가인은 가난의 고통을 꿈을 향한 도전정신으로 극복했다. 그녀는 '미스 트롯 진'으로 선포된 이후의 첫 인터뷰에서 가난한 "집에서 너무 많은(?) 돈을 갖다 쓴 것"으로 부모님에 대한 고마움을 표시했다.

셋째, 긍정적이며 정직하고 소탈한 성격과 베풂의 실천이다. 송가인의 어머니는 무형문화재 제 72호 진도 씻김굿 전수 교육조교이다. 즉, 강신 무녀로, 일명 '당골네'다. 송가인은 이러한 사실을 〈미스 트롯〉 경연 시작에서 당당하게 밝혔다. 국가가 인정한 직업이라는 자부심도 강하게 내비쳤다. 그리고 '미스 트롯 진'이 된 이후 여러 방송 프로그램에서 그녀는 소탈하고 밝은 모습으로, 진정어린 행동과 인간미 넘치는 활동 등으로 그녀의 성격과 인성을 잘 나타내고 있다. 특히 어렵고 소외된 이웃에 대한 여러 가지 배려 활동은 그녀에게 '품성까지도 좋다'는 찬사를 받게 하고 있다. 진정어린 베풂이 그녀가 전 국민의 사랑을 받게 만든 요인 중 하나이다. 그리하여 인기 연예인에게 항상 따라 다니는 악성 댓글이 비교적 적다.

넷째, 주어진 기회를 최대한 활용한 프로 정신이다. 송가인은 '미스 트롯 진'이 된 후 잦은 지방공연과 무리한 방송 일정으로 건강과 목 상태가 좋지 않았다. 그를 아끼는 팬들의 걱정에 대해 "물 들어올

때 노 젓는다"라며 잘 먹으면 된다고 링거를 맞아 가면서까지 일정을 소화하고 있다. 교통사고로 치료 중에도 공연을 소화해 내는 프로페셔널의 면모를 보이기도 하였다. 〈미스 트롯〉 경연 중에는 팀별 본선 진출 결정전에서 자신의 팀이 꼴찌가 되는 위기에서도 자신의 장르를 벗어난 노래로 최선을 다해 1등이 되어 팀원 모두를 결승에 진출시켰다. 최종 12인에 자신의 팀 전원을 들어가게 만든 것이다. 이렇듯 그녀는 위기를 성공의 기회로 이용하는 승부사 기질이 강하다.

2) 세계화를 대비하는 역량들

지금까지 우리는 '흙수저' 출신 송가인의 성공사례를 중심으로 어떤 개인적 자질, 노력, 그리고 꿈을 향한 도전정신이 계층, 학벌, 지연 등의 국내적 사회장애물들을 극복해 내는 데 중요한가를 살펴보았다. 하지만 이것만으로 충분하지는 않다. 21세기는 모든 것이 전 세계와 긴밀히 연계된 세상이다. 성공을 위한 경쟁이 국내만으로 한정된 시대가 아니다. 1997년 IMF 경제위기, 2007년 미국의 리먼브라더스 경제위기를 거치면서 한국사회는 세계경제에 깊게 의존하고 있다. 이제는 사회적 성공이 국내를 넘어 국외와도 연계된 세계화된 globalized 성공이 되어야 한다. 송가인도 BTS와 더불어 트롯의 세계화를 꿈꾸고 있다.

그렇다면 대학에서 꿈을 키우는 젊은이들에게 필요한 세계화 대비 역량에는 무엇이 있는 것일까? 여기서는 간략히 세 가지만을 지적하겠다.

(1) 4차 산업혁명에 부응하는 지식/기술 습득에 필요한 기초역량 강화

IT 혁명은 인간의 단순 반복적 육체노동보다는 지적 탐구능력과 실행을 중시하는 '인공뇌력 산업시대'를 활짝 열었다. 전자, 생명기술, 신소재, 통신, 항공·선박·자동차 등의 기계, 로봇·컴퓨터 분야가 4차 산업혁명을 주도하고 있다. 이러한 지식 기반 산업에서는 새로운 지식과 기술이 경제적 사활을 결정한다. 게다가 시장의 세계적 확대로 국내 경쟁력이 국외 경쟁력까지 커버해야 한다. 예를 들면, 공장에서는 이제 단순 육체노동자보다는 AI라는 인공지능을 장착한 로봇을 조작할 줄 아는 지식노동자가 주류를 이루어 가고 있다. 주문도 국내 중심의 소품종 대량생산 방식에서 전 세계인을 대상으로 하는 다품종 소량생산 방식으로 바뀌어 가는 추세이다. 이는 빅데이터 기술이 있기에 가능해졌다.

생산과 유통에서의 이러한 변화는 한국의 명문대학 입시에 필요한 단순 암기식 지식만으로는 대처할 수 없다. 과거에는 소수에게만 필요한 전문고급 지식이 이제는 일반 생산직과 서비스직에도 요구되고 있다. 한편으로 세계 3대 투자가 중 하나인 짐 로저스Jim Rogers 또한 2010년대가 인터넷, AI 그리고 블록체인의 시대라고 주장하고 있다(2019). 이러한 지식 및 기술들이 믿을 수 없을 정도로 경제·정치·군사·문화·교육 등 모든 분야에서 중요한 위치를 차지하고 있다는 것이다. 이러한 추세를 감안할 때, 한국의 대학생들에게 컴퓨터와 인터넷 관련 지식 및 기술뿐만 아니라, 전공 분야의 지식 및 기술과 세계적 소통의 기초로서 영어와 외국어 구사능력은 생존을 위한 필수불가결한 기초역량으로 보인다.

(2) 변화를 읽는 안목의 계발

앞에서 언급한 투자가 짐 로저스는 한국을 "세계에서 가장 자극적인 나라"라고 부르고 있다. 북한의 개방, 나아가 한반도 통일이라는 변화를 예견하고 있기 때문이다. 그가 북한에 투자하는 이유는 "풍부한 자원, 높은 교육수준, 그리고 주민들의 근면성실성" 때문이다. 그는 통일을 대비해야 하는 한국에 있어 관광업과 물류업, 광업/농·어업 등을 유망한 투자처로 지목한다. 특히 로저스는 북한 개방을 예견하여 관광업과 물류업을 대표하는 대한항공에 가장 많은 투자를 하고 있다. 하지만 한국을 대표하는 삼성의 주식은 통일 한국의 관점에서 볼 때 그렇게 매력적이지 않은 주식이라는 것이 그의 생각이다. 삼성은 이미 그 규모가 너무 커서 통일에 그렇게 크게 영향을 받지 않을 것이기 때문이다. 대신 그는 중소기업의 폭발적 성장을 예견한다.

한반도에 대해 이런 거침없는 예견을 기반으로 투자하는 짐 로저스는 누구인가? 그는 현재 워런 버핏Warren Buffet, 조지 소로스George Soros와 더불어 세계 3대 '귀신같은' 투자가 중 한 사람이다. 그는 미국의 리먼브라더스 사태, 중국의 굴기, 트럼프 대통령의 당선, 그리고 북한의 개방 등을 예견하여 유명해졌다. 그렇다면 그의 이런 예견력은 어디서 나오는 것일까? 그의 글을 인용해 보자.

> 나는 늘 역사의 흐름에 입각해서 몇 년 앞을 보려고 한다. 역사를 공부하다 보면 앞날을 읽는 힘이 생기고, 특히 돈의 흐름이 보인다. 성공하고 싶다면 장래를 예측하지 않으면 안 된다. 이는 투자가에게만 해당되는 이야기가 아니다. 뮤지션이든 축구선수든 회사원이든, 어떤 분야에 있든지 간에 성공하고 싶다면 앞날을 읽는 것이 중요하다.
>
> 짐 로저스(2019). 《세계에서 가장 자극적인 나라》. 살림.

이렇듯 로저스는 성공을 위해 역사공부를 강력히 추천한다. 역사는 과거와 똑같이 반복되지는 않지만 유사한 리듬을 가지고 움직인다. 세상의 변화를 읽기 위해서는 역사에 대한 공부가 필수이다. 물론 역사 관련 서적을 많이 읽으면서 이를 다양한 경험들과 연결시켜야 한다. 역사와 고전을 중심으로 인문·사회과학적 지식을 키울 다양한 독서와 더불어, 이를 자신의 체험과 연결해서 '변화를 읽는 안목'을 계발하는 노력이 필요하다.

(3) 끊임없는 연습을 통한 습관의 형성

자신이 원하는 분야에서 탁월한 실력을 연마하기 위해서는 규칙적으로 연습하는 행위가 필요하다. 일상적으로 자동화된 습관이 바로 이것이다. 자신이 원하는 최고의 습관은 어떻게 만들어지는 것일까?

제임스 클리어James Clear는 이를 다음과 같이 제시한다(2019). 먼저 5가지 유형의 성격, 즉 창의적 개방성, 성실성, 외향성, 친화성, 신경증 중 자신의 성격특성과 가장 잘 부합하는 습관을 선택한다. 다음으로 행하기 쉬운 일부터 수행한다. 그래야만 지속적인 유지가 가능하기 때문이다. 이 과정에서 자신이 하는 일이 재미있는가? 시간 가는 것을 잊는가? 자연스러운가? 보상은 무엇인가? 등을 점검한다. 결국 지속 가능한 습관은 만족감이 높아져 감에 따라 형성된다. 요약하면, 좋은 습관은 목표 행동을 명확히 하고, 목표를 매력적으로 만들고, 이것이 행하기 쉬우며, 마지막으로 만족감이 높아지는 데서 서서히 형성된다. 그러나 이러한 행동도 일상이 되면 흥미와 만족감이 떨어져 지루함이 느껴진다. 지루함은 바로 성공의 가장 큰 위협이며 실패의 지름길이다. 프로와 아마추어의 차이는 흥미롭지 않아도 계속해서 밀고 나가는 힘에 있다. 전문가들은 일정에 따르지만 초심자들은 되는 대로 한다. 이렇듯 습관은 지루함에도 불구하고 반복적 연습을 통해 자동화되어 간다. 따라서 습관의 형성에는 투여된 시간보다 반복된 횟수가 더 중요하다. 오래 하는 것보다 많이 하는 것이 습관 형성에는 더 효율적이다. 성공 가능성은 경쟁할 분야를 제대로 골라 최고의 습관을 형성하는 데서 시작된다.

4. 나오면서: 물들게 하여 배 띄우게 하자!

한국의 대학생들이 위에서 언급한 역량들을 아무리 잘 준비해도, 기회가 주어지지 않으면 소용이 없다. 송가인도 실력이 출중하고 방송 및 행사 등에 그렇게 많이 출연했음에도 그동안은 뜰 수 없었다. 그녀의 부상은 〈미스 트롯〉이라는 경연에서의 우승과 거대 언론의 지원이 있었기에 가능했던 것이다. 이렇듯 개인적 실력은 사회적 기회가 주어지지 않으면 발휘되기 어렵다.

그렇다면 노력하는 개인들에게 사회는 어떤 기회를 제공해야 하는가? 국가와 지방자치단체의 지혜로운 관여가 중요하다. 이들이 공정하고 정의롭고 친서민적인 사회정책과 '좋은 일자리'를 창출하는 정책을 기획하고 집행하는 일에 최선을 다하게 만들어야 한다. 중앙과 지방 정부는 기업과 사회단체 등을 추동하여 노력하는 젊은이들에게 성공할 수 있는 기회를 제공하는 정책들을 개발해야 한다. 나아가 도전하는 젊은이들이 자신의 회사를 만들고 번영할 수 있도록 그들에 대한 지원을 아끼지 않아야 한다. 따라서 공정하고 정의로운 정부의 수립은 대단히 중요하다. 법과 세금에 의한 지원이 그 공공적 특성 때문에 모든 젊은이에게 가장 공정하고 보편적으로 주어질 수 있기 때문이다. 불공정하고 불평등한 장애물들은 사회적 연대와 선거를 통해 수립된 정부로 하여금 제거하게 하면서, 공정하고 평등한 사회정책들을 개발하고 집행하게 만들어야 한다. 젊은이들이 그들의 학창시절에 갈고 닦은 출중한 실력들이 발휘되기 위한 새로운 법과 제도와 정책이라는 '물'이 만들어져야 한다.

　여기서 새로운 법과 제도와 정책이란 무엇을 의미하는 것일까? 가깝게는 수시모집 속에 내재한 불공정하고 불합리한 요소, 예를 들면 부모의 특권을 이용한 부당한 개입 가능성 등을 제거하고 징벌적 처벌을 가하는 새로운 제도를 만들어야 한다. 그리고 세계적 경쟁력을 지닌 인재 육성을 위해 대학 입시를 폐지하고 대학들을 '언제, 누구나, 어디서나' 이용할 수 있는 평생교육기관화하는 제도의 구축도 필요하다. '정원'에 근거한 점수의 석차화에 의한 입시는 폐지되어야 하며, 현재 외생적 요인으로 발생한 대학의 부동의 서열은 수요자의 요구에 적합한 프로그램으로 경쟁하는 서열로 만들어야 한다. 만약 한국의 학교교육이 입시에 기생하는 국내 명문대 합격만을 목표로 하면 결국에 한국사회는 세계적 경쟁에서 뒤처질 수밖에 없다. 한편, 취업과 창업 때까지 기본적 생계비를 지원하는 '청년 사회적 소득'이라는 제도도 전면적으로 시행해야 한다.

　신진세대 모두의 성공은 그들만의 노력으로는 달성 가능하지 않다. 기성세대의 자기희생적 헌신이 있어야 한다. 기성세대는 공정하고 정의로운 사회제도를 수립하고 정책을 집행하며, 신진세대는 꾸준히 실력 양성을 해야 한다. 여기에 북한의 개방 가능성은 성공의 가능성을 다른 나라 젊은이의 그것보다 더욱 높이고 있다. 이런 전망 속에 기성세대는 제도개혁으로 '물'이 자주 들어오게 하며, 도전하는 신진세대는 그들의 '배'를 대양으로 띄울 수 있도록 노력해야 한다.

참고문헌

고형일(1998). "대학 입시를 폐지하라". 〈현대사상〉 가을호, 66~79쪽. 서울: 민음사.

고형일 외(1998). "2002학년도 이후의 입학제도 개선에 관한 연구". 《교육부 정책연구 보고서》.

이종각(1989). "연합적 경쟁구조와 학생 삶의 구속논리". 안범희 편, 《교육 민주화: 발적 시론》, 237~272쪽. 춘천: 강원대학교 출판부.

Rogers, J. (2019). 오노 가즈모도·전경아 역, 《세계에서 가장 자극적인 나라》. 서울: 살림.

Clear, J. (2019). *Atomic Habits*. 이한이 역, 《아주 작은 습관의 힘》. 서울: 비즈니스북스.

8
_____

더불어 살아가는
평화로운 세상 만들기

송현호
아주대학교 명예교수

송현호 宋賢鎬
문학박사. 아주대학교 명예교수.
아주대학교 인문대학장·학생처장·인문과학연구소장,
한국현대소설학회 회장, 한중인문학회 회장,
한국학진흥사업위원회 위원장
(교육과학부, 교육부 한국학중앙연구원) 등을 역임했다.

1. 들어가면서

일제가 동학농민전쟁에 참전하여 조선의 주권을 약탈해 가던 애국
계몽기에 신채호, 박은식, 장지연 등은 일본 제국주의에 맞서 민족
주의를 내세워 독립운동사상의 단초를 제공했다. **1** 일제강점기에 독
립운동은 민족운동과 결합하여 진행되었고, 해방 이후 민족주의는
국민을 하나로 묶는 강력한 통치이념으로 작동하였다. **2** 해방 후 태
어나 해체된 민족자본의 복원과 전쟁의 상흔 치유로 몸살을 앓던 시
기에 교육받고 성장한 우리 세대는 폐허 위에 천막을 치고 씨앗을
뿌리는 척박한 교육 환경에서도 열악한 환경에 굴하지 않고 자신의
꿈을 키우면서 자유롭고 평등한 삶을 구현하였다. 그 결과 경제적으
로 후진국에서 벗어나 세계 경제 10위권으로 도약했고, 민주주의의
정착과 의식의 확산을 이루어 내었다. 그러나 강력한 민족주의 통치
이념은 정치권력과 경제력의 효율성에 매몰되어 세속적 성공과 상
류사회 진입을 위한 경쟁이라는 부정적 결과를 파생하였다. '서구',
'서울', '일류'는 한국사회의 구심점이 되었고, 우리 사회는 주류와
비주류로 구분되었다. 시골과 도시가 구분되고, 강남은 부와 권력
의 중심이 되었다. 피라미드의 최상단에 위치하는 사람들은 특정 지
역과 특정 학교를 중심으로 카르텔을 형성하여 주류를 자처하였다.

---

1   송현호(1989). "한국 근대소설론 연구". 서울대학교 박사학위논문.
2   김병모(1994). 《한국인의 발자취》, 25~27쪽. 집문당.

그 결과 현재 한국 사회의 모습은 우리 세대가 교육받고 성장하던 시대와는 너무도 판이하다. 개천에서 용이 나던 시대가 가고, 드라마 〈스카이 캐슬〉에 형상화된 것처럼 부모의 힘에 의해 학교와 직장이 결정되는 시대가 되었다. 이명박 정부 시절 도입된 입시제도의 효율성과 대학에 부여한 학생선발의 자율권은, '스펙'을 하나라도 더 쌓으려는 수험생들과 특목고·자사고 학생을 한 명이라도 더 뽑으려는 상위권 대학들의 욕구가 맞물리면서 많은 문제점들을 드러내고 있다. 특목고와 자사고는 특정 계층에 의해 독점되고, 사교육의 과열을 부추기는 온상이 되었다. 부유층이 더 잘사는 세상이 고착화되면서 밑바닥에서 한 단계 올라가는 것도 어려운 시대가 되었다. 기득권층의 일탈은 신자유주의에 토대를 둔 일류에 대한 환상과 무한경쟁의 부산물이다.

이에 현재 우리 사회에서 문제가 되고 있는 교육 제도를 개선하여 청소년들에게 꿈과 희망을 심어주고, 그들이 밝은 미래의 한국을 건설할 역군으로 바르게 성장할 수 있도록 각각 일제 강점기와 전후 부흥기의 모범적 교육 사례인 도산의 모범촌 조성과 유정한 세상 만들기, 우암의 농촌계몽운동과 삼애정신三愛精神에 바탕을 둔 공동체 의식의 함양 등을 살펴보고, 참교육의 길과 우리의 자세에 대한 필자 나름대로의 생각을 제시해 보려고 한다.

2. 도산 안창호의 교육 사상의 전개 과정

도산은 동학농민전쟁에 참전한 일본 군인들이 조선의 농민들을 무참히 살육하고 일본 관헌들이 동학도를 색출한다는 미명하에 조선인들을 억압하는 비극적 현장을 목격하고 약소민족의 비애와 실력양성의 필요성을 절감하였다. 그는 부모의 반대에도 불구하고 새로운 학문을 탐구하기 위해 빈손으로 상경한다.[3] 경성에 도착했지만 돈을 주고 공부를 할 수 없는 처지였던 그는 언더우드의 구세학당에 입학한다. 언더우드는 1859년 영국 런던에서 출생하여 1872년 미국으로 이주하여 1881년 뉴욕대, 1884년 뉴브런즈윅 신학교를 졸업하였다. 선교부의 요청으로 1885년 아펜젤러와 조선에 도착한 언더우드는 알렌을 도와 광혜원에서 물리와 화학을 가르쳤으며, 1886년 고아학교인 구세학당을 세워 고아들에게 한문, 한국어, 영어를 가르치고 주일학교를 운영하였다. 그는 연합대학을 설립하기 위해 "1915년 4월부터 다음해 4월까지 한 해 동안에 미국 전역으로 보낸 편지 및 보고서가 무려 2,300여 통에 달할 만큼 열정적인 활동을" 했다.[4] 구세학당은 경신학교를 거쳐 1915년 연희전문학교로 발전하였고 언더우드는 연희전문학교 초대 교장을 지냈다. 도산은 구세학당(언더우드학당)에서 2년간 교육을 받으면서 서구의 새로운 학문

---

3 이광수(1979). "도산 안창호". 《이광수 전집》 7, 118쪽. 우신사.
4 Underwood, L. H. (1918). *The Underwood of Korea* 참조.

을 접했고, 제중원(세브란스병원 전신)에서도 일했다. 도산의 실력 양성론은 언더우드의 영향을 받은 바가 크다.**5** 언더우드는 도산을 미국으로 보내 선진 학문을 배우고 자신과 같은 조선의 페스탈로치 가 되기를 원했다.**6**

그런데 도산이 미국에 도착하여 만난 동포들의 모습은 한심하기 그지없었다. 자신의 이득을 위해 남을 속이고 모략하는 일을 밥 먹 듯 하고, 비루하기 그지없는 삶을 살고 있었다. 집안의 청결 상태도 엉망이었고, 위생 상태도 좋지 않았다. 미국인들과 대비되는 조선 인들의 조악하고 비참한 삶을 보고 충격을 받은 도산은 비로소 조선 의 현실과 조선인의 진정한 모습을 발견하게 된다. 도산은 무엇보다 조선인의 삶의 질을 개선하는 것이 시급하다고 생각하고 한인친목 회와 한인공립협회를 만들어 생활개선운동에 매진한다.**7** 생활개선 운동은 정신개선운동으로 연결되며, 조선인이 독립국 국민의 자격 을 갖추기 위한 실력양성운동으로 발전한다.

1907년에는 '신민회'를 발기하여 신채호, 박은식, 이동휘, 이갑, 이승훈, 이동녕, 이회영 등과 함께 본격적으로 실력양성운동을 전 개한다.**8** 남강 이승훈이 고향 용동에 문중의 마을을 만들려고 하자

---

5 김인수(2002). 《언더우드목사의 선교편지》. 장로회신학대학교출판부.

6 송현호(2017). "〈무정〉의 이주담론에 대한 인문학적 연구". 〈한국현대소설〉 54, 114쪽 ; 송현호(2018). "〈무정〉에 구현된 도산의 정의돈수사상과 유정한 사회에 관한 연구". 〈현대소설연구〉 70, 147~174쪽.

7 이광수(1979). "도산 안창호". 《이광수 전집》 7, 118~119쪽. 우신사.

8 위의 글, 121~126쪽.

도산은 조선의 이상적인 모범촌을 조성하고 학교를 세울 것을 권하였다. 용동은 조선에서는 처음으로 동회 조직이 만들어지고, 민족교육과 애국운동이 전개된 곳이다. **9** 이승훈이 세운 오산학교는 신민회의 민족운동에 동참하여 만들어진 대표적인 학교로, 민족주의자들인 조만식, 신채호, 이광수, 염상섭, 윤기섭, 장지영, 김억 등이 교사로 재직하였다. 1908년에는 도산이 직접 평양에 대성학교를 설립하여 전국적인 학교설립운동에 불을 붙인다. 대성학교는 신민회의 민족운동에 동참하여 만들어진 대표적인 학교였으나 1회 졸업생만을 내고 도산이 미국으로 돌아가면서 문을 닫았다.

도산은 당대의 위기가 무정한 세상과 무정한 사람들에 의해 이루어진 것으로 보았다. 그는 우리 사회를 유정한 사회로 만들기 위해 마을 공동체를 만들고 그곳에 학교를 세워 정의돈수情誼敦修사상과 민족의식을 함양하여 독립국 국민의 자격을 갖추게 하려고 하였다. 조선이 일제에 병탄되기 전까지는 국내에 모범촌을 만들려고 했으나 1910년 이후에는 만주에서 후보지를 물색하였다. 그가 생각하는 모범촌은 "농촌생활 내지 농촌 도시생활의 표본을 만들" 수 있는 공간이었다. 그는 "모범 부락과 직업학교를 각 도에 두어 전국 한 면에 한 사람씩 선발하여" 교육을 하여 그들이 돌아가 "농촌진흥운동을" 전개한다면 우리 사회가 유정한 사회가 되고 민족주의운동의 시발점이 될 것이라 생각하였다. **10**

---

9 윤홍로(2009). "〈흙〉과 민족갱생력". 〈춘원연구학보〉 2, 53~55쪽.

도산은 "정의가 있어야 단결도 되고 민족도 흥하는 법이외다"라고 하면서 "우리는 이 정의돈수情誼敦修 문제를 결코 심상尋常히 볼 것이 아니외다. 우리가 우리 사회를 개조하자면, 먼저 다정多情한 사회를 만들어야 하겠습니다"라고 밝혔다.[11] 다정한 사회란 인정이 넘치는 사회다. 인정이란 조건 없이 베푸는 사랑이다. 《신약성경》의 언어인 헬라어에서는 사랑을 세 가지로 구분하여 각기 다른 단어를 사용였다. 에로스Eros, 필리아Philia, 그리고 아가페Agape가 그것들이다. 에로스는 육체적인 사랑을 일컫는다. 오늘의 시대는 에로스 수준의 사랑을 너무 추구한 나머지 문화를 퇴폐하게 하고 정신세계를 황폐하게 만들어 가고 있다. 필리아는 지적이고 이지적인 사랑이다. 내가 너를 이만큼 사랑하니 너도 나를 이만큼 사랑해야 한다고 요구하는 사랑이다. 준 만큼 받으려고 하면서 갈등이 일어나고 불만이 자라게 된다. 아가페는 무조건 베푸는 사랑이다. 부모가 자식에게 베푸는 사랑이 아가페의 사랑이다. 아가페는 사랑을 베풀면서 어떤 대가를 요구하지 않는다. 조건 없이 마냥 베풀기만 하는 사랑이다. 법정 스님의 무소유 정신은 자기가 준 것이 남의 것이 아니라 바로 자신의 것이라고 생각한 것이니 그것이야말로 진정한 아가페적 사랑이다. 우리가 영적으로 성숙해 가는 과정은 에로스, 필리아, 아가

---

10 송현호(2018). "〈흙〉에 구현된 정의돈수사상과 유정한 사회에 대한 연구". 〈현대소설연구〉 69, 18쪽.

11 안창호(1926). "무정한 사회와 유정한 사회 情誼敦修의 의의와 요소", 〈동광〉, 29~30쪽.

페의 단계를 거친다. 육체를 탐하는 에로스의 사랑에서 마음으로 주
고받는 필리아의 단계를 거쳐 영적으로 성숙한 아가페의 사랑으로
승화되어 간다. 서로 양보하고, 서로 조건 없이 사랑하고, 이웃과
더불어 인정을 나누면서 살아가는 사회가 도산이 말하는 유정한 사
회다. 도산은 인류 가운데 "가장 불행하고 불상한 자는 무정한 사회
에 사는" 사람이요 가장 "다행하고 복 있는 자는 유정한 사회에 사는"
사람이라고 했다.[12]

그는 왜 일생동안 정의돈수와 실력양성을 중요시하여 수양과 교
육에 매달린 것인가? 나라를 잃고 억압받고 차별받고 굶주리면서 살
아가는 동포들을 보면서 자유롭고 평등하고 사랑받는 사람들로 이
루어진 민족공동체를 만드는 일이 무엇보다도 중요하다고 생각했기
때문이다.

3. 우암 조용기의 교육 사상의 전개 과정

옥과는 백제시대 과지현菓支縣이었으나 757년 옥과현玉果縣으로 개칭
되었고, 1895년 관제개혁으로 옥과군으로 개칭되었다. 1909년 창
평군에 이속되어 옥산면으로 개칭되었다가 1914년 곡성군으로 통합
되었다. 옥과는 옥과향교玉果鄉校와 영귀서원詠歸書院이 있을 정도로

---

12 위의 글, 30쪽.

인의예지에 바탕을 둔 선비정신이 강한 고장이었다.

옥과향교는 1392년에 현유賢儒의 위패를 봉안, 배향하고 지방민을 교육, 교화하기 위하여 창건되었으나[13] 표지판에는 지어진 연대를 알 수 없다고 기록되어 있다. 조선시대에는 국가교육기관이었으나 1894년 이후 교육적 기능은 없어지고, 제사만 지내고 있다. 이곳은《양목재절목》,《향교전곡출입절목》등을 보관하고 있다.[14]

영귀서원은 1564년 옥과 현감으로 재임했던 김인후金麟厚의 학문과 절의를 추모하기 위해 옥과면 죽림리에 영귀정사詠歸亭祠를 세웠다가 1694년 옥과 유림들의 공의로 서원으로 발전하였다. 1729년 유팽로柳彭老와 신이강辛二剛을, 1797년 허계許繼를, 1846년 허소許紹를 추가 배향하였다.[15] 선현 배향과 지방 교육을 담당하다가 흥선대원군의 서원철폐령으로 1868년 철폐되었다.

옥과향교가 교육기관의 역할을 하지 못하고 영귀서원이 철폐되면서 교육의 기회를 상실한 옥과 지역 청년들은 정신적으로나 물질적으로 궁핍한 생활을 피하기 어려웠다. 농지가 많았던 옥과는 식민지수탈정책의 표적이 되었다. 대부분의 농지가 동양척식주식회사와 식산은행에 의해 송두리째 동척 농장으로 넘어가고, 일본에서 이주해 온 사람들이 그 땅에서 대신 소작을 했다. 일제는 동양척식주식

---

13 한국학중앙연구원(2019).《한국민족문화대백과》.

14 전라남도 유형문화재 제109호. 전라남도 곡성군 옥과면 옥과리 14-1.

15 姚委委・허영무(2019). "蕉史 許泳의 선비정신과 시세계".《춘원연구학보》15, 234~240쪽.

회사를 내세워 자신들에게 고분고분한 지주들은 예외로 하고 민족자본을 해체하기 위해 온갖 술수를 동원하였다. **16** 인의예지를 중시하던 지역사회가 갑자기 무정한 사회가 되었다. 농민들은 '친일파 지주들의 수탈에' 신음하고, 노동자들은 징용으로 일본으로 끌려가는 사람들이 많았다. 6·25전쟁 때는 많은 사람들이 인민군의 부역자가 되어 인근의 지리산과 백아산으로 흘러들어 갔다가 밤에 몰래 나타나 무자비한 보복을 하였다. 일제강점기와 6·25전쟁으로 무너지고 짓밟힌 것은 물질적인 것만이 아니었다. 정신세계까지 황폐해진 것이다.

따라서 농촌계몽운동을 통한 삶의 질 개선과 고등교육기관 설립을 통한 인재 양성이 시급한 실정이었다. 이러한 시대적 흐름을 간파한 조용기趙龍沂 학원장은 옥과에서 농촌계몽운동을 전개하면서 학교 설립을 준비하였다. 농민의 학교를 만들어 과학영농 방법을 교수하면서 선비정신을 되살리고 유정한 사회를 만들기 위해 노력하였다. 조용기 학원장은 1940년대에 김성옥金成玉, 이창원李昌源 등과 함께 농촌계몽운동을 전개하였다. 농촌계몽운동의 기본정신은 삼애정신三愛精神이었다. '하나님을 공경하며 인간을 존중하고 나라를 사랑한다'라는 삼애정신을 바탕으로 도의교육, 협동교육, 직업교육을 통해 무너지고 짓밟힌 농촌을 재건하기 위해 팔을 걷어붙였다.

---

16 송현호(2016). "〈삼봉이네 집〉에 나타난 이주담론에 대한 인문학적 연구". 〈춘원연구학보〉 9, 165~188쪽.

1946년 12월 1일 옥과교회 조용택趙龍澤전도사의 도움으로 목사관에 옥과농민학원玉果農民學院을 설치하면서 과학영농을 실현하기 위한 구체적 농법을 가르치고 서로 협동하는 공동체의식을 심어주기 시작하였다. 옥과농민학원은 피폐한 옥과 지역의 재건을 위한 배움터이자 지역공동체 의식을 심어 주는 구심점으로, 우암학원의 첫 출발이라고 할 수 있는 옥과농민고등학원玉果農民高等學院의 모태다.

조용기 학원장은 1950년 9월 18일 옥과농민고등학원 설립을 발기하였고, 12월 1일 전라남도로부터 옥과농민고등학원 설립인가를 받았다. 1954년 11월 12일에는 옥과농업기술학교(고등학교 3년 과정)의 교육부 설립인가를 받고, 초대 이사장 겸 교장으로 취임하였다. 1966년 12월 19일에는 옥과농업고등기술학교에서 옥과농업고등학교로 교명 변경 인가를 받았다.

1970년대에 접어들면서 도시 중심의 인문계 고등학교 선호현상이 두드러졌다. 농업고등학교는 축산과 지망생이 서서히 감소해 갔다. 가정형편 때문에 도시 진학이 어려운 자녀들을 위해 지역민들은 인문과 증설을 요청했다. 수요자 중심의 학교 운영방침에 따라 1970년 6월 8일 제25차 법인 이사회의가 개최됐고, 축산과를 없애고 인문과(보통과)를 설치하는 방안을 논의해 최종 결정했다. 교명을 변경키로 하고 문교부의 인가를 받아 1971년 옥과종합고등학교로 바꾸었다. 옥과고등학교는 시대의 변화에 따라 많은 변천을 겪으면서도 '올바른 사람', '굳건한 사람', '꾸준한 사람'이라는 교훈을 유지하면서 시대가 요구하는 인재를 키워내기 위해 노력하고 있다.

옥과고등학교에 야간부를 개설하고 새마을공장을 세워서 가정형편으로 진학하지 못한 청소년들에게 낮에는 공장에서 일하고 밤이면 학교에서 공부할 수 있는 기회를 제공하기 위해 인가 신청을 했다. 교육당국의 반대에 부딪혀 어려움을 겪어야 했지만 조용기 학원장은 물러서지 않고 교육부 담당국장과 장관을 끈질기게 설득하여, 전국 최초로 면 단위에 야간부 설치 승인을 받아냈다. 1973년에는 산학협동체제의 일환으로 곡성군 오산면 연화리 550번지에 우리나라 최초의 학교기업인 두보실업 주식회사를 설립하고 '새마을공장'으로 승인을 받았다. 국내 최초로 일하면서 공부하는 여성 근로자를 위한 고등학교 정규과정(인문과정) 신입생을 모집하여 야간부 1학급 60명의 입학식을 가졌다. 주식회사 '두보실업'은 코오롱과 협력하여 일본에서 필요로 하는 오비(帶: 일본여성들의 고유의상인 기모노의 허리를 감싸는 띠)를 만들어 전량 수출하여 외화를 벌어들였다.

모든 학생들을 무상으로 교육시키는 한편 곡성향토장학재단을 설립하여 대학에 진학하는 우수 학생들에게 장학금을 지급했다. 순천대학에 합격한 2명의 학생에게 등록금 전액을 제공하고, 자취방에서 아르바이트를 할 수 있도록 직조기織造機까지 가져다주기도 했다. 이 일이 세간에 알려지자 KBS TV에서 소개하였고, 청와대에까지 알려져 1977년부터 야간고등학교에 산업체 종사자만을 대상으로 한 '특별학급'을 설치할 수 있는 교육법이 만들어졌다.

인문계 고등학교로 출발한 이후 옥과고등학교는 학력배양에 최대 목표를 두고 능력별 수업을 추진해 대학입시 대비에 전력하면서, 동시에 전인교육을 실시하였다. 특별교육과 복싱부, 레슬링부, 태권도부, 육상부 등을 육성하는 일도 옥과고등학교의 역사에서 빼놓을 수 없는 부분이다. 건실한 학교운영은 읍·면 단위 학교들이 도시화와 함께 급속히 공동화되는 과정에서도 옥과고등학교가 평균 21학급을 유지하며 지역민들의 신뢰를 얻고 건재할 수 있었던 비결이다. [17]

옥산중학교는 1969년 10월 14일자로 문교부 인가를 받아 설립이 추진되었으나 예상치 못한 암초를 만나 우여곡절 끝에 1970년 3월 5일 제1회 신입생을 받았다. [18] 경제성장과 더불어 초등학교 졸업자의 중학교 진학률이 서서히 높아져 갔다. 1969년 진학률이 61.8%였던 것이 1970년에는 66.1%로 성장하였다.

옥산중학교는 굳건하고 꾸준한 사람, 민주적이고 창의적인 사람을 만들어 가는 데 학교교육의 기본방향을 두고 기초학력 정착에 힘을 쏟았다. 농촌 중학교였지만 교육에 대한 투자와 연구는 도시의 학교에 뒤지지 않았다. 시청각자료를 적극적으로 개발하고 실험과 실습교육에 주력했다. 1985년부터는 특별활동에 컴퓨터반을 설치해 시대를 앞서가는 인재를 기르기 위해 질 높은 교육을 했다. 우여곡절 끝에 개교한 이후 30년의 역사 속에서 옥산중학교는 국가의 시대적 교육목표를 실현하면서 작지만 실속 있는 지역학교로 성장해왔다. 특별활동은 옥산중학교가 개교 당시부터 적극적으로 추진한

---

17 옥과고등학교 홈페이지(http://okgwa.hs.jne.kr) 참조.

18 우암교육사상연구소(2018). 《우암의 교육과 삶》. 조선뉴스프레스.

교육으로, 학급을 통해 공동체 의식과 민주적이고 자율적인 민주시민의 자질을 키웠다.

1990년대에 접어들어 우암학원은 대학교육에 첫발을 디뎌 학원사의 새로운 지평을 열게 되었다. 1990년 12월 19일 설립인가를 받은 정선실업전문대학正善實業專門大學은 1994년 전남전문대학全南專門大學으로 교명을 바꾸고, 1998년에는 전남과학대학교全南科學大學校로 탈바꿈하게 된다. 전문대학 설립으로 우암학원의 건학이념 중 하나인 '직업교육'의 효율적 실행이 가능해졌고, 고등교육으로부터 소외된 농촌지역에 바람직한 교육환경을 만들겠다는 뜻도 실현되었다. 이를 통해 우암학원은 사학私學의 토대를 한층 굳건히 다졌다.

교육시설들이 도시로만 집중되는 현실에서 면 지역에 전문대학이 들어선 것은 놀라운 일이었다. 전남과학대의 교육방향 중 주목할 만한 것 하나는 '여성교육'이다. 여성교육 가운데 특히 어머니 교육은 교육의 기초이고 건전한 사회를 만드는 초석과도 같다는 것이 설립자의 철학이었다. 여성교육에 대한 신념은 전문대학을 설립하면서 제1호 학과로 가정과를 만들게 했고, 지금까지 5개의 여성 관련 학과가 만들어졌다. 전문대학으로는 전국 최초로 1999년 여자축구단을 창설해 진취적인 여성교육기관으로 주목을 받고 있다.

또한 1994년에는 대학교육을 받지 못한 사병들에게 학력보충의 기회를 주기 위해 야간학부를 개설해 4천여 명이 넘는 장병들에게 준학사 학위를 수여하였다. 이들은 옥과에서 6킬로미터 떨어진 특수부대 장병들로, 가정형편이 어려워 대학에 진학하지 못하고 직업

군인으로 삶의 현장에 뛰어든 젊은이들이다. 등록금은 일반 학생의 절반만 받고 공부를 하도록 배려하자 해마다 200여 명이 등록해 공부하게 되었다. 이들 가운데는 야간대학에서 공부하여 석·박사 학위를 받은 사람도 많다.

전남과학대에서는 옥과시니어클럽도 운영하고 있다. 노인들이 학교에 나와 자기가 가진 기술과 노하우를 발휘해 일정한 수당을 받고 대학의 도움으로 건강관리와 신체 트레이닝의 혜택을 받고 있다. 조용기 학원장이 시니어클럽을 설립한 것은 "생명을 다할 때까지 손에 일을 놓지 않고 최선을 다해야 한다"는 신념에서다.

무엇보다 대학 고유의 특성화와 차별화된 교육프로그램을 도입하여, 국제적인 자생력을 갖춘 것이 전남과학대의 특징이다. 자동차기계 계열학과와 자동차 기계연구소가 중심이 되어 산產, 학學, 연研의 복합실습공단이 설치됐고, 해외대학과의 교류를 통해 국제화 대학의 면모도 갖추었다. 전남과학대는 장·단기 발전계획을 세워 고급 두뇌인력 확보에 주력하는 한편, 학교시설의 첨단화와 대학행정의 100% 전산화 등 효율적 교육 토대를 마련해 가고 있다. 또 사회 교육프로그램과 산학연계를 강화해 열린 대학으로 성장시켜 가고 있다. [19]

1998년 재단법인 옥과농도숙은 설립자의 철학을 담아 법인 이름을 우암학원으로 바꾸고 웅대한 21세기의 도약을 꿈꾸게 되었다. 남

---

[19] 전남과학대 홈페이지(http://www.cntu.ac.kr) 참조.

부대학교南部大學校는 우암학원이 21세기에 내민 출사표다. 21세기를 이끌어 가는 전문 인력을 키워 내는 산실로서 교육목표가 뚜렷하다. 남부대는 1998년 7월 25일에 설립정관 변경을 인가받고, 11월 30일 설립인가를 받았다. 1999년 3월 12일 광주시 광산구 첨단단지 내에 개교한 후 새 천년의 도약을 위해 힘찬 발걸음을 내딛고 있다. 또한 2000년 7월 18일 산업정보대학원 설립인가를, 10월 25일 교육대학원 설립인가를, 2001년 7월 26일 예체능대학원 설립인가를 받았다. 초대 총장엔 교육이론과 교육행정의 전문가인 김용선金龍善 박사가 임명됐다. 21세기를 앞두고 1999년 교육부가 발표한 '교육발전 5개년 계획'은 '21세기 지식기반 사회를 대비할 차세대 고급인력의 집중 육성'이란 목표를 세웠고 남부대는 그 목표를 가장 효율적으로 실현할 수 있는 교육의 틀을 제시하였다.

특성화대학을 지향하는 남부대는 1999년 최첨단기계 기술인력과 지식정보인력 양성을 위해 자동차기계공학부와 컴퓨터전자공학부를 설치했고 1백 명을 정원으로 신입생을 모집했다. 소수정예의 학생정원은 교육의 질을 높이기 위한 여건을 조성한 것이라고 할 수 있다. 남부대는 최상의 교육여건과 효율적 교육시스템을 갖추고 있다. 교수 1인당 학생 10명으로 전국 최저비율의 교수·학생 비율을 실현했고, 프로젝트 연구, 실습, 이론 강의 등을 동시에 진행하는 섹션수업으로 현장과 이론 능력을 두루 갖춘 전문 인력을 키워 내고 있다. 또한 철저한 산학연계 시스템 구축과 벤처동아리 육성, 신기술 프로젝트에 대한 적극적 투자, 외국대학 자매결연 및 협약을 추진하여 소수정예 대학을 만들어 가고 있다. 남부대는 이와 같이 장단기 발전계획에 따라 이론과 실무를 겸비한 산업 중심 대학으로 발돋움해 가고 있다.

우암학원은 70년의 세월 동안 눈부신 발전을 해왔다. 천막교실은 웅장한 첨단 건물로 변했고, 사설 강습소는 중·고교, 전문대, 4년제 대학을 두루 갖춘 명실상부한 명문사학으로 성장했다. 교육 내용도 농업과 축산업 중심에서 산업역군, 첨단역군의 양성으로 바뀌었다. 천막교실에서 향학열에 불탔던 청소년들은 한국사회의 원로가 되었고, 그들의 자녀와 손자들이 다시 우암학원에서 향학열을 불태우고 있다. 삼애정신에 바탕을 둔 도의교육, 협동교육, 직업교육의 건학이념은 우암학원을 지탱하는 원천이요 기둥으로 굳건히 자리잡아 사람의 도리를 지키면서 시대의 부름에 응할 수 있는 참다운 인재를 키워 오고 있다.

조용기 학원장은 "교육은 생활교육이 되어야 하고, 그러기 위해서는 교육을 받아야 한다. 교육의 목적이 학문 자체에 있는 것이 아니라 생활에 도움이 되어야 한다"라고 강조한다. 오늘의 산학협동은 교육과 실무의 접점을 찾는 것으로 조용기 학원장은 이미 수십 년 전부터 생활교육을 강조해 왔다. 학교기업인 두보실업을 필두로 전남과학대의 준학사 학위과정은 배움에 대한 목마름을 씻어 주기 위한 생활교육의 표본이다. 우암학원이 그 나름대로 자리를 잡게 되면서 학교법인의 틀에서 벗어날 때가 되었다고 생각한 조용기 학원장은 본인과 이연희 이사장의 모든 재산을 정리하고 후원자들의 도움을 받아 재단을 세우고, 2008년 12월 29일 당국의 인가를 얻어 우암문화재단을 발족하였다. 우암문화재단은 가시밭길에서 희망의 씨앗을 캐내는 천막정신을 이어받아 우암인들에게 작은 호롱불 역할을 해내고 있다. 우암문화재단에서는 7개 분야의 사업을 진행하고 있는데, 이 7개 분야는 다음과 같다.

① 문화창달을 위한 사업으로 우암문화대상 제정 및 시상
② 다문화가정 지원 및 저소득층 자녀의 문화예술 지원사업, 문화교실 및 전문 강좌 개설 지원
③ 인재발굴 지원사업으로 장학금 지급, 특히 저소득층 자녀 교육, 낙도 오지 교육기관 청소년 지원
④ 우암교육사상연구소 지원, 우암음악콩쿠르대회 지원, 우암기전국태권도대회 지원, 고교 학술 예술 동아리 지원, 기타 학술 연구 지원, 신인 우암문학상 시상 지원
⑤ 향토문화 발굴사업으로 향토문화 발전 지원, 향토문화 연구 지원, 향토문화재 지원
⑥ 출판문화 사업 지원
⑦ 기타 의료복지 및 지역사회를 위한 문화사업 지원

조용기 학원장은 '무너지고 짓밟힌 내 고장'을 위해 농촌계몽운동을 시작하였고, 열악한 교육환경에 놓여 있는 농촌 청소년들에게 공부할 수 있는 터전을 제공하고 한 톨의 밀알이 되었다. 약관 26세에

천막교실을 열고 손가락으로 바위를 뚫는다는 의지로 하나님을 공경하고, 인간을 존중하며, 나라를 사랑한다는 삼애정신을 바탕으로 시름에 빠진 농촌 청소년들을 모아 교육을 시작한 지 벌써 70년이 되었다. 시작은 미약하였으나, 멈추지 않는 교육 열정의 결과로 옥산중학교, 옥과고등학교, 전남과학대학교, 남부대학교, 우암문화재단을 건립했다. 우암학원 산하에는 대학운영과 문화사업 이외에 우암어린이집, 우암유치원, 우암의료재단, 인성예절교육관 등을 설립하여 전 생애 교육 및 인성교육을 실천 중이다. 우암학원의 지난 70년은 한국현대사에 있어서 격동의 세월이었다. 하지만 앞으로 다가올 격동은 그 어떤 시대보다 치열할 것이다. 우리 사회가 요구하는 인재들을 키워 온 우암학원은 이제 세계가 원하는 인재를 길러 내기 위해 노력하고 있다. 우암인들은 담대하고 웅대한 '백년사'를 꿈꾸면서 '손가락으로 바위를 뚫는' 성실함으로 교육현장에 임할 것을 다짐하고 있다.

4. 나오면서: 참교육의 길과 우리의 자세

도산은 일제 강점기에 독립의 기초를 닦기 위해 모범촌을 조성하고 학교를 설립하여 유정한 사회를 만들려고 노력하였으며, 우암은 해방 후 무너지고 짓밟힌 농촌을 계몽하여 풍족하고 평화로운 고장으로 만들기 위해 삼애정신三愛精神에 바탕을 두고 학교를 설립하여 공동체의식을 함양하였다. 도산과 우암은 민족 자본이 해체되고 피폐해진 상황 속에서도 우리 모두가 더불어 살아가는 평화로운 세상을 만들기 위해 혼신의 노력을 다했다.

그런데 요즘 우리 교육은 도산과 우암의 열망과는 달리 자유민주주의와 공정한 사회 구현이라는 가치를 부정하고 신자유주의 세계화에 편승하여 극심한 빈부격차와 극단적 이기주의에 빠져 있다. 그로 말미암아 이기는 것을 최고의 선으로 생각하는 교육을 하고 있다. 아울러 이기는 방법에 치중하여 제도의 허점과 편법을 이용한 부의 대물림이 가능해지면서 정의로운 공정한 사회의 구현은 요원하기만 하다.

2019년 국정감사 자료에 의하면 대학 입학생 중 자립형사립고(이하 자사고)와 특수목적고(이하 특목고) 출신은 서울대, 서강대, 연세대, 고려대, 성균관대 순이었다. 평준화 지역의 일반고 및 자립형공립고(이하 자공고) 출신 서울대 입학생 중에는 학원 교습비가 비싼 지역의 입학생 비중이 높았다. 민주당 박 모 의원에 따르면, 2018학년도 고3 학생 서울대 진학 비율은 서초구, 강남구, 양천구, 과천시, 성남시 분당구 순으로 높았다. 서초구·강남구·양천구는 특목고·자사고·일반고·자공고의 서울대 진학률이 높아서 지역 간 교육 격차를 여실히 보여 준다. 또한 2019학년도 자사고 입학생의 출신 중학교를 지역별로 보면 서초구, 강남구, 송파구, 양천구 순으로 해당 지역 출신 중학교의 자사고 입학생이 많았다. 특정 지역 출신들이 자사고와 특목고를 독식하고 서울 주요 대학을 독점하고 있는 것이다. 자사고와 특목고 출신은 선행 사교육을 받은 학생들이 많고, 비싼 학비를 감당할 수 있는 고소득 계층의 자녀들이 많다. 학원 교습비가 가장 비싼 지역은 강남구, 서초구, 양천구 순이다.

서울 주요 7개 대학 2019년 1학기 국가장학금 지급비율 평균은 22.37%다. 반면 전국 288개 대학의 평균 국가장학금 지급비율은 53.56%다. 즉 서울 주요 대학의 장학금 지급 비율이 전국 평균이 절반 수준이라는 것이다. 국내 의대 재학생의 48.08%와 서울대·고려대·연세대 재학생의 40.7%, 지방 국립대 재학생의 25.18%가 9분위와 10분위에 속하는 가구의 재학생이다. 특히 서울대는 국가장학금 신청자의 소득 최상위 분위인 9분위와 10분위에 속하는 가구의 자녀들이 52.02%로 나타났다. 반면에 1분위와 2분위에 속하는 가구의 재학생은 국내 의대의 경우 14.72%, 서울대·연세대·고려대의 경우 18.66%, 지방 국립대의 경우 25.17%다. 소득 최하위 분위 가구의 자녀들은 대학 입학에서 불리한 여건에 놓여 있음이 드러난다. 이들은 대학에 입학해서도 학자금 융자를 받고 생활비 보전을 위해 아르바이트를 하면서 빈번하게 휴학을 한다. 학업에 전념하기 곤란하여 성적이 좋게 나올 가능성이 희박하다. 대학을 졸업한 후에는 비정규직으로 취업하여 융자금 상환을 위해 허리띠를 졸라매야 하는 경우가 허다하다. 그들은 공부하기 위해 학자금 융자를 받아 미래를 저당 잡힌 형국이다. 대학생들을 금융채무자로 만드는 사회를 공정한 사회라고 할 수는 없다.

특권층의 부를 통한 대물림은 특정 지역과 특정 학교 출신들이 요직을 독식하는 현상으로 나타나고 있다. 이를 의식하여 2007년 대선에서 모 후보가 가난의 대물림을 방지하기 위한 방안으로 '계층할당제'를 도입하여 빈곤층 가산점제 또는 할당제 실시, 빈곤층 자녀에 대한 국가장학금 지원, 취약계층 일자리 창출을 위한 자활 지원, 저소득층에 대한 맞춤형 개별급여 체계 전환, 근로장려금 제도 강화, 부양의무자 기준 단계적 완화 등을 공약公約으로 제시하였지만 그 역시 공허한 공약空約이 되었다. 당시 '장동건(장로회, 동지상고, 건축업자)', '고소영(고려대, 소망교회, 영남권)', 's라인(서울시청 관련 인사)'이라는 신조어가 만들어질 정도로 특정 지역과 특정 학교 출신들을 우대하였다. 반값 등록금의 실현을 위한 정부 지원의 확충도 요원하기만 하다.

특목고와 자사고는 당초 설립 취지에 맞게 특성화 교육을 하고 그에 맞는 전공을 선택하는 것이 바람직하다. 법학전문대학원이 생기기 전, 외고 학생들은 법대를 보내고, 과학고 학생들은 의대를 보내기 위한 교육과정을 편성하여 학교를 입시학원으로 전락시킨 바 있다. 특목고와 자사고는 다양한 교육을 한다는 취지로 '교육제도' 안에 자리를 잡았으나 사회적·경제적 지위를 갖춘 소수에게만 더 큰 문이 열려 있어서 교육의 불평등을 확대시키는 원인이 되었다. 특목고와 자사고에 가는 대부분의 학생들은 영어유치원을 나와 초등학교 때 학원에서 영재교육을 받고, 중학교 때 고등학교 수학을 배우고 토플 학원에 다닌다. 중학교 때 성적이 우수한 학생들을 선점하여 국가적으로 보면 우열반을 편성한 것이나 진배없는 특목고와 자사고에서는 자율학습 시간을 이용하여 강남의 유명학원에서 고액 과외를 받게 하고, 대치동 학원과 계약을 맺어 '방과 후 수업'을 학교에서 진행하기도 한다. 제도적 불공정성과 특권은 편법과 불법을 넘나들고 있다.

'우리 사회는 과연 정의롭고 공정한 사회인가'가 이즈음의 최대 화두이다. 우리 사회의 곳곳에서 개인적 가치와 다양한 문화요소의 의의를 중시하면서 중심의 통제와 권위에서 벗어나려는 움직임이 활발하게 일어나고 있다. 각계각층에서 자발적인 시민운동이 진행되고 온라인에서도 카페, 미니홈피, 블로그 등을 통해 자신들의 의견을 활발하게 개진하고 있다. 급기야 SNS를 통해 수많은 사람들이 광장으로 몰려나와 분노를 표출하고 집단행동을 하고 있다. 이러한 움직임은 우리 사회가 공정하고 정의로운 사회로 나가는 과정에서 나타나는 자연스러운 현상이지만 정치권이 이를 수렴하지 않고 방치할 경우 걷잡을 수 없는 파장을 불러일으킬 수도 있다.

따라서 이제라도 기회균형 대입 전형과 취업 전형, 지역균형 대입 전형 등을 확대할 필요가 있다. 기회는 균등하고, 과정은 공정하고, 결과는 정의로워야 한다. 자유롭고 평등하고 사랑받는 사람들이 사는 사회는 유정한 사회로, 평화롭고 행복한 사람들의 모습을 쉽게 찾아볼 수 있을 것이다. 모든 갈등과 불화의 중심인 극심한 빈부격차와 극단적 이기주의에서 벗어나 상생하려는 사람들이 사는 세상, 인성을 지닌 인간이 넘쳐나는 사회가 되어야 비로소 정의롭고 공정한 사회를 구현할 수 있다.

평화로운 학교, 평화로운 세상을 만들기 위해서는 우리 모두가 평등한 존재임을 인정해야 한다. "너희는 유대인이나 헬라인이나 종이나 자유인이나 남자나 여자나 다 그리스도 예수 안에서 하나이니라"(〈갈라디아서〉 3:28), "내 형제들아. 영광의 주 곧 우리 주 예수 그리스도에 대한 믿음을 너희가 가졌으니 사람을 차별하여 대하지 말라"(〈야고보서〉 2:1)라는 《성경》의 구절처럼 우리는 능력과 환경이 다르지만 유일한 존재로 제 나름의 존재가치를 부여받은 평등한 존재다. 모든 생명체는 제 나름의 몫을 지니고 있는 유일한 생명체이다. 모든 생명체는 모두가 공평하게 죽는다. 이 평범한 진리를 인식하지 못한 사람들이 우리 사회의 질서를 어지럽히고 있다.

양보하고 더불어 살아가려는 사회는 모두가 꿈꾸는 유토피아요 평화로운 세상이다. 노자는 약한 것이 강한 것보다 더 강하다고 했다. 지는 것이 이기는 것이라는 선인들의 이야기도 있다. 주자는 중용中庸을 지키면서 사는 것이 무엇보다 중요하다고 했다. '중'은 '희로애락'에 노정되기 전의 상태다. 기쁨과 즐거움은 함께 나누고 노여움과 슬픔은 서로 위로하고 참아내는 지혜가 필요하다. '용'은 어수룩한 척하는 상태다. 똑똑하고 옳은 자신을 감추고 남을 배려하는 지혜다.

따라서 학생들은 겸양과 양보의 미덕을 배워 교실이 행복한 공간이 될 수 있도록 노력해야 하고, 교육자들은 입시 위주의 교육에서 벗어나 인성 교육에 관심을 가질 필요가 있다. 모든 사람들이 평화롭게 살아가는 세상을 만들기 위해서는 우리 모두가 함께 노력해야 한다.

9

~ 거기에도
길이 있었네

이규성
원광대학교 교수

이규성 李圭鍟

식물육종학박사. 원광대학교 교수.
국제미작연구소(IRRI) 선임연구원, 한국국제농업개발학회장,
국립농업과학원 농업생물부장, 농촌진흥청기술협력국장,
농촌진흥청 차장 등을 역임했다.

1. 들어가면서

식량은 우리 인간이 살아가는 데 없어서는 안 되는 것이다. 그럼에도 공기의 중요성을 모르고 살아가듯 식량의 중요성을 잊고 사는 경우가 많다. 특히 배고픔을 모른 채 풍요한 삶을 살아가는 요즘의 젊은 세대들은 가난하고 허기지고 배고픔에 찌들었던, 우리의 아픈 과거사를 당연히 모르고 살아간다. 어떤 젊은이들은 '배고프면 라면이라도 먹으면 될 텐데 왜 배가 고파서 고통을 겪나' 하고 그 자체를 이해하지 못하는 경우도 있다. 그러나 우리에겐 분명 배고팠던 시절이 있었고, 그것을 선배들이 어떻게 극복하고 살아왔는지도 알아야 할 필요가 있다. 그리고 그 배고픔을 해결하는 데 농업이 어떻게 기여했는지도 알아야 한다. 알고 나면 우리 농업의 중요성이 보인다. 특히, 4차 산업혁명 시대의 농업은 무궁무진한 가능성을 지닌, 더욱 중요한 산업이 될 것이다. 이 글은 우리 농업이 걸어온 발자취와 현황을 짚고 우리 농업의 미래에 대해 전망한다. 그리하여 젊은이들에게 다가올 미래의 주요 산업으로서 농업의 가능성에 대해 전하고자 한다.

2. 아시아 녹색혁명의 근간: 국제미작연구소[IRRI]

1960년대로 거슬러 올라가 보자. 그 당시 아시아의 경제 문제를 많이 다루었던 매체, 1967년 홍콩에서 발행한 〈파 이스턴 이코노믹

리뷰*Far Eastern Economic Review*〉 연간 보고서 1면에 이런 기사가 실려 있었다. "아시아의 거의 모든 나라의 어린이들이 배고픔에 허덕이면서 쌀이 모자라서 밥을 먹지 못하는 것은 우리 기성세대의 잘못이다. 따라서 우리 기성세대는 자라나는 이 어린아이들의 밥그릇에 풍성한 밥을 채워 줘야 할 의무가 있다"라는 내용이었다.

그렇다. 한국에서도 쌀이 없어 밥을 제대로 못 먹는 아이들이 많았고, 보리밥에 시래기 죽 밥을 끓여 먹고 배를 채우는 것을 흔히 볼 수 있었다. 그나마도 쌀밥을 구경할 수 있는 날은 소풍 가는 날 혹은 생일날이었다. 그런 날에만 할아버지 밥상에서 퍼온 약간 쌀이 많은 도시락을 먹을 수 있었던 것으로 기억된다.

이러한 배고픔 해결의 실마리를 찾아 준 곳이 필리핀에 있는 국제미작연구소IRRI, International Rice Research Institute다. 아시아에서 쌀의 90% 이상을 생산하고 소비하기 때문에 미국의 포드와 록펠러 재단에서 공동으로 출자하여 어려운 아시아 농업인들에게 품종 및 기술 개발을 통해 생산성을 높여 주고, 그로부터 삶의 질 향상을 도모해 준다는 목적을 가지고 필리핀에 세운 국제기관 중 한 곳이다. 1966년 국제미작연구소는 IR8이라는, 수량성이 약 20% 정도 높은 벼 품종을 개발해서 필리핀을 비롯한 아시아 지역에 보급하였다. 그 결과 아시아 지역의 쌀 생산이 증가되기 시작하였다. 결국 IR8은 아시아의 녹색혁명의 근간이 되는 벼 품종이었다고 할 수 있다.

우리나라는 앞에서 언급하였듯이 일반 쌀이 턱없이 모자라는 상황에서, 열대지방에서 생산하는 IR8 벼와 온대지방에서 생산하는 벼의 교배를 통해서 새로운 중간 형태의 쌀, '통일벼'라는 품종을 1972년 개발하였다. 이 새로운 품종을 우리나라에 적응시키기는 쉽지 않았지만 우리 연구원들의 노력으로 재배에 성공했고, 마침내 1977년도에 우리나라는 쌀을 자급자족하는 쾌거를 이루었다. 이러한 사업성과는 세계에서도 찾아볼 수 없는 성공적인 사례로 국제사회에 알려져 있다. 기존의 일반 쌀의 수량성이 단보(논밭 면적을 나타내는 단위로, 1단보는 300평, 약 992제곱센티미터) 당 390킬로그램이었다면, 새로운 통일계 품종은 504킬로그램을 보여 무려 100킬로그램 이상 많은 수확량을 거둘 수 있는 획기적인 품종이었던 것이다. 몇 년 전 과학기술부 보고에 의하면, 이러한 성과는 지난 50년간의 우리나라 과학기술 성과 중 으뜸가는 기술로 평가받는다.

1980년대에 이르러서는 쌀 자급자족을 통해 얻은 과학기술을 근간으로 한 농산물 생산 시스템 구축이 우리나라 산업화의 초석이 되었다고 전문가들은 판단한다. 겨울에도 비닐하우스를 활용하여 딸기, 토마토, 상추 등 과채류를 연중 생산할 수 있는 시스템을 구축함으로써 국민들이 배고픔을 해결할 수 있었을 뿐만 아니라, 신선한 채소를 섭취할 수 있어 영양 면에서도 균형 잡힌 식단을 가질 수 있었기 때문이다.

1990년대에 들어서부터 우리나라 농업기술은 배고픔을 해결하기 위한 양적 증가보다는 품질과 안전성을 중요시하는 질적 개선을 중심으로 발전하기 시작했다. 즉, 고품질·안전성·유기농·친환경 농업을 통해 소비자들이 안심하고 먹을 수 있는 먹거리 생산으로 성장해 가고 있다. 한편, ICT와 융합한 첨단정밀농업, 바이오산업, 그리고 1·2·3차 산업이 결합된 이른바 '6차 산업' 활성화를 통해 부가가치를 향상시키는 농업으로 변모해 가는 중이기도 하다.

이렇듯 농업의 전체적인 패러다임 변화가 진행되면서 2000년대 들어서는 농업의 궁극적 목적도 생산 중심의 농업을 통한 성장에서 농업인의 소득 안정과 삶의 질 향상으로 전환되고 있다. 최근에는 농업의 다원적 기능을 헌법에 담으려는 시도가 있으며, 현장 중심의 농정체계로 변화해 가고 있다.

3. 한국농업의 여건과 자연환경

이러한 많은 노력과 성장에도 불구하고 한국농업의 여건은 아직도 어려운 것이 현실이다.

우선 경지면적이 제한적이다. 한국은 국토가 작은 나라이기에 1인당 경지면적이 0.73헥타르에 불과한 반면 미국은 32.1헥타르, 프랑스는 14.1헥타르, 일본은 1.6헥타르다. 이렇게 경지면적이 타 국가들에 비해 대단히 열악하여 국가농업 경쟁력이 OECD 국가 중 17위 정도에 불과하다. 또한 농업인구의 급격한 감소와 고령화로 인해 품목별 생산비가 많이 소요되어 쌀, 보리, 고추, 마늘, 쇠고기 가격이 수입가격 대비 2.9~4.1배 높기 때문에 품목별 농업경쟁력 또한 약한 실정이다. 그런가 하면 농가 소득이 도시근로자 소득 대비 약

63% 정도로 낮은 실정인 데다 농업소득에 비해 농업경영비가 높아, 사람들에게 농업은 힘이 많이 들고 소득은 적은 직업으로 인식되어 있다(통계청, 한국농촌경제연구원).

농가인구의 고령화가 심화되는 것도 농촌 활력을 제한하는 요인 중 하나다. 1950년대 우리나라 총인구는 약 2천만 명을 웃돌았는데, 당시 농가인구는 1천4백만 명 이상으로 전체 인구의 71.4%였다. 반면 2016년 현재 우리나라 총인구 5천 127만 명 중 약 250만 명이 농가인구로, 전체의 약 4.9%에 불과하다. 또한 농가경영주 평균연령은 2017년 현재 67세이며, 70세 이상이 41.9%를 차지한다.

기후변화 역시 우리 농업에 있어 대단히 민감한, 거스를 수 없는 장해다. 지난 100년간 우리나라 평균기온은 섭씨 1.8도 상승했는데, 이는 세계 평균 상승치인 섭씨 0.75도의 2배 이상이다. 전문가들은 지난 1980년대부터 약 40여 년간의 급속한 산업화로 인한 화석연료, 자동차 매연 등이 온도 상승의 주범이라고 말한다.

이에 따라 우리는 다양한 기후변화를 감지하고 있다. 2018년만 해도 4월 초순의 이상저온, 기상 관측 111년 만에 최초로 섭씨 40도 이상을 기록한(2019년 8월 1일, 강원도 홍천) 여름 폭염, 동해안 지대의 강풍을 동반한 태풍으로 많은 농작물이 피해를 입었다. 2019년에도 무려 8개의 태풍이 우리나라에 영향을 미쳐 성숙기의 농작물에 극심한 피해를 주었다. 같은 해 10월에 일본열도를 강타한 태풍 하기비스는 일본에 천문학적 수준의 피해를 입히기도 하였다.

이러한 기상재해는 기후온난화로 인한 이상기후로 볼 수 있으며,

한반도의 농작물 재배 지도를 바꾸어 가고 있다. 감귤 및 한라봉 주산지가 제주도에서 남부 해안지로 상륙하였고, 보성 녹차는 강원도 고성에서, 대구 사과는 강원도 양구에서, 곡성 멜론은 강원도 화천에서까지 재배 가능하다. 쌀보리도 충남 이남이 재배 한계지역이었으나 점차 남한 전 지역에서 재배 가능한 작물로 변해 가고 있다. 이러한 농작물 주산지의 북상에 따라, 머지않은 미래의 한반도 아열대화를 대비한 연구개발이 이루어져야 한다.

그러나 우리나라 농업을 둘러싼 환경 중 활력을 저해하는 요소들만 있는 것은 아니다. 만약 고품질 안전 농산물, 부가가치 향상 농산물을 생산할 수 있다면 수출 위주의 농업으로 나아갈 수 있는 국가적 기반이 이미 갖추어져 있다. 대한민국은 국토 면적으로 보면 세계 109위에 해당하는 작은 국가이지만, 그간 정부에서 끊임없이 다른 국가들과 자유무역을 할 수 있도록 자유무역협정FTA을 2017년 기준 15건 52개국과 맺은 결과 경제영토를 세계 3위 수준으로 끌어올렸다. 이러한 협정으로 인해 저가 농산물이 타국으로부터 유입될 여지도 있지만, 동시에 동남아, 중국 등 큰 시장으로 우리의 농산물을 수출할 수 있는, 우리 농업 발전의 기회가 열린 것이다. 따라서 정밀 친환경 농업을 통해서 안전·고품질 농산물을 생산하여 수출농업으로 체질을 탈바꿈하는 것이 우리 농업을 활성화하는 지름길이 될 것이다.

이와 같은 기회의 시간은 농업기술 혁신을 전제로 한다. 그러므로 현재 우리 농업은 선진화된 농업기술 개발을 절실히 필요로 하며, 이를 위해 농촌진흥청 등 국가기관과 지자체, 대학, 연구소 등이 기술개발에 매진하고 있다. 그리고 이러한 상황으로 인해 농업은 청년들에게 기회의 산업이 될 수도 있다. 무한한 일자리와 창업의 가능성이 열려 있는 매력적인 분야이기도 한 것이다.

4. 4차 산업혁명 시대 농업의 미래

인류가 탄생한 이래 끊임없이 과학은 진화하고 문명은 발전해 왔다. 이 세상에 변화하지 않는 것은 없음을 익히 알고 있음에도, 최근에는 세상이 더욱 빠르게 변해 가고 있음을 실감한다. 우리 주변을 돌아보면 스마트폰과 같이 잘 만들어진 플랫폼이 당초 용도인 전화 기능뿐만 아니라 컴퓨터, 카메라, 내비게이션, MP3 등 다양한 기능을 탑재하고 있다. 미래에는 사물인터넷, 가속도 센서 및 특정 데시벨 소음 인식기술을 통해, 개인의 신변보호를 위해 위급한 상황이 되면 자동으로 119에 신고할 수 있는 기술로 발전할 가능성이 높다고 한다.

그런가 하면, 2017년 우리나라의 대표적 게임회사가 주식을 상장하면서 수십 년간 가전제품을 전 세계에 수출한 대표적 전자제품회사의 시가총액을 넘어섰다는 뉴스를 보면서 트렌드의 변화에 놀라움을 금치 못한 적이 있다. 또한 억만장자보다 더 부자 개념으로 조만장자라는 신조어가 탄생하면서, 19세기와 20세기 초에 담배와 석유 등이 부를 축적한 핵심 산업이었다면, 4차 산업혁명 시대에는 소행성 자원채굴, 원하는 지식을 즉시 획득하는 즉석학습기술, 알약으로 잠깐만 자도 8시간 수면의 효과를 내는 즉석수면 및 인공지능을 활용한 다양한 기술 등이 새로운 핵심 분야로 떠오르고 있다는 이야기들을 우리 주변에서 심심찮게 들을 수 있다.

이러한 신기술의 중심에 4차 산업혁명 기술이 있다. 문재인 정부에서도 4차 산업의 발전을 국가의 핵심 성장동력으로 삼겠다고 재천명한 바 있다. 세계경제포럼 회장인 클라우스 슈밥은 미래기술의 선점은 4차 산업혁명 기술에 달려 있을 것이라고 예측하였다. 이미 홍콩에 본사를 둔 한슨로보틱스가 2010년 출시한 BINa48 휴머노이드 인공로봇은 사람들이 우려하는 자아를 가진 로봇으로 개발되어 로봇이 대화의 주제를 바꾸는 인공지능 기술로 변모해 가고 있다. 몇 년 전 세상의 관심과 이목을 집중시킨 이세돌과 알파고의 바둑 대결도 인공지능의 무한한 발전 가능성을 의미하는 것이다. 미국의 보스턴 다이내믹스는 계단을 오르내리고 장애물을 피할 수 있으며, 심지어는 어떤 물건을 버리고 재활용해야 할지도 판단해서 처리하는 로봇을 개발하였다. 결국 앞으로는 로봇이 대체할 수 있는 일들이 많아지면서 로봇을 활용한 산업이 발전할 수밖에 없는 시대가 오는 것이다. 이런 점에서 보면, 결국 4차 산업혁명은 전체 산업을 재편하고 사회를 변화시킬 것이다. 다시 말하면 빅데이터와 인공지능이 결합하여 ICT 등 기존 산업을 융·복합시키고, 사물인터넷과 클라우드, 모바일 등으로 디지털 및 바이오산업을 활성화하는가 하면, 가상물리시스템을 통한 스마트그리드, 생물전지 같은 에너지산업을 활성화하여 결국 사람, 사물, 환경이 연결되는 초연결·초지능 사회로의 변화를 가져올 것이다.

　이러한 사회의 변화와 4차 산업혁명 기술의 발전을 농업의 미래를 바라보는 창에 투영해 보면, 지금까지와는 차원이 다른 엄청난 변화가 올 것으로 예견된다.

　우선 머지않아 다가올 식량위기 문제가 있다. 2019년 현재 약 78억 명인 세계 인구는 앞으로 약 30년 후인 2050년에는 약 97억 명에 달할 것으로 예측된다. 그렇게 되면 먹거리 농산물 수요 또한 70% 증가한다. 그러나 많은 전문가들은 작물 수량의 정체, 산업화·도시화로 인한 농경지의 자연 감소, 잦은 재해 및 재난 등으로 인해 농산물 생산성은 현재의 약 50% 정도에 그칠 것이라고 예측한다. 따라서 지구촌의 식량난은 갈수록 악화되리라는 것이다. 지금도 기아에 시달리는 지구촌 인구가 약 8억 명에 달하는 것을 볼 때, 과학기술의 발전이 있다 해도 국제적인 식량위기는 더욱 빈번해질 것이라는 예측이 가능하다. 결국 식량, 가난, 불평등이 전 인류적 과제로 부각될 수밖에 없는 현실이 점점 다가오는 것이다.

　따라서 많은 미래학자들은 이러한 식량난을 근거로 결국은 농업이 미래의 핵심 산업이자 블루오션이 될 것이라고 굳게 믿고 있고, 농산업 분야가 가장 매력적인 투자처가 될 것이라고도 예측한다. 20세기 경제학에서 가장 위대한 업적으로 꼽히는 국민소득계정과 국내총생산GDP 개념을 확립시킨 인물인 우크라이나 출신 사이먼 쿠츠네츠 박사는 역 U자 함수의 가설에 의거하면, 후진국이 공업화를 통해 중진국으로 갈 수는 있지만 농업·농촌 발전 없이는 선진국에 진입할 수 없다고 하였다. 중진국에 진입하면서 산업의 발달로 국민들의 불평등도가 극에 달하기 때문에 상대적으로 불평등도가 낮은 1차 산업인 농업을 발전시키면서만 선진국으로 진입할 수 있기 때문이다. 또한, 우리나라의 원로 지성인 중 한 분인 문학평론가 이어령 박사님은 다음 세대를 이끌 혁신은 생명의 신비를 가장 자주 가까이서 지켜보는 농부들에게서 시작된다는 생명자본주의를 역설하였고, 그 중심에 농업과 농부가 있다고 했다. 한편 세계적인 투자가로 잘 알려진 짐 로저스는 몇 년 전 서울대에서의 강연에서 "젊은이여, 당장 농대를 가라!"라고 말했다. 또한 그는 농부가 부를 누리는 시대는 이미 시작되었고 미래에는 더욱 많은 변화가 있을 것이라고도 했다. 농업을 사랑하는 사람들이 미래적 농업에 앞장서고, 그들이 많은 돈을 번 모습을 보면 젊은이들이 농업분야로 더 많이 진출하게 되리라는 것이 그의 주장이다.

또한 현재 진행되는 농업의 4차 산업혁명은 사물인터넷, 빅데이터, 인공지능과 결합하여 부가가치가 높은 신기술개발 분야인 기능성소재, 바이오신약, 자동화, 로봇화, 정밀농업, 3D프린팅, 생체모방 등 다양한 분야를 선도할 것이다.

아울러, 다양한 차원에서 농업은 미래 산업의 중심체가 될 수 있다. 우선 안전한 먹거리 생산 차원에서는 친환경 농업의 정착과 기능성 식품 및 안전 농산물 생산 등이 그 실마리가 될 수 있다. 또한 환경보존 차원에서는 생태계 보존, 종 다양성 확대, 환경정화 산업 등을 발전시킬 수 있다. 이에 더해 건강과 삶의 질 향상 차원에서 농촌관광농업, 도시농업, 원예치료, 동물복지, 로컬 푸드 활성화 등에서 많은 산업 발전의 가능성이 잠재되어 있다. 이러한 분야의 활성화를 통해 농업을 신 성장동력으로 발전시킬 수 있다.

5. 우리나라의 농업기술력

우리나라의 농업기술력은 현재 미국, EU, 네덜란드, 독일, 일본, 캐나다 등에 이어 세계 8위 정도이다. 그러나 벼 육종기술 등은 세계 1위 수준의 기술력을 자랑한다. 다행히 우리나라는 IT기술이 세계 상위권에 있으며, 빅데이터, 인공지능, 클라우드, 사물인터넷, 5G, 가상물리시스템 등 4차 산업혁명의 근간이 되는 기술에 박차를 가하고 있다. 이러한 기술과 농업에서 이미 개발된 정보지식, 나노기술, 생명공학, 바이오공학 기술 등을 융·복합한 새로운 기술들을 농촌진흥청을 비롯한 대학 및 국공립 연구소 등이 컨소시엄을 형성해 개발 중이다.

　이러한 기술들이 농산업의 다양한 분야에 융·복합되면 일대 혁신을 가져올 수 있다. 소비자 맞춤형 건강정보에 따른 영양성분·생체·기상·환경 조절, 맞춤형 주문생산 공급, 기능성 식품 공급, 자동 및 무인생산이 가능해지는 것이다. 예를 들면, 융합서비스 모델로 인공지능 식품처방사인 'Food Advisor'는 농산물 기능성 정보와 개인의 생활습관 및 음식취향 정보, 그리고 사물인터넷으로 취득

되는 생체정보 등을 빅데이터로 만들고 이를 인공지능 분석에 연계하는 가상물리시스템을 통해 개인에 맞는 특화된 식단을 추천해 주는 모델이다. 뿐만 아니라 가축의 지능형 환경 사양관리 및 품질관리, 생산이력 등을 적용시켜 생산비 절감, 품질 고급화 등으로 수출 농업을 이룩할 수 있는 것이다.

또한 반려동물 시장이 2020년에 5조 이상의 시장규모를 전망하는 바, 미래 블루오션으로 반려동물 스마트케어시스템을 개발 중에 있다. 이는 4차 산업혁명 기술을 반려동물의 소통, 교감, 불안 해소, 표현 자유, 배고픔 등 다양한 차원의 복지에 활용하고, 더 나아가 반려동물의 생애 전 주기를 케어하는 시스템이다.

한편, 사회적 가치를 접목시킨 기술 모델로 인공지능 기반 자연 치유 플랫폼도 개발 중에 있다. 인공지능으로 농업・농촌, 산림자원인 식물, 동물, 농작업 활동, 농촌문화 및 웰빙 음식 등을 통한 자연치유를 극대화하는 것이다. 동・식물, 신체활동 및 문화활동, 음식의 효과와 사람의 생체정보를 빅데이터화하고 인공지능 분석엔진을 활용하여 치유대상에 대한 최적의 처방을 추론해 낼 수 있다고 한다. 동시에 웨어러블 IoT 센서를 기반으로 해당 기기를 착용한 당사자의 생체정보를 모니터링하여 치유처방의 효과를 분석하고 피드백하면서 지속적으로 처방을 업그레이드하는 한편 클라우드를 탑재한 플랫폼의 형태로 다양한 정보를 공유해 급속도로 치유처방 수준을 발전시킨다고 한다. 이는 인간이 약물에 대한 의존도를 줄이고 건강한 삶을 영위하게 하는 데 기여할 것이다.

이러한 4차 산업과의 융·복합을 통한 신산업 창출과 수출농업 발전을 위하여 우리나라에서는 정부기관인 농촌진흥청이 새로운 기술과 관련된 대학 및 국공립 연구소들, 그리고 공학·의학·약학·생물학을 비롯한 관련 연구진들과 학문의 통섭을 활발히 하고 있다. 우리 주식의 식량 안정, 기후변화 대응, 친환경 안전 농축산물 생산, 농축산물 부가가치 향상, 개방대응 농산물 경쟁력 향상 및 수출농업 개발을 중점적으로 추진하는 차원에서다. 그리하여 다음과 같이 다양한 분야에서의 연구 및 개발이 이루어지고 있다.

- 재해에 강하며 고품질·안전성·기후변화 적응성을 지닌 품종 개발
- 금보다 더 비싼 파프리카 종자를 비롯하여 세계 식량난 대비를 위한 국내 식량작물 종자산업 육성
- 원예 및 축산 품종 개발
- 수출농업을 위한 채소류 선도 유지 기술 개발
- 새로운 시장 개척을 위한 치유농업 분야 연구
- 미래식량으로서의 곤충식품산업 연구
- 사회문제로 대두되는 중인 미세먼지 저감 기술 개발
- 인공지능 양계 스마트 팜 기술을 비롯하여 편의성을 증대시킬 수 있는 2세대 한국형 스마트 팜 기술 개발
- 작물 생산성 향상 및 재해대응 기술 개발
- 동물생명공학을 이용한 이종異種 간 장기이식 기술 개발

- 농업생물자원을 이용한 바이오 신약 개발
- 아토피 치유효과가 있는 식품을 비롯한 바이오 기능성 식품 개발
- 누에실크를 활용한 인공뼈 제작 연구

그러나 우리 농업이 미래에 희망을 갖는 이유가 이러한 첨단농업 기술 개발과 수출농업에만 있는 것은 아니다. 바로 우리 현장에서 미래의 답을 찾을 수 있다. 농작물 품목별 전문가와 청년 리더들이 현장에서 미래의 농업을 꿈꾸며 활발히 움직이고 있기 때문이다.

경기도 한 특급호텔에서 근무하는 강레오 셰프는 한우를 식재료로 선택했다. "최고의 요리 뒤에는 항상 최고의 농부가 있다"고 말한 강 셰프는 농촌진흥청에서 인정한 최고농업기술 백석환 명인이 사육한 한우만을 고집하고 있다. 백석환 한우농장에서는 쌀겨, 주정박 등 농식품 부산물을 이용하여 자가 발효 사료를 개발했다. 그럼으로써 사료비를 절감하면서도 품질에 있어 1+ 등급 비율이 80% 이상인 한우를 생산했다. 농장에서 연 2회 심포지엄을 개최할 만큼 연구·개발에도 힘을 기울이며 연 매출 8억 원 이상을 올리고 있다.

경기 화성에 있는 또나따 목장의 양의주 명인은 대한민국 최고의 우유를 생산하는 목장으로 인정받는 것이 그의 꿈인 것처럼 우유, 발효유 치즈 생산과 낙농 체험장 운영에 힘쓰고 있다. 그는 고교 졸업 후 부상으로 받은 젖소 송아지 한 마리로 농장을 시작했으나, 지금 그의 농장은 연매출 17억 원의 소득을 올린다. 국내 처음으로 로봇착유기를 도입, 젖소의 스트레스를 줄이고 '웰빙' 사료 공급으로

동물복지 실현과 동시에 고품질 유제품을 생산하는 대표적 농장으로 부상하였다.

충남의 돼지사육농장인 비전농장의 김건태 명인은 사육장을 악취, 해충, 항생제 없는 '3무三無' 농장으로 운영하여, 친환경 축사와 동물복지 시설을 구축했다. 또한 1997년 국내 최초로 자가배합 사료를 개발하여 농가 맞춤형 사료로 사료비를 절감했을 뿐 아니라 박테리아와 미네랄을 배양한 활성수 도입으로 악취를 80% 저감하는 등의 성취로, 연매출 30억 원의 부농으로 도약하였다.

이 외에 현재 우리나라 곳곳에 있는 청년농업인들의 활약상도 만만치 않다. 호주 유학생으로 호텔리어를 꿈꾸는 20대 청년 김선영 대표는 쌈용 채소와 사랑에 빠져 쌈용 채소 생산으로 연간 580톤을 납품, 연 매출 10억 원을 올리고 있다. 다른 친구들이 스펙을 쌓고 취업을 준비할 때 과감하게 농부가 되겠다고 결심하여 현재 쌈채나라 농업회사 법인 대표가 되었다.

여성 청년농업인 CEO중앙연합회 초대회장을 맡은 유지혜 바람난농부 대표는 또 다른 사례다. 유 대표는 순수한 우리 밀로 만든 빵과 쿠키로 가공과 서비스업으로까지 농업을 확장시켜 가는 중이다. 신문방송학과를 졸업하고 중국 유학까지 다녀온 그녀는 부모님 뒤를 이어 농사를 짓겠다고 나섰다. "모두가 대기업에 들어가고 공무원이 될 필요는 없어요. 누군가는 국민 먹거리를 책임져야 하고, 또 농촌에 있다고 농사만 짓는 게 아니라 농사지은 1차 생산물로 가공도 하고 체험도, 교육도 해서 6차 산업을 이뤄 갈 수 있어요. 당당하면 뭐든지 할 수 있습니다." 그녀의 당찬 각오이다.

　김선영 대표와 유지혜 대표가 아니라도, 대한민국의 청년농업인들은 무수히 늘어나고 있다. 이는 농업을 미래지향적 산업으로 생각하는, 그들의 미래를 보는 안목에서 비롯한다.

6. 미래의 진로로 농업을 생각하는 청년들에게

그렇다면 미래의 진로로 농업을 생각하는 젊은이들은 무엇을 알아야 할까? 그저 부모님이 갖고 계신 논이나 밭이 몇 평 있다고 해서 농업에 뛰어들 수 있는 건 아니다. 따라서 청년들이 알면 도움이 되는 몇 가지를 얘기하고자 한다. 다음은 그 사항들이다.

1) 변화무쌍: 알아야 길이 보인다

우선 미래에 다가올 농업과 관련된 환경에 대해 알아야 한다. 그중 먼저 알아두어야 할 것은 기후 환경이다. 앞서 언급한 바 있지만, 농업은 기후 환경과 대단히 밀접한 관계가 있다. 심지어는 "농업은 하늘이 90%, 기술이 10%"라고 말할 정도로 기후의 영향을 많이 받는다. 기후 온난화에 의한 냉해, 폭염, 태풍, 홍수, 가뭄 등은 아무리 좋은 품종을 심어도 극복하기 대단히 어렵다. 물론 재해저항성을 갖고 있는 품종들을 심었을 때는 어느 정도의 재해 속에서 견디는 힘이 있긴 하겠지만, 그래도 한계가 있다. 더구나 기후변화로 인해 농작물의 적응지도가 달라지고 있다. 특히 우리나라의 경우 변화의 속도가 더 빨라질 것이라고 예측된다. 따라서 농업을 하고자 하는 지역이 어디인지, 앞으로 다가올 기후변화가 그 지역의 재배 가능 작물을 어떻게 변화시킬지에 대해서도 미리 알아 두어야 한다. 예를 들면, 현재는 보성에서 주로 재배하는 녹차는 강원도 고성지역으로 까지 재배적지가 북상하므로 남부지방에 녹차 밭을 만드는 것은 재고해 보는 한편, 변화할 기후에 적합한 새로운 작물 도입도 고려해 보는 것이다.

또 하나 알아 두어야 할 것은 우리나라 같이 영토가 좁은 나라에서 내수만을 목적으로 작물을 선택해서는 좋은 전망을 기대하기 어렵다는 점이다. 대신 FTA를 통해서 확장된, 세계 3위권의 넓은 경제영토가 있기 때문에 수출농업을 지향해야 한다. 수출품목으로 어떤 작물이 유망해질지 주변국들의 농산물 수요를 파악해서 수출농업을 위한 미래 영농설계가 필요하다.

또한 농업기술의 발전을 항상 염두에 두어야 한다. 이웃 중국의 경우 IT 공룡이라 불리는 알리바바 같은 대기업도 농업에 진출해 인공지능 기술을 활용, 첨단화된 농업기술로 돼지를 사육하고 있다. 그런가하면 미국의 실리콘 밸리도 농업에 첨단 IT를 접목해서 주요 채소 생산지 살리나스 밸리와 손잡고 고품질 채소를 생산하고 있다. 이처럼 농업과 4차 산업혁명 기술 및 IT의 융·복합, 그리고 그를 통한 더 정밀한 농업으로 품질의 고급화와 안전성 제고를 기하는 기술 개발이 이루어지고 있으므로, 빅데이터를 수집하고 분석하고 활용하는 기술에도 관심을 가져야 한다. 전통적인 방법으로 농업에 접근하면 경쟁력을 상실하기 때문이다.

2) 아는 것이 힘: 농업과학을 배우자

이스라엘 전 대통령인 시몬 페레스는 사막의 나라를 농업강국으로 변모시켰다. 그는 농업은 95%의 과학기술과 5%의 노동으로 이루어진다고 했다(물론 자연적 기후가 정상적인 상태라는 전제하에서 말이다). 오늘날의 이스라엘은 네덜란드와 함께 정밀농업의 세계적 선진국이다. 사막 지형이 많아 대부분 시설 농업에 의존하고 있긴 하지만, 열악한 농업환경 하에서 이스라엘 농업기술은 세계 최첨단 농업으로 향해 가는 중이다.

우리나라 농업기술도 그리 뒤지지 않는다. 앞서 언급했듯이 우리나라의 농업기술력은 세계 최고 수준 대비 약 8위권에 있고, 벼와 채소 육종기술은 세계 최고 수준에 있다.

또한 다양한 첨단기술들을 연구·개발 중에 있다. 사물인터넷을 접목해서 농작물을 원격·자동으로 관리하는 스마트 팜 1세대에서부터 2020년 이후 상용화될 2세대 스마트 팜 기술은 빅데이터를 활용한 작물의 최적 생장모델을 개발, 인공지능과 지능형 로봇 등의 4차 산업혁명 기술과 융·복합해 전문적인 기술 없이도 농사지을 수 있도록 하는 최첨단기술이 될 것이다. 그런가하면 토양조사, 작물모니터링, 파종 및 농약 살포 등을 척척 해내는 농업의 특급도우미 드론 기술도 한창 개발 중이다.

그뿐인가. 머지않아 딸기도 로봇이 수확하는 시대가 온다. 국내 및 해외에서 개발한 딸기수확 로봇은 영상인식 카메라를 이용해 딸기의 크기와 빛깔을 인식해서 잘 익은 것만 골라 수확한다. 특히 해외의 한 로봇업체(옥티니온)에서 개발하는 로봇은 고무와 유사한 부드러운 재질로 3D프린팅을 이용해 로봇 팔을 만들어 딸기 표면을 손상시키지 않고 5초에 1개씩의 속도로 딸기를 수확하는 데다 하루 종일 수확할 수 있다. 이렇게 되면 수확시간이 단축되어 노동력 절감 효과가 클 것이다.

우리나라에서도 농촌인력이 갈수록 고령화됨에 따라 일손 구하기가 쉽지 않은 문제를 해결하기 위해 접목로봇을 개발하여 상용화했으며 현재 해외에도 수출 중에 있다. 장시간 단순 반복으로 힘든 노동인 과채류 접붙이기 작업을 자동화한 이 로봇은 접목성공률 95% 이상에 노동력도 50% 이상 절감할 수가 있다.

스스로 논밭을 가는 자율주행트랙터 시대도 머지않았다. 미국과 일본에서는 이미 상용화 직전에 있지만 우리나라는 2022년에 상용화할 수 있는 기술로 알려져 있다. 컴퓨터 작업지시를 통해 트랙터 스스로 논과 밭을 가는 시대가 온 것이다.

농촌진흥청과 농협이 공동으로 개발하는 인공지능 챗봇 '농사봇'도 있다. '농사봇'은 농사기술을 언제 어디서나 알려 주는 도우미 역할을 한다. 스마트폰에 통합 대화엔진을 설치하면 농촌진흥청에서는 작물

별 기술정보를 제공하고 농협에서는 딥러닝을 이용한 인공지능 기술을 적용하여 농업인에게 농사 편의를 제공해 주는 프로그램이다.

이 외에도 많은 첨단기술들이 개발되고 있지만 일일이 열거할 수는 없다. 다만 특히 알아야 할 것은 농업생물자원을 활용함에 있어 농업에 생명공학이 접목되어, 농업이 바이오산업으로 도약하고 있다는 것이다. 2030년에는 바이오 연료, 바이오 신약, 바이오 기능성 식품, 인공뼈 같은 바이오 의료재료산업 규모가 약 4. 4조 달러가 되어, 반도체·자동차·화학 분야 3대 수출산업의 3. 6조 달러를 능가하는 경쟁력 있는 산업으로 부상할 전망이라고 한다.

3) 지피지기: 소비자 마음을 알면 돈이 보인다

세상이 변하고 있다. 농산물 구매의 대세는 장바구니를 들고 슈퍼마켓이나 백화점을 가는 오프라인 구매에서 온라인 구매로 이동 중이다. 2017년 통계에 따르면, 온라인 구매 금액이 전년도에 비해 354%나 증가했다. 집에서 온라인으로 시장을 보는 소비자들이 늘어나는 추세라는 것이다.

한편 1인 가구 증가에 따른 변화도 있다. 건강과 맛을 공략하는 가정간편식HMR, Home Meal Replacement 시장이 2017년 현재 3조 원 규모이다. '엄마 집밥' 대신 셰프가 만든 간편식이 급성장하고 있는 것이다.

또한 주식인 밥 위주에서 간식 위주로 식습관이 변화함에 따라 수입과일 소비량이 2000년 이후 121% 상승하였고, 2016년 디저트 시장은 8.9조 원 수준으로 성장하였다. 신선한 농식품을 찾는 소비자의 심리도 크게 변화했다. 그간 농식품의 당일 배송 중 새벽 배송의 시장규모가 약 40배 증가하기도 하였다.

친환경 이유식 시장의 변화도 있다. 기존의 이유식 시장은 아이들의 연령에 따라 제공되었는데 이제는 더욱 세분화되어 월령에 따른 맞춤형 재료를 공급하는 트렌드로 변화했다.

아울러 국내 식품외식산업 시장규모는 현재 200조 원에 육박하며 미래에도 증가전망이 뚜렷하다. 이로 인해 농식품 재료인 농산물 수요는 더욱 증대되리라 본다. 이러한 트렌드 변화를 잘 파악하여 농산물 생산에 적용할 때 소득의 배가를 가져올 수 있다.

4) 불광불급: 미쳐야 성공한다

1909년 노벨물리학상을 수상한 굴리엘모 마르코니는 이탈리아의 발명가이자 기업가였다. 사람들은 전선이 보이지 않는 전파를 통해 공중으로 통신할 수 있다고 주장하는 그를 미쳤다고 생각했다. 그러나 결국 최초로 영국과 프랑스 간의 무선통신을 실현시킨 그는 무선통신 분야의 세계적 석학이 되었다.

제임스 다이슨은 132년 동안 사용해 온 날개 달린 선풍기를 대체한 인물이다. 그는 5년간 5,127번을 실패한 끝에 날개 없는 선풍기를 발명하는 데 성공했다. 실패를 두려워하지 않는 그야말로 한 가지 일에 미쳐 집착한 훌륭한 인물이다.

우리 주변에도 한 가지 일에 온 열정을 갖고 성공한 사람들이 많다. 그들의 공통적인 생각과 행위는 성공하리란 믿음과 확신 그리고 실천을 통해 이루어졌으리라 본다. 앞에서도 언급한, 농업에 미쳐 농업을 미래의 직업으로 선택한 수많은 청년농업인들이 어쩌면 미래에 성공을 예약한 이들인지도 모른다.

과연 4차 산업혁명 시대에 정부, 대학 그리고 기업에서 요구하는 역량은 무엇일까? 과거에는 인재의 필요 역량으로 업무처리 능력을 가장 중요시했다면, 앞으로는 복합적 문제해결 능력과 신기술 습득 능력을 볼 것이다. 단순 매뉴얼로 해결 가능한 단편적인 문제는 앞으로는 사람보다 기계가 실수 없이 더 잘 해결할 수 있기 때문이다. 따라서 4차 산업혁명 시대에는 기계가 해결하거나 결정할 수 없는 복합적인 문제를 해결하는 능력이 중요할 것이며, 이를 위해서는 남과 다른 생각, 창의적인 생각이 더욱 필요하게 될 것이다. 창의적이라는 것은 새롭다는 것, 획일적이지 않다는 것을 의미한다. 창의적인 생각을 수용하려면 남과 다르다는 것을 받아들일 수 있어야 하며, 그러한 창의성은 다양성의 대지에서 의미 있게 발현된다. 미래 사회를 이끌어 갈 우리 젊은이들은 '나'와 '남'의 다름을 이해하고 인정하는 것을 비롯해 창의적이고 복잡한 문제해결 역량을 갖출 필요가 있다. 머지않아 도래할 인간과 기계의 공생의 시대에, 기계와 협력적으로 소통하는 역량이야말로 4차 산업혁명 시대의 주역이 될 것임이 분명하다. 덧붙여, 그러한 역량을 키울 수 있는 교육이 학교에서부터 점진적으로 이루어져야 한다는 점도 말해 두고 싶다.

7. 나오면서

지금 한창 공부하는 우리 후배들 중 과연 장래에 희망하는 직업을 향해 뛰고 있는 후배들은 몇 명이나 될까? 몇 년 전 어느 구인구직업체 조사에 따르면 직장인의 66.2%가 어릴 적 장래희망과 대학 전공, 직업이 모두 일치하지 않는다고 대답하였다.

필자는 고교 시절부터 장래에 농업 연구를 해야겠다고 생각했을까? 아니다. 군 장성이 되어 국가를 지키는 사람이 되는 것이 내 꿈이었다. 그러나 자의 반 타의 반으로 꿈을 이루지 못했고, 우연히 농업 분야의 미래 가능성을 알게 되어 농대를 갔으며, 졸업할 때쯤 공부를 더 해봐야겠다고 생각하고 대학원에 진학했다. 대학원에 가서야 '이제 이 길이 내가 가야 할 길'이라 생각했고, '어차피 가야 할 길이면 제대로 가자. 하면 된다. 할 바에는 좀 더 잘해 보자'라는 마음으로 쉼 없이 달려온 것 같다. 교교 시절 선생님들로부터 받은 말씀 ― 시골 출신이라고 기죽지 마라, 성실해라, 거짓말하지 마라, 그리고 매사에 최선을 다해라 ― 대로 하면 세상을 후회 없이 살아갈 수 있고 국가에 필요한 사람이 될 것이라는 생각으로, 그렇게 하려고 노력하며 살아왔다. 다행인 것은 필자가 국가 1급 공무원까지 할 수 있었던 것이 아니라, 그간 단 한 번도 내가 선택한 길을 후회해 본 적이 없고, 내가 근무하는 직장에 불만의 소리를 높여 본 적이 없다는 사실이다. 내가 가야 할 길을 나 스스로 결정했기 때문이다.

현재 우리나라 농업의 현실은 그리 녹록하지 않다. 작은 1인당 경지면적, 상대적으로 적은 인구수, 높은 생산비, 농촌 고령화, 기후변화 등의 요인으로 대외경쟁력이 떨어지기 때문이다. 그래서 우리나라는, 이미 3만 불의 국민소득을 올리고 있음에도 WTO 협상 시 농업분야에서만큼은 개발도상국 지위를 인정받아 관세나 보조금 등의 혜택을 받아 왔다. 최근 개발도상국 지위 포기에 대한 논의가 진행 중인데, 국익 차원에서 논의될 일이지만 개발도상국 지위를 포기하면 농업계는 더욱 어려워질 수도 있다.

이렇듯 고령화되고 취약하지만, 한편으로 청년농업인에게는 창농·창업 기회가 있는 블루오션 영역이 또한 농업·농촌이다. 그에 더해 농촌진흥청을 중심으로 한 첨단농업기술도 세계 8위로 아시아에서는 최상위권에 있고, IT 강국의 인프라를 기초로 4차 산업혁명 기술이 급속도로 개발되고 있으니, 그에 기반을 둔 기술농업·품질농업·안전농업을 근간으로 한 수출농업은 우리 한국농업의 탈출구요 미래의 희망이라 할 수 있다.

뜻이 있는 곳에 길이 있다. 후배들께서 농업뿐만 아니라 어떤 일을 하든지 긍정적이고 진취적인 사고로 매사에 최선을 다하면 개인의 성공은 물론이고, 훗날 후회하지 않는 삶을 살아가리라 믿어 의심치 않는다. 후배들이여! 시골 학교에 다닌다고 기죽지 마라. 거짓말하지 마라. 성실하게 살아라. 그리고 매사에 최선을 다해라! 은사님들께서 우리에게 주셨던 말씀을 새삼 되새겨 본다.

10

4차 산업혁명 시대,
변화하는 직업의 의미

전승민
과학기술 전문기자

전승민 全承珉
과학기술전문기자. 〈와이어드 코리아〉 정보과학부장(에디터).
과학전문잡지 〈과학동아〉 수석기자, 〈동아일보〉 과학팀장,
〈동아사이언스포털〉 편집장 등을 역임했다.

1. 들어가면서

한국에 '슈퍼컴퓨터'가 처음 도입된 건 1988년이다. 한국과학기술정보연구원KISTI에서 과학자들의 연구를 지원할 계획으로 미국에서 Cray-2S라는 이름의 슈퍼컴퓨터를 들여온 것이 시초다. 이 컴퓨터의 속도는 2기가플롭스GFlops. 2019년 현재 시판 중인 스마트폰보다도 성능이 한참 더 떨어진다. 굳이 비교하자면 수년 전 판매하던 갤럭시 S2나 S3 정도의 성능을 갖고 있지 않을까. 한마디로 30년 전, 굉장한 성능을 자랑하던 슈퍼컴퓨터를 이제는 누구나 손바닥 위에 올려놓고 사용하는 세상이 되었다. 이렇게 과학기술이 급진전하는 동안, 우리의 삶은 얼마나 달라졌을까.

물론 여러 가지 좋아진 점도 많다. 발전된 통신기술 덕분에 차를 타고 이동하거나 길을 걸어가는 중에도 페이스북이나 인스타그램과 같은 소셜네트워크서비스SNS에 글과 사진을 올릴 수 있고, 친구의 소식도 24시간 살펴볼 수 있게 됐다. 모르는 게 있으면 언제든지 스마트폰을 검색해 답을 찾을 수 있다. 스마트폰은 제한적이지만 사람의 말을 알아듣고 명령을 수행하기도 한다. 하지만 여전히 스마트폰을 포함한 모든 컴퓨터는 사람처럼 지능을 갖고 있지도 못하고, 사람보다 똑똑하지도 않다. 우리 손안에 있는, 수십 년 전에 '슈퍼컴퓨터'였던 이 기계는 정말로 사람의 말을 알아들을 만큼 똑똑해질 수 없는 것일까.

컴퓨터는 지금까지 인간의 지시를 정해진 순서대로, 충실하게 실행하는 계산장치였다. 그러니 컴퓨터로 할 수 있는 '어떤 일'은 반드시 숫자로 치환할 수 있는 어떤 것이었다. 감각에 의존해 판단하는 인간만의 지능을 조금이라도 흉내 내는 것은 사실상 불가능했다. 그러니 컴퓨터로 일을 하더라도 일을 하는 주체는 여전히 사람이다. 지금은 그 당시보다 수백만 배나 더 뛰어난 슈퍼컴퓨터도 세계 곳곳에 설치돼 있지만, 여전히 일을 하는 것은 사람이다.

하지만 이런 전통적인 흐름에 균열이 생기고 있다. 인간 대신 일할 수 있는 존재, 다소 제한적이지만 한 번 명령을 내리면 인간이 일일이 작업 순서를 정해 주지 않아도 스스로 학습하고 일할 수 있는 존재, 이른바 인공지능과 로봇기술의 출현이 세상을 송두리째 뒤바꾸고 있기 때문이다. 격변의 시기, 우리가 알아야 할 것은 어떤 것들일까. 우리는 무엇을 공부해야 시대에 뒤처지지 않는 존재로 살아갈 수 있을까.

2. '인공지능'이라는 이름이 가진 허상

4차 산업혁명의 특징은 '인공지능'이 등장하면서 컴퓨터나 기계 장치가 인간 대신 할 수 있는 일이 비약적으로 많아진다는 데 있다. 이 과정에서 오해하는 사람들이 적지 않으므로 인공지능의 종류에 대해 잠시 짚어 보자.

많은 사람이 '인공지능' 이야기가 나오면 가장 먼저 떠올리는 영화는 아마도 〈터미네이터〉 아닐까 싶다. 사람처럼 지능을 갖게 된 컴퓨터가 인간에게 반항하기 시작하고, 그 결과 인간과 기계들이 서로 전쟁을 벌인다는 설정이다. 인공지능에 의해 생겨난 '암울한 미래', 이른바 '디스토피아' 세계관을 다룬 대표적인 작품이 아닐까 싶다. 하지만 비슷한 설정의 영화는 수없이 많았다. 사람처럼 생각할 수 있는 인공지능이 인간을 가둬두고 보호하려고 드는 영화 〈아이, 로봇〉, 뛰어난 인공지능 로봇이 주인공 남자를 살해하고 갇혀 있던 연구실에서 탈출한다는 스토리를 담은 영화 〈엑스 마키나〉, 고성능 슈퍼컴퓨터가 세상을 지배하고, 가상현실을 이용해 인간을 가축처럼 지배한다는 내용을 담은 영화 〈매트릭스〉도 비슷한 설정이다. 모두 '인공지능 시스템은 인간을 공격하는 위험한 것'이라는 메시지를 담고 있다. 이런 설정이 만들어진 지는 매우 오래되어, 거의 반세기 전인 1968년 개봉한 영화 〈2001 스페이스 오디세이〉에도 사람처럼 생각하는 컴퓨터 'HAL 9000'이 반란을 일으키는 장면이 나올 정도였다. 인간에게 반항하는 컴퓨터를 그린 영화나 소설 등의 이야기는, 사실 세상에 컴퓨터라는 물건이 생겨나면서 끊임없이 되풀이됐던 케케묵은 스토리 중 하나였다고 해도 과언은 아니다.

왜 이런 오해가 생겨났을까. 이런 작품들 대부분은 '지능의 창발'이라는 현상이 실제로 일어날 것이라는 전제를 깔고 있다. 로봇이나 컴퓨터가 어느 순간 '짠'하고 사람처럼 생각하기 시작하고, 그런 인공지능이 인간을 공격하는 위험한 존재로 변모한다는 설정이다. 영화나 만화, 드라마 등에서는 인공지능과 로봇 악당이 좋은 소재감이지만, 현실에서 이런 일이 일어날 가능성은 거의 없다고 보아도 좋다. 애초에 연산장치로 만든 컴퓨터 시스템이 사람처럼 고차원적인 자의식을 가질 거라고 생각하기는 어렵기 때문이다.

실제로 이런 '고성능 인공지능'은 단 한 종류도 세상에 등장한 적이 없다. 많은 사람이 그 비밀을 풀기 위해 연구를 하고 있기는 하지만, 사실 언제 그 실마리가 풀릴지조차 알기 어렵다. 왜냐하면 우리 인류는, 인간이라는 동물이 어떤 원리로 지능을 가지게 되었는지를 아직 알지 못하기 때문이다.

그렇다면 현실에서 볼 수 있는 수많은 인공지능은 무엇일까. 영화 속에서 본 것처럼, 자의식을 가지고 인간과 자신을 구분할 수 있는 '강한 인공지능'이 아니라, 명령에 따라 계산을 수행하고, 그래서 특정 상황에서 지능이 있는 것처럼 보이는 자동화 기능을 뜻한다. 흔히들 '약한 인공지능'이라고 부르는 기능이다.

이런 인공지능 기술이 등장하면서 세상은 4차 산업혁명 초입에 들어서기 시작했다. 우리가 쓰고 있는 스마트폰에 들어 있는 음성인식 시스템, 자동차에 달린 내비게이션 기능, 고성능 가전기기, 가정용 로봇청소기 등 대부분의 최신형 전자 장치는 인공지능 기술이 어느 정도 들어 있다고 보아도 무방하다.

하지만 이런 인공지능은 그 한계가 명확하다. 인공지능 프로그램으로 가장 유명한 것 중 하나가 '구글 딥마인드'라는 회사에서 개발한 바둑을 둘 수 있는 프로그램 '알파고AlphaGo'일 것이다. 우리나라 바둑 챔피언 이세돌 9단과의 시합, 그리고 중국의 바둑 세계 챔피언

커제 9단과의 시합에서 모두 승리해 전 세계적으로 유명해진 프로그램이다. IBM의 의료용 인공지능 '왓슨Watson' 역시 그에 못지않게 유명하다. 하지만 이런 고성능 인공지능조차 자신이 뭘 하는지 깨닫지 못한다. 그저 사람이 시킨 것을, 사람이 정해 놓은 규칙에 따라 '계산'할 뿐이다.

3. 인공지능은 인간을 돕는 '유용한 도구'

과거에 인공지능기법이라고 부르던 것들은 대부분 '기호화' 기법에 근간을 두고 있었다. 프로그래머들이 'A일 경우 B를 실행하고 그렇지 않으면 C를 실행하라. 그리고 B가 실행됐을 경우는 D를, C가 실행됐을 경우 E를 실행하라'는 식으로 명령어를 꼬리를 물고 이어지도록 수없이 많이 입력해 놓는다. 사실 현재 쓰이는 전자기기는 대부분 이 방식을 근간으로 삼고 있다. 하지만 이 방법으로는 인공지능을 구현하는 데 한계에 부딪혔다. 사람이 말로 설명할 수 없는 일, 직관이나 주관적 판단이 필요한 사안에 대해서는 컴퓨터에게 가르쳐 줄 방법이 없기 때문이다.

가장 대표적인 예가 개나 고양이를 구분하는 것이다. 사람은 누구나 개나 고양이를 보면 즉시 알아볼 수 있다. 말로 설명하기 힘든 그 어떤 기준을 누구나 알고 있기 때문이다. 하지만 막상 생김새를 정확하게 설명하라고 하면 딱 꼬집어 이야기하기 어렵다. 꼬리 하나, 다리 4개, 눈 두 개, 입 하나 등 커다란 특징은 모두 같기 때문이다. 그러니 "고양이가 더 가냘파 보인다, 강아지가 더 귀엽다"는 식으로 두루뭉술하게 설명할 수밖에 없다. 이런 감각적인 분야는 지금까지 사람이 직접 일을 하는 수밖에 없었다. 눈으로 물건의 종류를 알아보고 구분하는 것(포장 일), 복잡한 길을 찾아다니면서 배달을 하는 것(택배 일), 사람의 말을 알아듣고 거기에 적합한 서비스를 해주는 것(음식점이나 카페 등의 서빙) 등은 컴퓨터가 대체하기가 어려웠던 것은 이 때문이다.

그렇지만 최근 개발된 고성능 인공지능은 학습을 거치면 이런 감각적인 판단을 해낼 수 있게 됐다. 그 비결은 '기계학습'(머신러닝)에 있다. 이런 회로의 구조를 인간의 신경망을 흉내 내 더욱 효율을 높게 만들면 '딥러닝'이라고 부른다.

기계학습의 이론적 토대는 1950년대부터 시작됐다. 원리 자체는 비교적 간단한데, 수학의 함수를 이용해 마치 그물망과 같은 회로도를 그린다. 여러 개의 입력값이 들어오면 함수는 미리 정해 둔 기준값과 비교해 그 이하이면 버리고, 그 이상이면 취해서 뒤로 보낸다. 여러 개의 입력이 중첩될 경우 평균을 구한 다음 다시 함수의 기준치와 비교한다. 이렇게 구성한 회로에 숫자를 대입해 보며 실험한 결과 놀라운 사실을 알게 됐는데, 컴퓨터가 마치 사람과 같이 학습을 한다는 것이다. 불가능해 보였던 개와 고양이의 구분에 있어서도, 사진 여러 장을 입력하고 컴퓨터가 이를 비교해 보게 하면 마침내 차이점을 스스로 알아낸다. 이는 '연결화'라는 이름으로도 불린다.

이러한 과정에는 막대한 컴퓨터 자원이 필요해 과거에는 쓸 만한 결과를 얻어 내기 어려웠다. 하지만 최근 컴퓨터 성능이 높아지면서 어느 정도 의미 있는 결과를 내는 것도 가능해졌다. 관련 기술이 좋아지면서 인공지능 연산에 특화된 전용 프로세서도 개발되고 있다.

또 한 가지 주목해야 할 점은 인터넷의 발달이다. 필자는 최근 인공지능 붐이 불고 있는 건 인공지능에게 기계학습을 시킬 '데이터'를 수집하기 좋은 세상이 되었기 때문이 아닐까 하는 생각을 하곤 한다. 인터넷 속도가 빨라지고 누구나 인터넷을 쓰는 세상이 되면서, 인터넷에 떠도는 수많은 정보를 찾아 모으는 것도 그렇게 어렵지 않게 되었기 때문이다.

이 말을 거꾸로 풀어 보면, 약한 인공지능은 사람과 비교하면 얼마나 보잘것없는 판단력을 가졌는지 증명하는 증거가 되기도 한다. 보통 사람들이 일평생 몇 마리나 되는 개를 만나 볼 수 있을까? 백마리? 천 마리? 어떻든 사람들은 크게 신경 쓰지 않고 일상생활에서 만나는 몇 번의 기회만으로도 개와 고양이를 완벽하게 구분해 낸다. 하지만 지금 가장 뛰어난 인공지능을 가지고 온다고 해도, 단순히 개와 고양이를 구분하기 위해서는 엄청난 양의 사진을 놓고 학습을 해야 한다. 쉽게 말해 약한 인공지능은 수없이 많은 데이터를 학습하고 거기서 공통분모를 찾아내는 기술이기도 하다.

이런 점 때문에 인공지능은 인간보다 추론을 통해 답을 내는 능력은 크게 떨어지지만, 그를 보충하고도 남을 능력이 있다. 바로 막대한 데이터를 빠르게 학습하는 능력이 그것이다. 수없이 많은 데이터를 척척 분리해서 공통점을 찾고, 일단 뭔가 할 수 있게 되면 그 분야에선 인간 이상의 실력을 발휘한다.

이 말을 반대로 해보면 인간이 앞으로 집중해야 할 분야도 눈에 들어온다. 인간은 전혀 배우지 못했거나, 혹은 아주 짧은 기간 동안 배운 일도 스스로 궁리하면서 그 일을 어쨌든 해볼 수 있다. 썩 잘하든 못하든, 어쨌든 비슷하게 시도를 해볼 여지가 있다는 뜻이다.

이해를 돕기 위해 여러분이 스키장에 처음 갔다고 가정해 보자. 사람에 따라 차이가 있긴 하겠지만, 대부분 사람은 약 하루 정도 열심히 배우면 이쪽저쪽으로 방향을 바꿔 가면서 눈 위에서 미끄러져 내려올 수 있게 된다. 아주 감각이 좋은 사람은 첫 번째로 스키를 타는 그 순간부터 어느 정도 괜찮은 수준으로 미끄러져 내려오기도 한다. 어찌 됐건 뭐든 금방 시도해 볼 수 있고, 적당한 수준까지는 금방 배울 수 있는 '만능성', 이 점이 인간 지능이 가진 최대의 장점이다.

반대로 '인공지능'을 장착한 고성능 로봇에게 스키 타는 법을 가르친다고 생각하면 어떤 과정을 거쳐야 할까. 방법은 여러 가지가 있다. 인간이 스키 타는 영상을 수없이 많이 입력하여 스키 타는 법을 스스로 이해하게 만드는 지도학습, 스키장에서 수없이 많이 넘어지면서 자기 스스로 데이터를 쌓아 나가도록 만드는 강화학습 등의 방법을 고려할 수 있다. 물론 로봇의 성능이 뛰어나다는 가정하에 하는 이야기이다. 현재 이만한 성능을 가진 로봇은 찾기 어려우니 말이다.

이 로봇이 처음 혼자 스키를 타게 되는 데는 아마 꽤 긴 시간이 필요할 것이다. 사람은 하루 만에 배울 수 있는 스키를 타기 시작하려면 짧아도 며칠, 제대로 시작하려면 몇 년 이상의 시간이 필요할지도 모른다. 하지만 일단 스키를 스스로 타기 시작하면 그다음부터는 어마어마한 속도로 실력이 붙기 시작할 것이다. 그리고 며칠이 지나면 순식간에 정상급 스키 실력을 갖춘 사람만이 상대가 가능해진다. 그리고 이 단계마저 넘어서면, 그다음부터는 선천적으로 최고의 운동신경을 타고난 세계 정상급 스키선수라고 해도 다시는 인공지능을 가진 로봇 스키선수를 이길 수 없게 된다. 이 사실은 인공지능의 역사가 증명한다. 바둑, 의료진단, 컴퓨터 게임, 포커 등 이미 수많은 분야에서 인간은 인공지능보다 실력이 한참 떨어진다. 인간은 상상할 수 없을 만큼 많은 데이터를 모으고 분석해 자신의 실력을 늘려 나가는, 그래서 한 분야에서만큼은 숙련된 인간보다 훨씬 일을 잘 해내는 존재가 바로 (약한) 인공지능이다.

이런 일을 충격적으로 여기는 사람들이 많지만, 이는 인류 역사이래 당연한 일이기도 하다. 굴착기가 개발된 이후, 사람이 삽을 들고 아무리 열심히 일해도 굴착기보다 많은 땅을 파지는 못한다. 이런 육체노동이 이제는 인간만이 해오던 스포츠, 게임, 지적 활동 분야로까지 넘어온 것이다. 이는 대단히 큰 변화이고, 앞으로 사회의 모습을 큰 폭으로 바꿀 열쇠가 될 것이다.

4. 로봇기술: 혁신을 현실로 끌고 나오다

4차 산업혁명 시대에 인공지능만큼 주목받는 존재가 또 하나 있다. 인공지능의 특징을 생각해 보면 필연적으로 주목받을 수밖에 없다. 바로 '로봇'의 존재이다.

인공지능 역시 소프트웨어이다. 아주 좁은 의미에서 보면 뭔가 일을 하기 위해 인간, 혹은 인공지능이 컴퓨터 시스템에 내릴 명령어를 나열한 것에 불과하다. 결국 소프트웨어 기술이란, 인간이 뭔가 기계 장치에 일을 시키기 위한 논리적 과정이다.

지금까지 우리는 컴퓨터 시스템을 이용해 일을 해왔기 때문에 인식하지 못하지만, 사실 이 과정을 기술적으로만 뜯어보면, 글자나 그림, 영상(필요한 경우 소리) 등을 표시해 사람에게 보여 주는 기술이 필요하다는 사실을 알 수 있다. 컴퓨터 기술은 결국 소프트웨어와 하드웨어가 만나서 완성된다. 이 하드웨어의 형태가 더 복잡해지고 여러 가지 일을 할 수 있게 되면, 마침내 우리는 이것을 로봇이라고 부를 수 있을 것이다.

과거의 컴퓨터 기술은 '정보의 전달'이 목적이었다. 정보화 단말기를 사용한다는 건 결국 모니터 화면에서 보여 주는 시각정보를 활용한다는 뜻이다. 스마트폰은 뛰어난 휴대성으로 언제 어디서나, 길을 걸으면서도 정보화 기기를 사용할 수 있게 만들었고, 스마트워치는 이보다 한발 더 나아가 스포츠 활동 등을 하면서도 사용 가능하다는 점에서 사회에 큰 변화를 몰고 왔지만, 이 두 가지 모두 결국은 디스플레이 장치를 통해 정보를 사람의 눈에 보여 주는 데 그쳤다.

4차 산업혁명 시대의 특징은 이런 한계가 사라진다는 데 있다. 기계 장치를 인간이 조종하는 것이 아니라, 인공지능이 인간을 위해 판단을 내리고 자잘하고 복잡한 명령을 대신하는 세상이 펼쳐지는 것이다.

로봇이란 말이 처음 등장한 건 수십 년도 더 전의 일이다. 그리고 지금도 로봇은 산업화 공장 등에서 계속해서 쓰이고 있다. 하지만 과거에 '로봇'이라고 부른 그것과 현대에 로봇이라고 부르는 것은 다소 차이가 있는데, 과거의 로봇은 정해진 업무를, 정해진 순서대로, 정해진 장소에서 하는 자동화 장치의 일부였다. 즉, 로봇의 모든 작업환경을 사람이 구상하고, 미리 다 계획해야만 했다.

이런 문제를 해결하고 어떻게든 주변 환경을 잘 인식하는 로봇, 주변 환경과 어울려 작업할 수 있는 로봇을 만들기 위해 사람들은 다양한 방법을 동원하는 노력을 기울였다. 하지만 과거의 방법으로는 한계가 있었다. 작업 순서와 주변 환경에 대한 대응방법까지 A라는 상황에 부딪히면 B처럼 해결하라는 식으로 하나하나 사람이 다 지정해 주는 식이었기 때문이다. 개나 고양이의 생김새를 하나하나 사람이 컴퓨터 언어로 설명해 주려고 노력했던 것이다. 물론 일부 성과도 있었지만 다양한 상황에 대응할 수 있는 로봇을 만들기는 어려웠다.

하지만 4차 산업혁명 시대가 되면서 이런 문제를 해결할 길이 보이기 시작했다. 인공지능을 비롯해 로봇을 제어할 수 있는 소프트웨어 기술의 급속한 진전이 예상되기 때문이다. 스스로 주변 환경을 인식하고 점점 더 올바르게 대응하는 방법을 배워 나가도록 만들 수 있는 길이 열린 것이다.

이것이 가능해지면 세상은 크게 변하게 된다. 우선 운전자가 필요 없는 로봇 자동차, 즉 '자율주행 자동차'가 실용화되고, 사고를 자기 스스로 피하는 드론 배달 로봇이 등장하게 된다. 사고를 알아서 회피하며 먼 나라까지 많은 짐을 가져다 나르는 '자율운행 선박'이 바다를 건너 짐을 나르는 연구도 진행되고 있다. 사람처럼 카메라를 이용해 물건을 알아보고 부품을 골라내 나누어 담는 등, 사람이 할 수 있었던 많은 자잘한 일을 할 수 있는 '협동 로봇'도 공장에 도입되고 있다. 로봇이 사람과 어깨를 맞대고 서로 잘하는 일을 나눠서 할 수 있는 세상이 펼쳐지고 있다.

5. 새로운 시대에 주목받는 일자리

앞으로 인공지능의 성능은 점점 더 좋아질 것이고, 과거에는 할 수 없었던, 사람 대신 할 수 있는 일도 점점 더 많아질 것이다. 사람은 몇 달, 몇 년, 심하면 평생을 걸려 공부하고 답을 내야 할 복잡한 데이터를, 약한 인공지능을 이용하면 불과 하루 이틀 사이에 답을 낼 수 있는 세상에 와 있다.

앞선 예를 볼 때, 인공지능의 발달에 꼭 필요한 것은 바로 인공지능을 가르칠 수 있는 '데이터'를 확보하는 일이다. 또 수많은 인공지능 기기들끼리 연결되어 움직여야 하므로 전자통신기술의 발전 역시 크게 주목받고 있다. 즉, 데이터를 가공하고, 인공지능의 학습에 필요한 데이터를 구분하고 정리하는 '인공지능 데이터'의 중요성은 앞으로 점점 더 높아질 것이다.

여기서 말하는 데이터란 인공지능의 실력을 키우는 데 필요한 자료를 뜻한다. 물론 최근 인기를 얻고 있는 '빅데이터' 같은 분야도 약한 인공지능과 만나면 커다란 성과를 얻을 수 있는 분야다. 빅데이터 분석이란 인터넷에 쌓여 있는, 언뜻 의미 없어 보이는 방대한 자료를 분석해 지금까지 알지 못하던 사실을 알아내는 종류의 새로운 예측기법이다. 인공지능의 등장으로, 방대한 데이터를 분석하고 미래 예측을 비롯해 다양한 새로운 정보를 가공해 내는 빅데이터 분야도 주목받는 분야 중 하나다.

또 각종 사물인터넷 기기, 인공지능의 제어를 통해 움직이는 '자율이동형 로봇(자동차, 드론 등)'의 원활한 통신시스템을 개발하고 관련 서비스를 운영하는 통신기술 전문가, 사람과 기계 장치를 연결하는 기술을 개발하는 '인터페이스 분야 전문가' 역시 주목받는 분야다. 이 큰 기술 흐름에 따라 새롭게 주목받을 직군을 뽑아 보면 다음과 같다. 이는 필자 개인의 생각이 아니라, 한국전자통신연구원ETRI 등의 국책연구기관을 비롯해 다양한 분야에서 소개한 미래 직업군 중 공통되는 부분을 정리해 본 것이다.

1) 인공지능 · 데이터처리 분야 개발자

지금까지 수많은 사람이 단순 작업을 반복해서 할 수밖에 없던 일을 인공지능이 대체하게 된다는 의미이며, 이 말은 한 단계 더 올라서서 인공지능을 만드는 사람이나 그 개발에 관여하는 사람이 주목받는다는 의미로 통한다. 인공지능개발자, 빅데이터분석전문가, 슈퍼컴퓨터개발자 등이 이에 해당한다.

2) 자율기계(로봇) 전문가

인공지능이나 사람이 만들어 준 소프트웨어의 제어를 받아 자율적으로 움직이는 '기계 장치'의 중요성은 점점 더 높아질 것이다. 즉 자율주행차 개발자 및 엔지니어, 드론 개발자 및 엔지니어, 자율운전 선박 시스템 개발자 및 엔지니어 등도 이미 세계적으로 주목받기 시작한 미래 직업 중 하나다. 또 웨어러블wearable 로봇 개발자, 웨어러블 로봇 조정사(웨어러블 로봇을 사람의 몸에 꼭 맞게 세팅해 주는 전문가), 웨어러블 로봇 정비사도 미래사회에 중요한 직업 중 하나로 떠오를 것으로 보인다.

3) 로봇제어 시스템 개발 · 관리자

로봇을 안정적으로 운전할 수 있는 '시스템 관리자'의 역할도 한층 중요해지리라고 생각된다. 미래에는 사람이 아니라 로봇이 일하는 경우가 더 많아질 것이며, 이런 로봇을 총괄적으로 관리, 감독하는 것이 사람이 해야 할 일이 된다. 따라서 로봇 제어 시스템 개발자, 빌딩 제어 시스템 개발자, 시설물 제어 시스템 관리자, 자동화 물류 시스템 개발자 · 관리자 등도 같은 맥락에서 새롭게 주목받을 것으로 기대된다. 드론 조종사, 도심 교통시스템 설계자, 자율주행차량 관제사, 드론 택시 관제사 등도 역시 같은 의미에서 주목받을 직업으로 꼽을 수 있다.

4) 통신 및 보안 전문가

로봇 시스템이 사회에 뿌리내리려면 뛰어난 통신기술은 필수적이다. 새로운 로봇 시스템이 개발되면, 그 시스템을 제어할 고유의 통신기술도 새롭게 필요할 수 있다. 새로운 통신시스템을 개발하고, 보안을 책임지는 전문가가 필요해지는 것이다. 따라서 통신 규약 개발자, 로봇 시스템 보안기술 개발자, 로봇 시스템 통신보안기술 개발자, 국방 보안시스템 개발자, SNS 보안 전문가, 디지털 포렌식 forensic 수사관, 사이버게임 보안기술 개발자 등의 수요도 점점 더 늘어날 것으로 예상된다.

5) 의료 · 헬스케어 시스템 전문가

적어도 수십 년 이내에 의료계 직군의 수요가 크게 줄어들지는 않을 것으로 생각된다. 도리어 새롭게 등장하는 의료영역의 전문가들과 협업이 점점 더 늘어날 것이다. 따라서 의료 데이터 분석 과학자, 의료기기 공학자, 실버케어 로봇공학자, 유비쿼터스 헬스 매니저 등 감성인지기술 전문가 등도 미래에 활약할 직업들로 생각된다.

6) 센서 · 인터페이스 기술 전문가

각종 전자기기 등을 최대한 편리하고 직관적으로 쓸 방법을 연구하는 전문가 직군이다. 인터페이스 개발자, 터치스크린 개발자, 생체인식기술 개발자, 음성인식기술 개발자, 인간-컴퓨터 연결 기술HCI, Human-Computer Interaction 또는 두뇌-컴퓨터 연결 기술BCI, Brain- Computer Interaction 개발자 등이 이러한 직업으로 꼽힌다. 또 사람과 컴퓨터를 연결하기 위해선 각종 '센서' 기술이 중요해진다. 전문센서 개발자, 인공감각기관 개발자 등의 역할도 점점 커질 것으로 기대된다.

7) 문화기술 전문가

또한 새로운 기술이 등장하고 사회가 성숙해 갈수록, 그런 기술을 이용해 문화적인 수요를 만들어 내는 사람들도 생겨나기 마련이다.

홀로그램 영상기술 개발자, 실감 영상플랫폼 개발자, 차세대 디스플레이 개발자, 입체음향기술 개발자, 증강현실 개발자, 디지털 문화재 관리사 등의 역할도 늘어날 전망이다.

8) 에너지·환경 분야 전문가

고도의 기술사회가 되면 이런 사회를 유지하기 위해 꼭 필요한 것이 '에너지'이다. 이른바 '에너지 전문가'의 역할도 커지게 된다. 또 에너지의 생산에 따라 필수적으로 생길 수 있는 '환경오염 문제'에 대응하기 위한 전문가도 생겨난다. 따라서 신재생에너지 시스템 관리자, 에너지저장시스템ESS 개발자, 전력망 관리 전문가, 발전시스템 안전관리사, 탄소가스 거래 중개인, 공기 질 관리 전문가, 환경 영향 평가사 등이 사회적으로 꼭 필요한 일자리가 될 것으로 보인다.

9) 과학기술 해설 전문가

첨단과학기술이 발전하면서 이 기술을 사람들이 살아가는 세상 속에 직접 풀어 넣는 사람들, 즉 어려운 과학과 기술을 대중이 알기 쉽도록 전달해 주는 '중간자' 역할을 하는 사람들의 역할도 미래에는 점차 크게 자리 잡을 것으로 보인다. 과학 해설사, 과학 전문 칼럼니스트 및 기자, 과학기술 전문 변리사, 과학기술 분야 전문 변호사, 기술 전문 통역사 등의 역할이 점점 더 중요해질 것으로 예상한다.

미래 사회에서는 이런 약한 인공지능을 얼마나 잘 다루느냐에 따라 리더가 될 수 있을지 여부가 결정된다고 보아도 무리가 아니다. 이런 인공지능을 어떻게 활용할지는 순전히 사람의 몫이다. 인공지능이 발전하면서 '내 일자리를 빼앗아 갈 것'이라고 두려워만 하고 있을 것인지, 아니면 인공지능을 적극적으로 활용해 자신이 해야 할 일을 한층 더 손쉽고 빠르게 처리할 것인지는 온전히 우리들의 마음가짐에 달려 있지 않을까.

6. 기계가 대체할 수 없는 일
vs. 기계가 만들 수 없는 가치

4차 산업혁명 시대, 인공지능 시대가 오면 지금까지 사람이 해야 했던 수많은 일을 기계가 자동으로 처리하게 된다. 이때가 되면 인간이 할 수 있는 일은 두 가지로 나눌 수 있다.

첫째는 기계로 당장 대체하기가 몹시 어려워 결국 사람이 하는 편이 더 효율적인 것들이다. 예를 하나 들면, 건축설계사라는 직업은 어떻게 될까? 가까운 미래에 집을 지으려는 사람이 가지고 있는 땅의 도면, 주소, 그리고 원하는 건축비 등 필수적인 몇 가지 조건을 컴퓨터에 넣기만 하면, 자동으로 주변 환경과 아주 잘 어울리는, 안전하고 효율적인 집을 척척 설계할 수 있게 될 것이다.

그런데, 이 집을 실제로 지으려면 로봇이나 컴퓨터만 가지고 하는 것에는 한계가 생긴다. 자재를 사고 값을 치러야 하고, 그 자재를 어딘가 쌓아 두고 순서에 맞게 꺼내 집을 지어야 한다. 복잡한 전기배선 작업 같은 것은 이것을 대신할 기계조차 만들기가 어렵다. 설계과정 하나를 컴퓨터로 대체해서 할 수 있을 뿐이지, 집을 지으려면 사람이 할 수밖에 없는 일이 대단히 많다. 따라서 수십 년 후 미래에는 건축설계사보다는 전문 건축가, 전문 전기배선 전문가 등의 직업이 살아남을 확률이 더 높다고 볼 수 있지 않을까.

인공지능과 자동화 기술의 특징을 이해하고 고민해 본다면, 미래에 어떤 직업이 살아남을지 비교적 명확하게 알 수 있다.

병원에 가보자. 검사결과를 종합해서 "당신은 폐렴입니다"라고 진단을 내리는 일은 이미 컴퓨터도 사람 못지않게 할 수 있다. 하지만 병원에 가면 증상을 듣고, 몸의 체온을 재는 등 기초적인 검사를 하고, 필요하다고 판단하면 정밀 검사를 할 결정을 하는 건 결국 인간 의사와 간호사이다. 한발 더 나아가 수술을 하려면 어떨까? 수술 로봇도 이미 세상에 나와 있지만, 이는 외과 의사가 더 정밀하게 수술할 수 있도록 도와주는 장비이지, 그 장비를 이용해 수술하는 것은 결국 사람이다. 쉽게 말해 가까운 미래에 내과 의사나 영상의학과 의사, 병리 의사 등이 일할 곳은 줄어들지만, 외과 의사나 간호사 등의 수요는 줄어들지 않을 것이다.

둘째는 인간이 일하면서 그 잠재적 가치가 월등하게 높아지는 경우다. 예를 들어, 손목시계는 공장에서도 만들 수 있으므로 대량생산이 가능하다. '스마트 공장'에서 값싸고 품질도, 디자인도 훌륭한 것을 얼마든지 찍어 낼 수 있다. 하지만 이런 시계는 아마 비싸도 몇 십만 원을 넘지는 않을 것이다.

하지만 유명한 명품 시계는 이야기가 전혀 달라진다. 인간 장인이 하나하나 부품을 손으로 깎아 가면서 만든다. 스마트 공장에서 만든 것에 비해 품질이 썩 좋다고 할 수는 없지만, 그 경제적 가치는 비교할 수 없이 크다.

4차 산업혁명 시대에 어떤 직업을 가질까, 어떤 노력을 기울여야 할까를 결정하는 것은 결국 그 직업으로 평생을 영위하며 살아갈 사람 자신일 것이다. 만약 누군가 '나는 피아노 연주가가 되고 싶다. 하지만 4차 산업혁명 시대에는 기계가 연주를 더 정확하게 잘하게 된다니, 나는 꿈을 접고 다른 일을 알아보아야겠다'라고 생각할 필요는 없지 않을까.

피아노를 연주하는 일에도 여러 가지 분야가 있다. 정말로 연주를 잘하게 되어서 기계로는 생각하기 어려운, 자기만의 연주 가치를 만들어 내도록 노력할 수 있다. 그 외에도 학생들에게 피아노를 가르치는 음악 선생님, 피아노 소리를 듣고 조율하는 조율사 등 관련된 일은 너무나도 많지 않을까.

4차 산업혁명은 우리에게 더 많은 길, 더 많은 직업의 세계를 보여 줄 것이라고 필자는 믿는다.

7. 창의력은 결국 경험과 지식의 산물

흔히들 "미래 사회에서는 창의력 있는 사람이 주인공이 된다"라는 이야기를 많이 한다. 그래서 열심히 노력해 '창의력'을 키워야 한다고 이야기하는 경우를 쉽게 볼 수 있다. 그런데 '창의력'이란 것은 도대체 무엇인지, 어떤 것이 창의력인지 명백하게 설명할 수 있는 사람은 많지 않은 것 같다.

아마도 사람들은 4차 산업혁명 시대의 창의력과 관련하여 '인공지능과 로봇 등이 보편화된 시대가 오게 된다. 그때가 되면 지금까지 인간이 하던 많은 일을 기계가 대체할 것이다. 그렇다면 사람은 그보다 더 고차원적인 일, 지금까지와는 전혀 다른 새로운 일을 구상해 내는 능력을 갖춰야 한다'고 생각하는 듯하다. 물론 틀린 말은 아니다. 하지만 이런 이야기를 하기에 앞서 반드시 갖춰야 하는 절대적인 조건이 있다는 사실은 다들 잘 이야기하지 않는 듯하다.

또한 많은 사람이 '앞으로는 힘들여 공부할 필요가 없어진다더라. 인터넷을 찾으면 필요한 지식을 모두 얻을 수 있으니까. 그러니 (뭔지는 모르지만) 창의력을 기르는 데 집중해야 해'라고 생각하는 경우가 적지 않다. 이런 생각은 크게 위험할 수 있다. 무언가 새로운 것을 생각해 내려면 무엇이 새롭고, 무엇이 새롭지 않은지를 구분할 능력이 필요하며, 이런 능력은 부단한 노력으로만 얻을 수 있기 때문이다.

창의력이라는 단어를 사전에서 찾아보면 "새로운 것을 생각해 내는 능력"이라고 돼 있다. 창의력이란 분명히 타고난 능력일 수 있다. 그러나 반드시 학습을 통해서만 더 깊어지고, 더 커지는 것이다. 창의력을 높이려면 기존의 것들을 충분히 알고 있어야만 한다. 그래야 자료를 찾아 자신의 부족한 지식을 보완할 수 있고, 새로운 것을 발견할 수도 있다. 창의력이란, 학문의 토대가 되는 기본지식을 갖추고, 그 위에 고도로 지식을 축적한 다음에야 받을 수 있는 값진 선물과도 같은 능력이다.

그렇다면 미래 사회의 지식과 기술을 빠르고 올바르게 흡수하기 위한 '기본기'란 무엇일까. 4차 산업혁명 시대일수록, 인간이 정보화와 자동화 사회에 내던져질수록 결국 이런 기본기가 충실한 학생이 세상의 중심에 설 확률이 매우 높다. 그 기본기란 다름 아닌 언어와 수학 능력이다. 이른바 국어, 영어, 수학을 말한다. 세상의 모든 학문은 결국 언어, 그리고 수학을 바탕으로 만들어진다.

국어에 대한 이해도가 떨어진다면 모든 학문을 제대로 공부하는 것이 어렵다. 하물며 정보가 홍수처럼 쏟아져 나오는 4차 산업혁명 시대에 올바른 판단력과 업무 능력을 갖출 수 있을 리가 없다.

수학 역시 마찬가지이다. 수학은 과학기술 분야에 종사할 사람들에게는 반드시 갖춰야 할 기본적인 언어 같은 것이다. 과학자 두 사람 사이에 한 줄의 수식으로 끝낼 설명을 일반 언어로 설명하려면 막대한 시간이 소요되며, 그마저도 제대로 된 설명 자체가 불가능한 경우도 많다. 미래 사회의 주역이 되기 위해서는 국어와 영어, 그리고 수학의 기본실력을 튼튼히 다지는 일이 무엇보다 중요하다.

만약 이공계 연구자의 길을 걷고 싶다면, 국어와 영어, 그리고 수학 다음으로 눈을 돌릴 것은 과학이다. 특히 과학에서 기초가 되는 분야, 즉 물리와 화학 지식을 기르는 데 큰 노력을 기울여야 한다. 물리와 화학으로 해석할 수 없는 명백한 자연적 현상이 존재한다면, 그것은 인류가 가지고 있는 과학지식 자체가 부족한 경우라고 볼 수 있기 때문이다. 또 그렇게 이미 연구된 물리와 화학적 원리를 이용해 무언가 새롭게 만드는 방법을 연구하고 알아내는 것은 공학적 지식이다. 물리와 화학 지식이 부족한 공학자가 뛰어난 발명을 해낼 수 있을 리 만무하다.

이공계 전공자가 아니더라도, 과학은 세상을 해석하고 이해하는 가장 좋은 도구 중 하나이다. 모든 분야에서 합리적이고 올바른 판단을 할 줄 아는 인재가 되려면 기본적인 과학지식만큼은 꼭 갖추어야 한다.

8. 나오면서

요즘 사회 곳곳에서 '로봇교실'이 인기다. 컴퓨터 코딩교육도 인기를 끌고 있다. 방과 후 수업도 자주 열리고, '특별 코딩교육' 등의 간판을 걸고 과외를 하는 학원도 부쩍 늘었다. 하지만 코딩 방법이나 로봇 회로 하나를 더 이해하는 것보다 중요한 것은, 미래를 살아가야 할 인재로서 미래 사회에 대한 이해를 높이는 것이다. 그 이해가 가능하다면 코딩을 한 줄도 할 줄 모르더라도 미래 사회의 주역으로 살아갈 수 있지만, 그렇지 못한 사람은 아무리 전문 프로그래머가 되더라도 시대에 뒤처질 우려가 크지 않을까.

필자는 '인공지능 시대'를, '로봇이 일자리를 빼앗는 시대'보다는 도리어 개개인이 선택할 수 있는 직업의 종류가 더 다양해진 시대라는 의미로 받아들인다. 세상에 새롭게 출현하는 수많은 직업이 당분간 세상의 주목을 더 많이 받고, 어쩌면 과거의 직업보다 더 큰 돈을 버는 화려한 직업일 수는 있다. 하지만 그 직업을 영위하며 살아가는 것이 과연 자신의 적성에 맞는 일인지, 정말로 행복한 일인지 결정하는 것은 어디까지나 미래를 살아갈 각자의 몫이 아닐까 생각한다. 중요한 건 미래에 새롭게 바뀔 문명을 받아들이고 유용하게 활용하려는 각오, 그리고 동시대를 살아갈, 우리와 같은 '인간'을 먼저 생각하는 마음일 테니 말이다.

11

온전한 삶을 사는 법칙

우암 조용기의 '천막정신'을 중심으로

정명혜

남부대학교 교수

정명혜 鄭明慧
사회복지학박사. 남부대학교 교수.
광주시국어진흥위원회 위원, 국가균형발전위원회 자문위원,
광주YWCA 이사, 도서출판 다지리 기획실장 등을 역임했다.

손가락으로 바위를 뚫는다, 혹은 계란으로 바위를 깬다고 하면 사람들은 어떻게 반응할까? "쓸데없는 소리", "말도 안 돼", "무모하군", "어리석은 거 아냐"…. 이러한 반응들이 대부분일 것이다.

그러나 혹시 하나 마나 한 소리라며 귓등으로 흘리지 않는다면, "어떻게?", "정말?"이라는 호기심이 있다면, 여기 이 사람을 주목해 주기 바란다.

1. 천막정신의 시작

아직 어둠이 채 사라지지 않은, 바람도 제법 부는 11월 어느 새벽. 허리를 굽혔다 폈다, 부지런히 무언가를 줍는 사람이 있다.

"고맙다", "고맙다", "고맙다"

그는 허리를 굽힐 때마다 "고맙다"라는 말을 한다. 이 추운 새벽 누가, 무엇을 하기에 고마운 것일까? 날이 밝아 오면 그의 모습도 서서히 윤곽을 드러낸다. 작은 체구의 한 노인이 한 손에는 비닐봉투를, 한 손에는 작은 집게를 들고 있다. 그는 쓰레기를 줍고 있다. 그의 노동(?)은 1시간여 계속된다. 찬바람 부는 늦가을 새벽, 쓰레기 줍는 일이 뭐 그리 고마운 일이라고 "고맙다"라는 말을 하는 걸까?

"나이가 들면 할 일이 없지. 누가 일을 주겠어. 그렇다고 뒷방 늙은이처럼 있을 거야? 일을 만들어야지. 쓰레기도 줍고 운동도 하고. 허리를 굽혔다 폈다, 이보다 더 좋은 운동이 어디 있어? 그러니까

고맙지."

"모든 것은 생각하기 나름"이라지만 남이 버린 담배꽁초, 휴지를 줍는 일이 그리 고마운 일일까?

우리는 안다. 잘 살기 위해서는, 남다르게 살기 위해서는, 뭔가 뜻하는 바를 이루기 위해서는 다르게 생각해야 한다는 것을. 그러나 그것은 생각뿐, 실천은 쉽지 않은 일이다. 실천도 근육처럼 오랜 시간 훈련이 되어야 하기 때문이다. 그래서 우리 중 많은 사람들이 잘 살고는 싶어 하면서도, 다르게 생각하는 것은 귀찮고 힘든 일로 느낀다. 그 결과 그냥, 대충대충, 남이 하는 대로 하며 산다. 그러나 바라기만 하고 노력하지 않는 이에게는 기적이 일어나지 않는다.

추운 겨울이든, 뙤약볕이 내리쬐는 여름이든 한결같은 마음으로 쓰레기를 줍는 이 노인은 올해 아흔네 살의 우암 조용기 선생이다. 우암학원 설립자인 그는 70여 년을 교육자로서 한길을 걸어 왔다. 1950년, 천막 두 채로 시작한 우암학원은 옥과고등학교, 전남과학대학교, 남부대학교, 남부대학교유치원, 전남과학대학교어린이집, 곡성시니어클럽 등 어린이에서부터 노년에 이르기까지 전 생애를 함께하는 교육기관이다. 그것은 '쓰레기통에서 장미를 피우는 기적'[1]과 같은 일이었다. 그는 무엇을 바랐고 그 바람을 이루기 위해

---

1 "1955년, 6·25 전쟁 직후 한국의 복구를 돕기 위해 UN에서 파견된 특별조사단 메논은 한국 땅에서 경제 재건을 기대한다는 것은 마치 '쓰레기통에서 장미꽃이 피기를 바라는 것'과 같다고 결론지었다." 〔권영민(2008). 《자네 출세했네》. 현문미디어.〕

어떤 노력을 했기에 이런 기적을 만들어 냈을까?

우암학원의 벽돌 한 장, 나무 한 그루, 풀 한 포기에 이르기까지 그의 눈길, 손길이 닿지 않은 것이 없다. 그러니 어느 것 하나 허투루 볼 수 없는 것이다.

모두가 잠들어 있는 시간, 학교를 돌아보면서 내 안의 나와 많은 대화를 나누었다. 때로는 절망하고 때로는 기쁨의 열정에 휩싸이고 때로는 절대 고독과 깊은 고뇌에 빠지기도 했다. 그럴 때마다 하나님께 묻고 또 물었다. 그리고 하나님을 원망도 했고 매달리기도 했다. 두렵고 외로워서 도망가고 싶었다. "하나님, 왜 이렇게 무거운 짐을 나에게 주셨습니까? 이 짐을 내려놓고 싶습니다." 피를 토할 것 같은 그 간절한 기도의 끝에는 좌절이 아니라 희망, 도전, 용기 같은 것이 있었다. '여기서 포기할 수 없다. 내가 하지 않으면 안 된다'라는 사명감 같은 것이었다. 그러다 보면 해가 밝아 오고 우암의 교정에 또 새로운 하루가 시작되었다.

조용기(2008).《길을 찾아서: 조용기 인간학》. 다지리.

그렇다. 그가 매일 새벽 담배꽁초를 줍는 것은 가장 낮은 곳에서 행하는 의식이다. 초심을 잊지 않기 위한 기도이며 다짐이다. 그 기도가, 그 다짐이 우암학원 구성원 모두에게 닿길 바라고, 그것이 세상 속에 뿌려지고 스며들길 바라는. 그런 우암의 초심은 무엇일까?

천막정신입니다. 인간은 누구나가 평등하고, 누구나가 올발라야 하고, 누구나가 남의 권리를 해치지 않고 자기 몫을 다하기 위해서 땀 흘려야 하고, 누구나가 자기 땀값만큼의 행복을 자기가 누리는 권리가 있다는 것이 천막정신입니다.

2016년 〈우암비전론〉 합동수업 질의응답 중에서

평등, 권리, 옳음, 땀과 땀값, 행복. 이것이 그가 말하는 '천막정신'의 키워드이다. '옳음'은 가치(비전, 희망)를, '땀'은 그 가치를 실천하는 노력을, '평등'은 공평한 기회를, '권리'와 '땀값'은 자신이 행한 수고로움만큼의 인정과 보답을, 행복은 이 모든 것의 결과를 의미한다.

2. 희망도 배운다

세계적인 기업 맥도날드와 서브웨이, 우암학원의 공통점은?

맥도날드의 초대 회장은 평범한 세일즈맨이었다. 서브웨이는 17세 소년이 친구에게 돈을 빌려 세웠다. 우암학원의 시작은 천막 두 채였다. 이들의 공통점은 '시작은 미약하였으나 그 끝은 창대하다'는 것이다.

우암은 산을 허물어 터를 다듬고, 그곳에 천막 두 채를 세워 한 채는 교실로 쓰고, 한 채는 교무실로 사용했다. 그가 '교육'을 시작한 1950년대는 가난이 대물림되었던 시기였다. 엎친 데 덮친 격으로 6·25 전쟁은 가난한 사람들을 더욱 힘들게 만들었다. 당장 한 끼를 해결하는 것이 시급했다.

우암은 알았다. '가난'은 가난 자체로 끝나는 것이 아니라는 것을. 가난하니 배움의 기회가 없고, 배우지 못하니 수많은 기회에서 배제된다. 기회를 보지도, 잡지도 못한 수많은 이들은 자신이 얼마나 소중한 존재인지 알지 못하고 살아간다. 그 삶은 할아버지에서 아버지로, 다시 손자에게로 전해졌다. '교육'은 평등한 세상을 열어 가는 길이자 개개인이 자신의 가치를 찾게 하는 길이라는 것을 알려 주고 싶었다. 그것은 희망을 배우는 일이다. 즉, '천막정신'의 시작은 곧 희망을 배우는 것이었다.

희망이란 무엇인가? 지금보다는 더 나아질 수 있다는 믿음이다. 그러면 이런 믿음은 어디에서 얻을 수 있는가? 독일의 철학자 에른스트 블로흐Ernst Bloch는 《희망의 원리》라는 저서에서 "문제는 희망을 배우는 일이다. 희망의 행위는 체념과 단념을 모르며 실패보다는 성공을 더 사랑한다"라고 썼다. 쇼펜하우어는 "희망은 마치 독수리의 눈빛과도 같다. 항상 닿을 수 없을 정도로 아득히 먼 곳만 바라보고 있기 때문이다. 진정한 희망이란 바로 나를 신뢰하는 것이다. 행운은 거울 속의 나를 바라볼 수 있을 만큼 용기가 있는 사람을 따른다. 자신감을 잃어버리지 말라. 자신을 존중할 줄 아는 사람만이 다른 사람을 존중할 수 있다"라고 했다. 단테의 대표작 《신곡》을 보면, 지옥의 입구에는 "희망이 끊어진 곳"이란 팻말이 붙어 있다. 지

25살의 청년 조용기. 뒤편 건물은 산을 허물어 운동장을 만들고 그곳에서 나온 돌로 만든 푸른돌 기숙사로, 1954년의 모습이다.

옥의 반대가 천국일진대, 이승이든 저승이든 희망이 없으면 그것은 지옥이라는 뜻이다.

> 배움에 굶주린 젊은이에게 꿈을 심어 주고, 희망의 등불을 켜주려고 나선 것이 건학 동기이고 도의를 알고 더불어 사는 도리를 다할 줄 알고 앞길을 스스로 개척해 갈 수 있는 사람을 길러 보자는 것이 건학이념이다.
>
> 우암 조용기, 〈우암학원 창학 60주년 기념식사〉

우암은 젊은이들이 '배움'을 통해 가난에서 벗어나 자신의 역량에 맞는 '비전'을 세우고 그 꿈을 이룰 수 있는 '인재'로 양성되길 바랐

우암 조용기 학원장의 열정과 도전, 끈기를 알 수 있는 '손가락' 바위. 남부대학교 삼애관 옆에 세워진 이 바위에는 "손가락으로 바위를 뚫어라"라는 말이 새겨져 있다.

다. 이들이 그 '배움'을 바탕으로 자신의 삶을 '개척'함과 동시에 '도의'를 실천함으로써 '더불어 사는 세상을 이루어 가는 것'을 목적으로 했다.

그는 천막정신을 실천하기 위해 "손가락으로 바위를 뚫어라"라는 전략을 세웠다. 손가락으로 어떻게 바위를 뚫겠는가? '불가능'을 '가능'하게 만든다는 뜻이다.

이 땅에 온전한 새로움은 없다. 모든 새로움은 그 어떤 기미, 어떤 씨앗에서부터 시작된다. 세상의 기미를 놓치지 않는다면 필자도, 또 이 글을 읽는 독자도 발명가도 될 수 있고, 예술가도 될 수 있다. '기미'를 포착했다면 시작해야 한다. "시작이 반이다", "천 리 길도 한 걸음부터" 등의 격언은 시작이 얼마나 중요한지를 말해 준다.

42. 195킬로미터. 마라톤 거리이다. 달리는 연습을 하지 않은 사람은 마라톤을 완주할 수 없다. 또 웬만한 연습만으로도 완주는 버겁다. 어떻게 하면 마라톤을 완주할 수 있을까? 하루에 1킬로미터씩 42일을 달리는 것이다. 즉 마라톤 완주를 가능하게 하는 힘은 끈기다. 지속성이다. 처마에서 떨어지는 낙숫물이 그 밑에 있는 돌에 흔적을 남긴다. 손가락보다 더 힘이 없는 빗물이.

3. 역경지수의 힘

여기 세 사람이 있다. 알렉산더 대왕, 셰익스피어, 토마스 에디슨. 알렉산더 대왕은 헬레니즘문화를 창출한 사람으로, 페르시아 제국을 무너뜨리고 자신의 군사력을 인도까지 진출시킨 전설적인 인물이다. 셰익스피어는 영국이 인도와도 바꾸지 않겠다고 할 정도의 세계 문학의 거장이다. 에디슨은 어떠한가? 1,093개의 특허를 얻어 세계기록을 세운 불세출의 '발명왕'이다.

그러나 이들에게도 시련은 있었다. 알렉산더 대왕은 곱사등이었고, 셰익스피어는 절뚝발이였으며, 에디슨은 8살 때 청각을 잃은 장애인이었다. 그러나 그들이 영원한 삶을 얻을 수 있었던 것은 역경을 이겨 냈기 때문이다.

우암도 수많은 벽을 만났다. 공부를 하고 있는 학생을 학교까지 찾아와서 "공부가 밥 먹여 주냐"라며 끌고 가는 학부모도 있었고, 중학교, 고등학교, 대학교로 배움의 장을 넓혀 가는 과정에서 정치적으로 공격도 받았다. "거지대장", "똥통학교"라는 모욕도 들었다. 포기하고 싶었다. 그럴 때마다 '희망을 배우고 키우고 실천하고 이룬다'라는 천막정신을, '손가락으로 바위를 뚫는다'라는 의지를 다졌다.

고급 포도주를 빚으려면 극상품 포도를 써야 한다. 토질이 부드럽고 기름지고 수분이 적절한 땅에 뿌린 씨앗은 싹이 잘 트고 튼실하게 자라 탐스러운 열매를 자랑한다. 지표에 수분이 넉넉하니 뿌리를 깊이 내릴 필요도 없고 잔뿌리를 만들지 않아도 되기 때문에 굵은 포도알이 탐스럽게 맺힌다. 따라서 과즙이 풍부하고 맛도 있다. 그러나 그 포도는 최상품으로 인정받지 못한다. 오염물질까지도 빨아올려 과즙을 만들어 내는 까닭이다. 거칠고 척박한 토양에 뿌려진 포도는 뿌리를 깊이 내려야만 살 수 있다. 그 고생 덕에 맑디맑은 물만으로 생명을 이어 간다. 역경을 이긴 후에 얻는 열매가 참 열매다. 그 열매는 곧 최상품 포도주를 빚는 원료가 된다.

모 회사에서는 신입사원 채용 때 고난의 강을 건넌 경험이 있는지 물어본다고 한다. 우리는 인생길에서 역경은 가능한 한 피하려고 한다. 그러나 그 누구도 아주 피할 수는 없으니 만나면 피하든지 극복해야 할 것 아닌가. 역경은 인생살이에서 참 포도를 열게 하는 원동력이다.

우리는 성공한 사람들의 결과만 보고 부러워한다. 그러나 그가 그 성취를 이루기까지 얼마나 많은 벽을 만났는지, 그 벽을 어떻게

통과했는지 들여다봐야 한다. 피겨스케이팅의 요정 김연아는 '트리플 악셀'을 성공시키기 위해 3천 번도 넘는 엉덩방아를 견뎌 냈다. 호박벌은 꿀을 따 모으기 위해 1주일에 1,600킬로미터를 날아다닌다. 그러나 호박벌은 신체 구조상 공중에 떠 있는 자체가 불가능하다. 몸은 너무 크고 뚱뚱한 데 비해 날개는 지나치게 작고 가볍기 때문이다. 그런데 어떻게 그 엄청난 거리를 날 수 있을까? 호박벌은 자신이 날 수 없다는 사실을 전혀 모른다. 그는 자신이 날 수 없는 이유에 대해서는 전혀 관심이 없다. 다만 날기로 작정했을 뿐이다. 그리고 아주 열심히 날아서 꿀을 따 모을 뿐이다.

우암도 수많은 시련을 만났다. 때로는 하나님을 원망했다. 도망가고도 싶었다. 그러나 그를 붙들어 준 것은 부모가 자식을 키우는 마음과 같았다. 어른들은 "이게 자식 키우는 맛이지"라는 말을 곧잘 한다. '자식을 키우는 맛'이 무엇일까? 좋은 대학에 합격했을 때? 대기업에 취업했을 때? 좋은 배우자를 만났을 때? 물론 그럴 수 있다. 그러나 그런 거대한 성취(?)보다는 누워만 있던 아이가 몸을 뒤집을 때, 첫 걸음을 뗄 때, 엄마라고 부를 때, 유치원에 처음 등원할 때와 같은, 아이가 성장하는 길목 길목에서 부모들은 이미 행복하다. 우암 선생도 그랬다. 고독하고 힘들었으나 달리는 과정이 행복했고, 지금도 행복하다고 말한다.

저는 매 순간 감사하고 행복합니다. 천막 두 채가 흙벽돌 교실로 발전하고, 콘크리트 교실로 변신할 때, 글을 읽지 못하던 학생들이 문맹을 극복할 때, 정치인이 우리 학교를 해체하려고 할 때 학생들이 스스로 학교를 지켜 나갈 때, 참으로 감격스런 순간들이 많았습니다. 일의 성패를 떠나서 나는 내가 하고 싶은 일을 열심히 할 때 그 순간이 가장 행복하답니다.

2015년 〈우암비전론〉 통합수업 질의응답 중에서

인간은 자신이 하고 있는 일을 할 수 있다는 사실만으로도 결과에 관계없이 행복하다고 한다.

4. 달걀이 깨어나 바위를 넘다

인도의 북부 비하르주 둥게스와리 주변 사람들은 불가촉천민이다. 불가촉천민이란, 닿기만 해도 오염이 된다 하여 같이 밥을 먹거나 손을 잡는 등의 접촉이 불가한 천민을 뜻한다. 그들은 수천 년 동안 차별과 멸시를 받아 왔다. 그들은 학교에 다닐 수도 없으며 양민들이 마시는 물을 같이 마시지도 못한다. 혹여 양민들이 마시는 물을 마시다 걸리면 죽음도 면치 못하는 천민 중에 천민이다. 일 년 내내 맨발로 지내며, 구걸은 부끄러운 일이 아닌 생활의 일부다. 그러던 1994년, 한국의 법륜 스님이 그곳에 학교를 만들었다. 수자타 아카데미가 그것이다. 비록 책상, 걸상도 없는 땅바닥 교실이었지만 구걸하던 아이들의 손에 책과 연필과 노트가 들렸다. 거리의 아이들이 학교에서 웃음을 찾았다. 맨발의 아이들이 선생님이 되었다.

그들은 더 이상 불가촉천민이 아니다. 이제 가난을 숙명이라고 여기지 않는다. 거리에 나가 구걸하지 않는다. 이유 없는 핍박에 더 이상 숨죽이지 않는다. 그들은 세상은 평등하다는 것을 알았다. 그들은 배움을 통해 또 다른 세상을 꿈꿀 수 있다는 것을 알았다. 수천 년을 구걸로 살아온 그들이, 가난을 숙명으로 여겨 온 그들이 '희망'이라는 것을 만나면서 사고를 전환했다. 우리도 꿈을 꿀 수 있다고. 그것은 기적이다.

사고의 전환은 기적을 가져온다. 불가능한 일을 말할 때 "계란으로 바위 치기"라고들 한다. 계란으로 바위를 깬다는 것은 불가능한 일이다. 달걀이 스스로 바위를 넘는 방법은 없을까? 달걀이 아닌 닭이라면 넘을 수 있다. 이게 사고의 전환이다.

우암도 희망을 배우는 방법 중 하나로 사고의 전환을 택했다. 그것이 달걀을 부화시키는 일이다. 지금 당장 벼 한 포기 꽂을 땅을 없다면 땅을 만들면 된다. 논두렁, 밭두렁에 콩과 호박을 심고, 버려져 있는 천변의 돌을 골라내 밭을 만들었다. 학생들이 같이 씨를 뿌리고 가꾸고 수확은 나누었다. 그것은 공동체정신의 실천이었다.

배움도 그랬다. 거리가 너무 멀어 학교에 못 오는 아이들, 혹은 집안일 때문에 학교에 못 오는 아이들을 위해 학교에 다니는 학생들이 그들의 선생이 되었다. 한 자를 배운 학생이 한 자를 못 배운 학생들을 가르친 것이다. 한 명이 두 명에게, 그 두 명이 각각 또 다른 두 명에게 나누는 학습이 이루어졌다. 이것은 어디에서도 실천해보지 않은 피라미드 교육법이다. 꼭 학교에 와야 배울 수 있다는 생각, 꼭 선생님만 가르친다는 생각을 던져 버렸다. 학생들 스스로 멘토와 멘티가 되는 관계를 통해 성장했다.

불가촉천민들이 이제는 더 이상 불가촉천민으로 살아가지 않는 이유는 희망이라는 기적을 배우고 실천했기 때문이다. 우암 선생은 수자타 아카데미보다 50년 더 빨리 희망을 가르쳤다. 희망, 그것은 도전하는 자의 몫이고 땀을 흘리는 자의 결실이며 사고의 전환을 통해서 볼 수 있다는 것을.

5. 단 한 사람이라도 행복해지는 것

자주 그리고 많이 웃는 것. 현명한 이에게 존경을 받고 아이들에게 사랑을 받는 것. 정직한 비평가의 찬사를 듣고 친구의 배반을 참아 내는 것. 아름다움을 식별할 줄 알며 다른 사람에게서 최선의 것을 발견하는 것. 자녀를 바르게 키우든 한 뙈기의 정원을 가꾸든 사회환경을 개선하든, 자기가 태어나기 전보다 세상을 조금이라도 살기 좋은 곳으로 만들어 놓고 떠나는 것. 자신이 한때 이곳에서 살았음으로 해서 단 한 사람의 인생이라도 행복해지는 것. 이것이 진정한 성공이다.

랠프 월도 에머슨, 《무엇이 성공인가》

미국의 시인이자 사상가인 랠프 월도 에머슨이 말하는 '성공'의 의

미이다.

우리는 행복해지기 위해 성공하고자 한다. 어떤 것이 성공인가? 혹자는 돈을 많이 버는 것을, 혹자는 인생의 가치실현을 성공으로 생각한다. 경제적으로 원하는 바를 이루었다고, 사회적으로 자신의 뜻을 이루었다고, 혹은 자아성취를 했다고 성공이 완성되는 것은 아니다. 성공은 재물이나 입신양명에 관계없이 자신에게 주어진 소명과 사명을 달성하기 위해 평생에 걸쳐 꾸준히 노력하는 과정이기 때문이다.

어떻게 해야 '행복'과 '성공'이라는 두 마리 토끼를 잡을 수 있을까? 다음은 우암 선생의 저서 《지금 제대로 가고 있습니까?》(2012)에 소개된 '우암성공학' 중 일부이다.

성공의 첫걸음은 자기 가치를 찾는 것이다. 박물관 전시관에 있는 돌은 들녘에서 흔히 볼 수 있는 돌인데 저것은 왜 온도, 습도, 조명까지 갖춘 우아한 공간에서 모든 사람들의 경이로운 눈빛과 대접을 받고 있는 것일까?

돌조각 하나, 그냥 두면 돌조각에 지나지 않는다. 고고학자들이 발견하지 않았다면, "너는 구석기 시대 유물이야"라고 명명하지 않았다면 흔하디흔한 돌에 불과하다. 우리 모두에게는 자신만의 가치와 능력이 있다. 그 능력, 그 가치를 어디에서 어떻게 발휘하느냐에 따라 성공 여부가 달라진다. 자기의 능력을 발휘할 수 있는 곳을 찾는 것, 그것이 성공의 시작이다.

둘째, 자기 위치를 찾는 것이다. 우리는 옳고 그름을 가릴 때 '옥석玉石을 가린다'라고 한다. 옥이나 돌의 뿌리는 똑같이 돌이다. 그런데 옥은 옳은 것이고 돌은 틀린 것으로 취급받는다. 옥이 돌보다 비싸고 가치가 있는 건 분명하다. 그러나 쓰임새에 따라 옥이 돌보다 못할 때가 있다. 집의 주춧돌을 옥으로 놓지는 않는다. 그러니 '나는 돌밖에 안 돼'라고 실망할 일이 아니다. 돌도 쓰임에 따라 옥보다 몇 배 가치를 발할 수 있으니까. 다만 자신이 있을 자리를 잘 찾아야 한다. 고물상에 있으면 고물이지만 인사동에 있으면 보물이 된다. 능력과 경력을 바꾸기 어렵다면 자신이 놓인 위치를 바꾸면 고물이 보물로, 돌이 옥이 될 수 있다.

셋째, 목표를 압축하는 일이다. 성공을 하려면 진정으로 자신이 무엇을 원하는지를 알아야 한다. 그런데 우리는 하고자 하는 일이 너무 많다. 그럴 때는 목표를 압축시켜야 한다. 먼저 자신이 하고 싶은 일을 써보자. 그 일은 열 개일 수도, 백 개일 수도 있다. 몇 개가 됐든 그 중에서 '잘할 수 있는 일 → 내 스스로 기뻐할 수 있는 일 → 조금이라도 가치 있는 일' 순서로 자신이 하고 싶은 목록을 지워 보자. 이 작업은 꿈의 몽타주를 그리는 것이다. 2002년 노벨물리학상 수상자 고시바 마사토시는 "자신이 무엇과 맞는지, 무엇을 좋아하는지 찾는 것은 쉽지 않다. 그래도 어떻게 찾아내지 않으면 안 된다. 좋지 않은 것은, 찾는 노력을 하지 않고 들뜬 마음으로 살아가는 것이다"라고 했다. 꿈의 몽타주는 자주 그려야 한다. 그래야 꿈이 아닌 것들에게 시간과 노력을 빼앗기지 않는다.

넷째, 성공은 완성형이 아니다. 현재 진행형이다. 그래서 한 번 성공이 영원한 성공이 될 수 없다. 성공에 취해 있으면 어디서 바람이 불지 모른다. 끊임없는 노력과 연습이 필요하다. 농구 황제 마이클 조던은 승승장구하던 타이거 우즈에게 조언을 한다. "모든 사람이 너에게 '너는 골프 천재다. 100년에 한 번 나올까 말까 한 사람이다'라고 찬사를 아끼지 않을 때 바로 연습장으로 달려가라. 달려가서 이전보다 더 훈련에 열중하라"고.

다섯째, 당장의 성공에 취하지 않아야 한다. 큰 성공을 얻기 위해서는 만족지연능력을 길러야 한다. 만족지연능력이란 미래의 더 큰 가치를 위해 당장의 요구와 만족을 참을 수 있는 능력을 말한다. 1968년 미국 스탠퍼드대학교 월터 미셸 박사는 어린이들을 상대로 만족지연능력 시험을 했다. 아이들이 좋아하는 마시멜로와 종鐘을 놓아두고 "네가 10분 동안 이것을 먹지 않고 참으면 더 많은 마시멜로를 줄게. 그러나 이것을 먹고 싶으면 이 종을 누르고 먹으면 돼"라고 했다. 대부분 아이들이 10분을 견디지 못했다. 그런데 10분을 참은 아이들과 그렇지 않는 아이들의 삶을 추적해 봤더니 성인이 된 후 이들의 삶은 많이 달랐다. 만족을 지연시킨 아이들은 그렇지 않은 아이들보다 성공적인 삶을 살고 있었다. 월터 미셸 박사의 '마시멜로 실험'은 자신이 세운 목표를 이루려면 그에 상응하는 노력과 시련이 있다는 것을 보여 준다. 시련을 이겨 낸 사람에게는 성취감이라는 보상이 따른다. 아이는 작은 '만족지연능력'을 통해 즐거움과 행복이라는 성과를 얻게 되고 그 즐거움을 알기 때문에 보다 더 큰 목표를 설정하고 그 목표를 이루려고 다시 '만족지연능력'을 발휘하게 된다.

여섯째, 실패를 두려워하지 말라는 것이다. 성공의 법칙 중 하나는 남과 다른 차별화된 방식, 즉 남들이 가지 않은 길을 가는 것이다. 남들과 다른 길을 가게 되면 처음에는 마음이 편치 않다. 때론 무모해 보이고, 몰이해와 저항을 불러오기도 하는 불편한 길이기도 하다. 그러나 처음부터 모두의 이해와 동의가 함께하는 편안한 길에서는 새로운 창조의 기쁨을 맛볼 수 없다.

실패와 이에 따른 고통을 피하려는 건 인간의 자연스러운 본능이다. 정신적·육체적 고통은 자신을 나약하고 초라한 존재로 떨어뜨린다. 그러나 인생에서 승리자와 패배자는 사고방식에서 차이가 난다. 승리자는 모든 역경을 더 큰 성공의 기회로 삼지만, 패배자는 같은 역경을 장애물로 여기는 것이 차이이다. 높은 산을 넘어야 넓은 평야를 볼 수 있는 이치이다.

여기까지 읽은 사람은 알 것이다. 우암이 어떻게 '손가락으로 바위를 뚫고', '계란으로 바위를 깨는'지. "어리석다", "말도 안 된다", "무모하다"라는 냉소에도 흔들리지 않고 계속할 수 있었던 것은, 자신의 일을 사랑했기 때문이다. 그리고 확신했다. 교육이 천막정신을 실천하는 가장 확실하고 현실적이며 정의로운 길이라는 것을.

6. 천막정신의 좌표, 삼애三愛

우암학원에는 여느 대학과 다른 과목이 2개 있다. 〈인간학〉과 〈우암비전론〉이다. 〈인간학〉은 '어떻게 살아야 하는가?'에 대해 성찰하는 수업이다. 〈우암비전론〉은 자기이해를 통해 가치 있는 비전을 수립하는 것이다. 인간답게 살기 위한 성찰, 그리고 그 토대 위에 세워진 비전은 천막정신을 실천하는 과정이다.

우암은 천막정신의 실천이념으로 세 가지 사랑, 삼애三愛를 주창했다. 하나님 사랑, 인간 사랑, 나라 사랑이 그것이다. 하나님 사랑은 인간 본연의 마음을 확장하는 것이다. 인간 본연의 마음이 무엇일까? 그것은 타고난 인간의 품성, 즉 사단四端을 교육을 통해 더욱 깊게 넓게 튼튼하게 키워 가는 것이다. 인간 사랑은 인仁이다. 남을 나와 같이 여겨 사랑하는 마음, 그 마음이 깊어지고 확장되면 담쟁이넝쿨처럼 물 한 방울 없는 벽도 손잡고 같이 오를 수 있다. 나라 사랑은 본本이다. 본이 무엇인가? 자기답게 행동하는 것이다. 군군신신부부자자君君臣臣父父子子, 곧 임금은 임금답고 신하는 신하답고 부모는 부모답고 아들은 아들다운 것. 그것이 바로 본本이다. 하나님 사랑은 도의교육, 인간 사랑은 협동교육, 나라 사랑은 직업교육의 좌표이다.

삼애사상은 우암인의 덕목과 다짐을 통해 우암인에게 체화體化되어 간다.

우암인의 덕목

하나, 이상: 우암인은 꿈이 있다.

둘, 협동: 우암인은 더불어 함께한다.

셋, 열정: 우암인은 손가락으로 바위를 뚫는다.

넷, 끈기: 우암인은 절대로 포기하지 않는다.

다섯, 정직: 우암인은 어떤 경우에도 정직하다.

우암인의 다짐

하나, 의지: 우암인은 다르다.

둘, 능력: 우암인은 할 수 있다.

셋, 사명: 우암인은 해야 한다.

우암인의 덕목과 다짐에는 우암 선생의 70년 교육 사상이 고스란히 담겨 있다. 비전이 있는 삶, 더불어 사는 삶, 정직한 삶, 공정한 삶, 열정의 삶 그리고 무엇보다 자신을 신뢰하고 사랑하는 삶, 이것이 천막정신이며 삼애사상의 실현이 아닐까.

필자는 20여 년을 우암 선생과 함께했다. 필자는 선생에게서 다산 정약용을 만나고 듀이를 만나고 맹자를 만나고 페스탈로치를 만난다. 우암학원은 애민愛民의 출발이요 노작과 실용 교육을 중시하며 의로움을 삶의 지표로 삼아 왔기 때문이다. 뿐만 아니다. 필자는 우암 선생에게서 '어린왕자' 같은 순수와 설렘, 호기심을 본다. 선생

은 봄이면 누구보다 먼저 매화 향기 찾아 길을 나선다. 첫눈을 기다
린다. 미술관이나 박물관, 영화관 가는 것을 좋아한다. 젊은이들이
즐겨 찾는 명품(?) 커피숍의 소란스러움도 즐긴다. 선생의 어디쯤
에 저런 풍류와 설렘, 순수함이 숨어 있을까.

100살이 넘은 어느 날, 그는 길을 나설 것이다. 매화 향을 찾으
러. 그때, 누군가 그 안에 있는 '어린왕자'를 발견한다면, 그는 참으
로 행복한 사람일 것이다.

12

_____

삼애정신과 교육

이창섭

전 전남과학대학교 교수

이창섭 李彰燮

교육학박사. 우암교육사상연구소장.

육군정훈장교 중령 전역.

전남과학대학교 교수 및 석좌교수 등을 역임했다.

우암 조용기 선생은 1945년 조국 해방 후 사회적·정치적 혼란과 6
·25 전쟁의 참화 속에서 굶주림과 무지에 시달리는 헐벗은 농민들
을 하루 속히 무지와 가난으로부터 깨우쳐 잘 사는 농촌을 만드는
길, 더 나아가 다시는 힘이 없어 외세에 국권을 침탈당하지 않을 부
강한 나라를 만드는 길은 오직 교육에 있다는 확고한 신념을 가지고
교육의 불모지, 한적한 시골마을인 자신의 고향 옥과에 "옥과 농도
숙"을 설립하여 교육을 시작하였다.

"네 시작은 미약하였으나 네 나중은 창대하리라"라는 하나님의 말
씀을 따라 천막 두 채로 시작한 교육의 작은 씨앗은 '손가락으로 바
위를 뚫어라'라는 불굴의 의지와 강한 집념, 가르치는 사람과 배우
는 사람을 가릴 것 없이 모두가 하나 된 구성원들의 피와 땀과 눈물
을 자양분으로 자라나 옥과고등학교, 전남과학대학교, 남부대학교
를 비롯한 9개의 교육기관을 거느리는 명문사학으로 성장하여 10여
만의 인재를 양성, 배출하였다.

이 글에서는 우암학원의 설립이념인 삼애정신 그리고 이를 구현
하는 도의·협동·직업교육의 3대 교육목표를 소개하고자 한다.

1. 설립이념: 삼애정신三愛精神

우암학원의 설립이념은 '하나님 사랑, 인간 사랑, 나라 사랑'이다.
이는 덴마크의 사회운동가 그룬트비Grundtvig, 1783~1872가 제창한 삼애

정신과도 유사한 개념이다. 독
일과의 오랜 전쟁에서 패배하여
절망에 빠진 덴마크를 구하고자
그룬트비 목사가 제창한 '하나
님을 사랑하자愛神, 사람을 사랑
하자愛人, 흙을 사랑하자愛土'의
삼애정신을 근거로, 교육의 실
천과 생활과정에 있어 우암학원
의 설립이념을 삼애정신에 둔
것이다.

우암학원의 설립이념, 삼애정신

우암학원의 삼애정신이란 다
음과 같은 세 가지 정신을 말한
다. '하나님을 공경하고愛天, 인
간을 존중하며愛人, 나라를 사랑
한다愛國.' 이 삼애정신은 우암학원의 설립이념이요, 근간이 되는 정
신이다.

1) 하나님 공경(하나님 사랑, 愛天)

'하나님을 사랑하자.' 여러분은 하나님이라는 말만 듣고 기독교를 연상
할 것이다. 물론 기독교에서 말하는 하나님을 뜻한다. 그러나 기독교
의 하나님만을 의미하는 것은 아니다. 불교신자에게 있어서는 부처님

일 수도 있고, 종교를 믿지 않는 사람에게는 자신이 믿는 그 어떤 것일 수도 있다. 그러나 내가 여기서 말하는 하나님은 이 모든 것을 포괄하면서도 우리 자신의 마음속에 간직하고 있는 올바른 양심을 뜻한다.

조용기(2008).《길을 찾아서: 조용기 인간학》. 다지리.

'하나님 사랑'이란 인간의 본래 마음속에 간직하고 있는 양심con-science과 정의로운justice 마음이다.

일반적으로 양심은 옳고 그름과 선과 악을 깨달아 바르게 행하려는 마음을 말한다. 우암 선생은 "양심이란 거짓 없는 진실을 바탕으로 자기 자신에게 조금도 부끄러움 없는 온전한 마음이며, 정의는 거짓 없는 인간의 신념과 자기 믿음에서 오는 용기 있는 정직한 인간 행동"이라고 정의한다. 그래서 우암학원 교육목표의 최종 목적지는 정직한 인간상의 구현에 있다.

한편 선생은 양심에 대하여 이렇게 말하고 있다.

세상에서 가장 무섭고 경계해야 할 대상은 바로 자기 자신이다. 자신에게 부끄럽지 않은, 즉 하나님에게 부끄럽지 않은 삶이 잘 사는 사람이고 온전하게 사는 사람이다. 학교를 설립할 당시 우리나라는 하루 세 끼를 먹을 수 있는 집이 많지 않았다. 그때는 영혼보다는 빵이 더 급했다. 젊은이들이 빵만을 쫓아갈 수도 있는 상황이었다. 이런 열악한 환경에서도 양심을 지키고 두 발을 땅에 굳게 딛고 하늘을 우러러 부끄러움이 없는 어려움을 스스로 극복할 수 있는 힘을 길러주고 싶었다. 양심에 따른 온전한 삶을 살아가는 청년을 기르기 위해 하나님을 두려워하는 마음으로 하나님의 도리를 따라 하나님을 사랑하자고 주장했다.

조용기(2008). 《길을 찾아서: 조용기 인간학》. 다지리.

이렇듯 '하나님을 사랑하자'라는 선생의 주장은 열악한 환경 속에도 자신에게 조금도 부끄럽지 않게 양심을 지키고 어려움을 극복할 수 있는 힘 즉, 용기 있는 삶을 길러주고자 하는 데서 출발한 것이며, 양심적이고 도덕적인 올바른 삶과 직결되는 것이다.

그러면서 선생은 막스 베버Max Weber의 청교도 윤리를 강조하였다. 가난한 나라가 발전하여 부유한 나라로 바뀌려면 국민들의 경제 활동을 바르게 이끌어 주는 바람직한 생활윤리, 경제윤리가 뒷받침되어야 하는데, 그러한 윤리가 바로 청교도 윤리이며, 청교도 정신이 국민을 건전하게 만든다고 하였다. 이는 국민들의 정신적 · 도덕적 기반을 조성해 주기 때문이라고 하였다. 그는 청교도 윤리를 건전한 정신, 거짓 없는 삶, 깨끗한 양심, 곧 온전한 삶을 살아가려는 노력이라고 한다. 따라서 우암학원의 삼애정신 중 첫 번째인 '하나님 사랑'은 '양심에 따른 온전한 삶'을 의미한다.

삼애정신의 하나님 사랑과 인간 사랑 그리고 나라 사랑은 서로 밀접한 관계를 맺고 있으며 이는 하나의 개념이다. 하나님을 사랑할 때에 인간 사랑의 참뜻을 깨닫게 되고, 인간을 참으로 사랑하게 되므로 자기의 나라를 사랑하게 된다. '하나님을 사랑하자'가 하나님과의 수직적인 관계라고 한다면, 이는 동시에 수평적인 관계를 형성해야 하는 인간 사랑의 정신이며, 또한 나라 사랑의 정신인 것이다. 삼애정신 중 하나님 사랑은 인간 사랑과 나라 사랑의 씨앗을 뿌리고 가꾸는 밭이요, 이를 담는 그릇이요, 그릇에 담긴 과일인 인격이다. 그러므로 삼애정신은 어느 하나를 떼어 놓고 생각할 수가 없는 인간의 기본 양심에서 오는 선한 마음씨이다.

2) 인간 존중(인간 존엄, 인간 사랑, 愛人)

인간사의 모든 것을 돈으로 해결할 수 없다. 상호 이해하고 인정을 주고받으며 사랑을 나누는 데서 진정한 행복이 깃든다. 나는 넝마주이, 야바위꾼, 다리 밑 거지들에게서 인간의 참 인정이라는 것을 배웠다. 그들은 나에게 있어서 애인이었다. 애인은 사랑하는 사람을 가리킨다. 애인에게는 그보다 더 낮은 자리에서 먼저 손을 내밀고, 나의 사랑하는 진정한 마음을 받아들일 수 있도록 성의를 다한다. 가정에서, 친구 사이에서, 조직에서도 애인을 만들자. 그러면 어제의 내가 아니고 어제의 네가 아닐 것이다. 막연하게나마 그때 얻었던 그들의 사람을 사랑하는 마음은 훗날 우암학원 삼애정신의 하나인 인간을 사랑하자는 씨앗이 되었다.

조용기(2008). 《길을 찾아서: 조용기 인간학》. 다지리.

우암은 다석 유영모 선생과의 만남을 통해 더 넓고 큰 세계를 만나 선진문화를 배우자는 목표를 가지게 되었다. 그래서 우선 가까운 일본 유학을 결심하고 이를 시도하였다. 그러나 중도에 실패하고 영도 다리 부근 거지, 넝마주이, 야바위꾼, 지게꾼 등 수많은 밑바닥 사람들과 만나게 된다. 그 만남을 통해서 그들도 나름의 꿈과 철학이 있고 따뜻한 가슴이 있다는 것을 확인하였다. 또, 남을 돕는 것은 여유가 있어서만이 아님을 알게 되었다. 그리고 인간의 본성과 그 속에 내재되어 있는 여러 모습들을 보고 사람과의 관계 속에서 가장 소중한 것은 사랑과 이해, 존중이라는 애인사상을 갖게 되었다. 그 후 우암 선생은 늘 아래와 같은 주장을 폈다.

> 인간을 사랑합시다. 나는 '지극하다', '반듯하다'라는 말을 좋아합니다. '지극하다'는 온 마음을 다한다는 뜻입니다. 여러분은 어떨 때 마음을 다하시나요? 사랑할 때 나오는 마음이 '지극'입니다. '반듯한' 정신이 올바르지 않으면 반듯할 수 없습니다. 반듯하면 어려운 상황에서도 영혼이 있는 승부를 합니다. 따라서 지극은 감성에서, 반듯은 이성에서 나오는 태도라고 생각합니다.
>
> 조용기(2008). 《길을 찾아서: 조용기 인간학》. 다지리.

인간 존엄이란 '모든 인간은 가진 조건과 관계없이 소중하고 절대적인 가치를 지니는 존재라는 것'이다. 인간은 어떤 이유가 있어서 존엄한 것이 아니라 인간이기 때문에 마땅히 존엄한 존재로, 조건이 아니라 무조건적인 당위의 가치를 지니고 있다.

따라서 인간은 서로 존중해야 한다. 인간은 다양하다. 남자와 여자가 다르고, 키가 큰 사람도 있고 작은 사람도 있고, 힘이 센 사람도 있고 약한 사람도 있고, 머리가 좋은 사람도 있고 좋지 않은 사람도 있다. 그 모두 나름의 주어진 역할, 할 수 있는 역할이 있을 것이다. 어떤 사람도 완전한 사람은 없다. 그 조금씩 불완전한 사람들이 함께 최선의 선을 만들어 가는 것이다. 그게 바로 인간이다. 그러므로 서로의 입장을 생각하면서 서로를 존중해야 한다. 즉 인간 존중은 서로 다른 특성을 가진 인간의 다양성을 인정하고 존중하는 것을 의미한다. 인간은 서로를 존중해야 하며, 이러한 존중하는 마음이 곧 인간 사랑이다. 즉 인간 사랑이란 '사람마다의 개인차를 인정하고 상대를 존중하고 배려하는 마음'을 말한다. 인간은 본질적으로 사랑을 하고 사랑을 받고 싶어 하는 욕구를 지닌 존재이다. 인간 사랑의 시작은 자신의 사랑에서 시작하여 이타적 사랑으로 확대된다. 자기의 정체성과 자존감을 바탕으로 하여 스스로를 존중하고 사랑하는 마음을 견지하면서, 다른 사람 역시 귀중한 존재로 존경받고 사랑받아야 할 존재라 인정하고 어려운 처지에 있는 사람을 헤아리고 배려할 뿐만 아니라 즐거움도 같이 나누는 마음이라고 할 수 있다.

진정한 사랑이 무엇인지를 보여주는 실천 사례가 있다. 손양원 목사의 사례다.

1948년 손양원 목사는 여수 · 순천 10 · 19 사건 때 자신의 두 아들을 살해한 범인에게 총살형이 내려졌다는 말을 듣고 계엄사령관을 찾아가 "나의 아들은 결코 본인 때문에 친구가 죽는 것은 원치 않습니다. 그 애들은 친구의 죄 때문에 이미 죽었습니다. 만일 이

학생을 죽인다면 아들의 죽음을 값없이 만드는 것입니다"라고 간청을 하여 총살형을 면하게 한 것뿐만 아니라 그를 양아들로 입양하여 신학교육을 시켜 죽은 아들을 대신해서 기독교 전도사로 키워낸 놀라운 사랑의 역사를 보여주었다. 손 목사가 아들의 장례식 끝부분에서 고백했던 마지막 인사는 모든 사람의 심금을 울리는 한 편의 복음서와도 같은 것이었다.

여러분, 내 어찌 긴말의 답사를 드리리오. 내가 아들들의 순교를 접하고 느낀 몇 가지 은혜로운 감사의 조건을 이야기함으로써 대신할까 합니다. 첫째, 나 같은 죄인의 혈통에서 순교의 자식들을 나오게 하였으니 하나님께 감사합니다. 둘째, 하고많은 성도들 중에 어찌 이런 보배들을 주께서 내게 주셨는지 그 점 또한 주께 감사합니다. 셋째, 3남 3녀 중에서 가장 아름다운 두 아들 장자와 차자를 바치게 된 나의 축복을 하나님께 감사합니다. 넷째, 한 아들의 순교도 귀하다 하거늘 하물며 두 아들의 순교이니 하나님 감사합니다. 다섯째, 예수 믿다가 누워 죽는 것도 큰 복이라 하거늘 하물며 전도하다 순교하니 하나님 감사합니다. 여섯째, 미국 유학 가려고 준비하던 내 아들, 미국보다 더 좋은 천국 갔으니 내 마음 안심되어 하나님 감사합니다. 일곱째, 나의 사랑하는 두 아들을 총살한 원수를 회개시켜 내 아들로 삼고자 하는 사랑의 마음을 주신 하나님께 감사합니다. 여덟째, 내 두 아들의 순교로 말미암아 무수한 천국의 아들들이 생길 것이 믿어지니 우리 아버지 하나님께 감사합니다. 아홉째, 이 같은 역경 중에서 이상 여덟 가지 진리와 하나님의 사랑을 찾는 기쁜 마음, 여유 있는 믿음 주신 우리 주 예수 그리스도께 감사합니다.

조용기(2008).《길을 찾아서: 조용기 인간학》. 다지리.

결국 손 목사가 아들을 보내면서 보여준 인간 사랑의 마음씨가 곧 우리 모두의 인간 사랑의 길이요, 자기 사랑의 발로라 할 것이다.

3) 나라 사랑(애국, 愛國)

나라를 사랑하십시오. 애국, 충정이라는 말이 퇴색한 지 오래입니다. 또 애국, 충정이라는 말을 들으면 왠지 거창하게 들립니다. 국가를 지키는 군인이 되는 것도 애국하는 일이고 그 군인의 뒷바라지를 하는 행정 업무를 보는 것도 애국입니다. 정치를 잘하는 것도 애국이요 공장에서 물품을 생산해 내는 것도 애국입니다. 많은 사람들에게 일자리를 만들어주는 것도 애국입니다. 애국하는 길은 얼마든지 있습니다.

조용기(2008).《길을 찾아서: 조용기 인간학》. 다지리.

일제 36년간 국권을 탈취당하고 나라의 소중함을 뼈아프게 체험한 선생은 다시는 힘이 없어 외국에 국권을 빼앗기지 않는 나라를 만들기 위해 나라를 사랑하고 자기의 직분을 다하는 국민을 기르는 애국교육을 강조하였다. 그래서 그룬트비의 '흙의 사상을 사랑하자'는 정신을 나라 사랑으로 승화시켜 애국교육이라 한 것이다.

선생은 "나라를 사랑한다는 것, 애국한다는 것은 먼 곳에 있는 것이 아니다. 나라 사랑의 출발점은 국민 각자가 자신에게 주어진 일과 직업에 최선을 다하고 자신에게 부과된 본분을 힘써 지키고 실천하는 일이다. 정치가는 최선을 다해 국민을 섬기며, 직장인은 소속 회사의 발전을 위해 헌신하며, 학생은 학업에 열중하고, 교사는 혼신을 다해 학생을 가르치는 것이 나라 사랑의 첫걸음이 될 것이다"라고 하였다.

즉 나라 사랑은 '자신의 터전을 지키고 각자에게 주어진 일에 최선을 다하는 마음'이다. 선생은 인간의 본향은 흙이며, 삶의 터전인 흙은 국토이므로 나라 사랑은 국토를 사랑하는 것임을 역설한다. "흙은 나라 사랑의 시작점이다. 자신의 본향인 국토를 사랑하는 것, 자신의 부모, 이웃, 학교, 자신의 고향 그리고 자신을 지극히 사랑하는 것이 나라 사랑의 근본이 된다"라고 하면서 각자 저마다의 본분을 지키고 주어진 일에 최선을 다하는 것이 바로 애국이라는 것이다. 또한 광복 당시 우리나라의 두 가지 큰 문제는 절대빈곤과 절대문맹임을 설명하며 "학교 초창기에 굶주린 배를 움켜쥐고 부모의 눈을 피해가면서 학교에 나와 일하면서 공부하는 것도 애국"이었음을 강조한다. 즉, 굶주림과 무지와 무도덕에서 벗어나 개인의 힘을 길러 사회에 기여하는 유능한 인간으로 거듭나는 것이 곧 애국인 것이다.

우암의 교육사상은 이처럼 생활과정으로부터 교육의 실천으로 발전되었다. 교육에 의해 개인의 무지와 무능력을 제거함으로써 개인의 힘을 증진시킬 때 개인은 높은 상태로 개조된다는 것이다. 즉,

나라 사랑은 직업교육의 이론적 바탕이 된다. 우암의 나라 사랑에
대한 이해는 그의 저서 《지금 제대로 가고 있습니까?》(2012)에 다
음과 같이 서술되어 있다.

김연아 선수를 한번 봅시다. 김연아 선수는 우리 모두에게 큰 꿈과 기쁨
을 안겨주었습니다. 그런데 김연아 선수가 신고 있는 스케이트를 만드
는 사람은 누구입니까? 반기문 유엔 사무총장은 국제무대에서 자랑스
러운 한국인의 모습을 보여주고 있습니다. 그가 신고 있는 신발은 누가
닦아주나요? 삼성 이건희 회장이 반듯한 모습으로 나와서 회사의 회의
를 주도합니다. 그의 머리의 이발은 누가 해주었나요? 이는 모두 3D 업
종에서 일하는 사람입니다. 내가 만든 스케이트가 세계인의 주목을 받
고, 내가 헤어 손질을 한 이건희 씨가 한국경제의 한 축을 이끌어가고
있다고 생각한다면 삼성그룹의 이사가 부럽습니까? 국회의원이 부럽습
니까? 그 사람은 애국을 하고 있는 것입니다. 그 사람이 애국자입니다.
우리가 우리의 일을 다 했을 때 나도 잘 살고 나라도 부강해집니다.

2. 교육목표

우암학원의 교육목적은 인간의 근원적 소망인 행복한 삶을 영위하
기 위하여 우암학원의 설립이념인 '하나님을 공경하고, 인간을 존중
하며, 나라를 사랑하자'는 삼애정신을 바탕으로 하는 '도의교육·협

동교육·직업교육'을 통하여 자아실현과 전문성의 제고, 기술 연마, 인격의 도야로 사회 발전에 기여하는 인재를 양성하는 데 있다.

1) 도의교육

하나님 사랑愛天은 인간이 하늘의 도리를 지키고 따르는 것으로, 이는 '도의'라는 실천적 개념으로 전환된다. 그래서 도의교육이란 '사람다운 사람의 기본을 다지고 자신의 가슴속에 내재되어 있는 양심을 일깨우는 교육'이다. 그럼 사람다운 사람이란 어떤 사람인가? 올바르고 굳세고 건강한 사람, 즉 지知·정情·의意·체體가 고루 조화롭게 갖추어진 온전한 사람을 말한다.

지知는 인간이 이성적인 존재로서 무엇이 참이고 무엇이 거짓인지를 알아내는 능력, 즉 사물을 인식하고 이해하고 판단하는 이성, 지성, 지능에 해당된다. 지적 능력은 사람으로 하여금 해석, 기억, 사고, 추리, 평가 등을 가능하게 한다. 이는 학문 활동을 통하여 지식을 쌓고 진리를 깨우쳐 신장시켜야 한다. 그래서 참과 거짓을 분별할 수 있는 능력뿐만 아니라 양심에 따라 진솔한 삶을 살아갈 수 있는 실천적 능력을 발휘하도록 하는 것이다.

정情이란 아름다움과 추함, 더러움과 깨끗함 등 인간이 느끼고 생각하는 감정으로, 사랑과 증오, 감동과 분노, 근심과 즐거움 등 정서적 감정을 유발하는 기능을 말한다. 정서는 어떤 행동의 동기를 유발하고 지각작용에 영향을 준다. 화가 치밀면 때려 부수고, 미우면 피하고, 사랑하면 찾아간다. 또한 기쁘고 즐거운 사람은 세상을 낙천적으로 보고, 슬프고 미움이 찬 사람은 비관적으로 본다. 이처럼 정서는 해석, 기억, 사고, 추리, 평가 등에 영향을 준다.

의意란 인간의 의지적인 행위로 무엇이 선이고 무엇이 악한 것인가를 확실하게 이해하고 행동으로 옮기는 일 즉, 올바른 도덕적 삶의 의욕을 말한다. 선악의 올바른 해석 없이는 도덕적 행위를 해낼 수 없다. 많은 사람들은 남의 물건을 훔치고 살인하는 자만이 악惡이라고 생각한다. 물론 그것이 악임에는 틀림없지만, 그것만이 악이 아니다. 자기를 버리고 해야 할 자기의 의무를 다 하지 않은 것도 살인이나 절도 못지않은 악이다. 우리들은 국가와 사회의 은혜를 입고 있다. 은혜를 입고 있는 이상 사회를 위하여 일하는 것은 사람으로서 당연한 의무이다. 그 의무를 저버리고 산에 은둔해 살아가는 것도 죄악이며, 지나친 자기중심의 이기주의 또한 죄악이다. 의지적인 행위인 도덕적 행동은 선善으로 표현된다. 따라서 인간의 도덕적 성품인 측은지심을 발휘하여 선한 행동의 본질을 정확히 인지하고 내면화하여 체질이 되도록 해야 한다.

체體란 신체적으로나 정신적으로 강건함을 의미한다. 우리는 지·덕·체라고 하는데 영국에서는 체·덕·지라고 한다. 지와 덕보다 인간의 기본인 체력의 뒷받침이 되는 체육을 중시하고, 체육활동을 통하여 몸을 튼튼히 하여 건전한 정신을 갖게 한다는 의미에서이다. 지난날 영국을 이끈 기라성 같은 지도자를 배출한 대표적인 학교가 이튼스쿨이다. 이튼스쿨에서는 엄동설한의 날씨에도 학생들에게 진흙탕에서 레슬링을 시키고, 평상시에도 군사훈련을 정규과목에 편성하여 실시한다. 강인한 체력을 교육의 우선 목표로 삼기 때문이다.

사람다운 사람을 위한 인간교육 즉, 전인교육은 지·정·의·체에 걸친 폭넓은 인간문화 활동에 참여함으로써 가능하다. 인간의 전인성 즉 지적, 신체적, 정서적, 심미적(예술성), 사회적, 신체적 발달을 강조한다. 인간의 여러 면(잠재력과 기능)이 최대한 고르게 조화를 이루도록 하는 교육인 전인교육은 어느 한 분야에만 치중하는 것이 아니라 인간문화의 전반에 걸쳐 실시하는 교육이다. 앞으로의 세계는 단순한 지식과 기술만으로는 지탱할 수 없기 때문이다. 건강교육은 인간을 인간다워지게 하기 위한 기초교육이다. 제 나라도 지킬 수 없는 허약한 국민이 되어서는 안 된다.

도의교육의 또 다른 핵심은 양심과 정의이다. 즉 '인간의 본성에 내재되어 있는 양심에 따라 어떠한 경우에도 거짓말을 하지 않는 정직한 인간상을 구현시키는 교육'이다. 우암 선생은 도의교육에서 양심과 정직을 최우선 과제로 삼고 정직한 인간상의 구현을 목표로 하면서 정직과 진실은 "인간이 살아가는 데 가장 중요한 무기요, 무너뜨릴 수 없는 성벽과 같은 진리"라고 하였다.

도의교육의 궁극적 목표인 '정직한 인간'

선생은 대구 동촌 비행장 건설현장의 노무처장 시절 출근하면서 자신이 물욕의 유혹에 넘어가지 않도록 지키게 해달라는 기도를 하고 퇴근해서는 물욕에 넘어가지 않는 자신을 도와주신 하나님께 감사기도를 드렸다고 한다. 선생은 당시 미군부대 종사자들이 미국인의 눈을 속여 무엇인가 챙기려다 잡혀서 모욕당하고 결국 노무처장인 선생에게 넘어 왔을 때는 한국인으로서의 자존심이 손상되어 고민스러웠다. 그때마다 "외국 사람들이 우리를 위해서 전쟁을 치르고 있는데 우리가 돈을 훔치고 돈만 보면 눈이 뒤집어진다는 말을 들어서야 되겠는가? 돈 욕심 없는 사람이 어디 있고, 공돈 싫어할 자가 누구겠는가? 그러나 분명 우리의 양심에는 바른길이 아니다"라며 좀 더 정직한 사람이 되자고 눈물로 그들에게 호소하였다.

요즈음 사회과학 영역에서는 정직에 기반을 둔 신뢰의 문제가 학문적·현실적 관심사가 되어 있다. 사람들이 서로 믿고 사회생활을 할 수 있다는 상호신뢰의 정도가 경제발전을 위시한 국가번영과 밀접한 관계가 있다는 것이다. 그런 신뢰는 사람들이 서로에게 정직한 데서 나온다. 정직은 모든 덕목의 공통적인 근간이다. 예컨대 서로의 약속에서의 정직함이 신의이며, 상품에서의 정직함이 신용이고, 직무에의 정직함이 성실이고, 법에 정직함이 준법이다. 정직의 반대는 거짓이고 속임이다.

이쯤에서 반갑지 않은 한 통계자료를 보자. 1996년도 한국과 일본의 범죄통계 비교에서 사기범 접수 건수가 한국 35만 건이고 일본이 1만 건, 위증죄 기소건수가 한국 1,130건이고 일본은 단 6건이

꼭 읽어보기 전쟁에 패한 독일의 각성

1807년 독일은 나폴레옹 군대에 참패를 당했다. 뮌헨에서, 예나에서, 아우어 슈타트에서 패하고 최후에 베를린에서 패퇴한 독일은 실로 비참했다. 애국 철학자 피히테Fichte는 베를린 대학에서 시민들을 향해 "독일 국민에게 고함"이란 절규에 가까운 호소를 했다. "프랑스와의 전쟁에서 패한 것은 나폴레옹이 훌륭해서가 아니요, 군대가 약해서도 아니다. 패한 것은 독일인 모두가 도덕적으로 타락하고 이기심으로 가득 차 있기 때문이다"고 했다. "국민이 어린이를 소중히 하지 않고 교육을 경시하고 교사를 멸시한 천벌을 받은 것이다. 그렇다면 어떻게 해야 할 것인가. 교육을 통해 국가의 혼을 길러야 한다. 내일로 미루지 말고 지금 당장 시작하자"고 했다. 페스탈로치 교육을 본보기로 삼은 그는 남쪽 국경을 넘어서 스위스 이페르텐의 페스탈로치 학교를 방문했다. 칸트에 버금가는 대철학자가 그것도 3번에 걸쳐서 말이다. 그곳에서 그는 교육의 재건에 대한 목표를 세웠다. 그리고 독일 전국을 사자후獅子吼하며 순회했다. 감격적인 점은, 빌헬름 3세는 젊은 교육부장관이었던 훔볼트Humboldt를 동반하여 기차도 자동차도 없을 무렵 산을 넘고 계곡을 건너 국경을 넘어서 이페르텐까지 페스탈로치의 학교를 친히 시찰하고 교육개혁을 단행했다는 것이다. 이러한 훔볼트의 교육 개혁과 함께, 대 재상 슈타인Stein은 즉시 베를린 대학을 종합대학으로 만들고 교육의 방향을 180도로 전환하였다. 대학의 목표는 학문을 전수하는 것이 아니라 진리를 창출하는 것이라고!

그리하여 독일은 1871년 보불전쟁(프로이센-프랑스 전쟁)에서 승리를 거두었으며, 개선장군 몰트케Moltke는 국경에서 국민들의 대환영에 대하여 "독일의 승리는 나와 군인들의 승리라기보다는 독일 선생님들의 필사적인 교육 덕분"이라고 말하였다.

이는 학문과 진리의 중요성을 강조한 내용으로, 위정자나 국민이나 교사 모두가 진심으로 깊이 마음에 새겨야 할 교훈이다.

小原國芳. 1995

라는 것이다. 어딘가 잘못된 것이 아닌가 하는 의심마저 드는, 그러나 엄연한 통계다. 슬픈 일이고 서글픈 생각마저 드는 통계다(정범모, 2004).

하나님 사랑이 바탕이 되는 도의교육은 인간의 기본을 다지는 교육으로 모든 교육의 토대가 된다. 인간 사랑을 바탕으로 한 협동교육, 나라 사랑을 바탕으로 한 직업교육의 씨앗을 뿌려 가꾸는 밭이요 이를 담는 그릇이며 동시에 그 씨앗으로부터 나온 과일이다.

2) 협동교육

"혼자 가면 빨리 갈 수 있지만, 포용하고 함께 가면 멀리 갈 수 있다"라는 말은 우암 선생의 신조인 '더불어 사는 사람'의 의미를 잘 표현해 주는 말이다. 우암 선생은 더불어 사는 삶, 즉 협동교육을 평생의 신조로 삼고, 강조하였으며 몸소 실천하였다. 협동교육은 '상대를 존중하고 배려하며 더불어 사는 협동심을 기르고 공동체 의식을 고취시키는 인간관계 교육'이다.

인간은 만능이 아닌 불완전한 존재, 혼자의 힘으로 살아갈 수 없는 더불어 사는 존재이므로 협동을 해야 한다. 더군다나 미래에는 전문성이 더 깊어지고 분화되어 사회가 복잡해지고 다원화된다고 한다. 이러한 시대에는 협동을 해야만 해결할 수 있는 문제들이 더욱 많아진다. 특히 '초지능·초연결성'을 기반으로 하는 4차 산업혁명 시대에는 융·복합 기술과 고객의 다양한 요구, 불확실성 등으로 한 사람이 혼자서 혁신적인 제품을 개발하거나 탁월한 실적을 올릴 수 없다. 따라서 초연결성에 대응하는 소통과 협력이 매우 중요하다.

2016년 다보스 경제포럼에서는 미래사회의 인재가 갖추어야 핵심역량 5가지 중 하나로 협업능력을 꼽았다. 아울러 사람들 사이의 조화를 이끌어내고 원활하게 의사소통하는 사람관리능력도 핵심 역량으로 제시하였다(윤석만, 2017).1 이처럼 다원화되고 다양한 지식으로 조화롭게 융합되어야만 하는 사회에서는 자신의 분야에서 전문성을 갖추는 것보다도 중요한 것이 다른 사람과 협력하여 시너지를 내는 것이다. 그러기 위해서는 열린 마음으로 상대를 존중하고 배려할 줄 아는 마음을 가져야 하며, 이는 바람직한 인간관계를 유지하는 데 기본적인 바탕이기도 하다.

우리민족은 예로부터 전해 내려온 계, 향약, 두레, 품앗이 등의 전통이 있어 서로 돕는 협동의 DNA를 가진 민족으로 콩 한쪽도 나누어 먹는다는, 더불어 같이 사는 좋은 풍습을 가지고 있다.

우암학원 초창기에도 교사, 학생, 학부모가 함께 어우러져 흙벽돌로 교실을 짓고 책걸상을 만들어 학원을 도왔다. 또 외부의 음모로 인해 교사들이 제대로 수업을 진행할 수 없을 때 상급생들이 하급생들을 지도하면서 수업을 계속했던 일화 등은 다수의 힘이 얼마나 소중한지를 보여주는 사건들이다. 뿐만 아니라 자활구락부 활

---

1 윤석만. "윤석만의 인간혁명: 4차 혁명 시대, 인성이 최고 실력이다". 〈중앙일보〉 2017. 11. 11.

꼭 읽어보기 인간을 만물의 영장으로 만든 언어와 '협동력'

인간이 만물의 영장이 된 것은 높은 지능과 학습능력 때문인 것으로 알려져 왔다. 그러나 최근 인류학 연구에서, 인간이 만물의 영장이 된 것은 높은 지능 때문만이 아니라, 언어가 바탕이 된 '협동력'이 뒷받침했기 때문이라는 것이 밝혀졌다. 그 증거를 과거 네안데르탈인과 호모 사피엔스가 동시대에 살았던 역사에서 실마리를 찾아볼 수 있다.

네안데르탈인은 북쪽의 추운 기후에 적응해 상체는 근육이 발달해 있었고 열손실을 최소화하기 위해 다부진 체격을 가졌다. 반면 따뜻한 남쪽에서 올라온 호모 사피엔스는 상대적으로 호리호리한 체형이었다. 아마 두 종이 1 대 1로 맞붙었다면 체격 면에서 뛰어난 네안데르탈인이 이겼을 것이다. 하지만 두 종 간에 벌어진 전쟁의 결과 네안데르탈인은 지구상에서 자취를 감추고 사라진 것이다. 그 이유는 무엇인가?

지금까지의 오랜 통념은 호모 사피엔스가 네안데르탈인보다 더욱 똑똑했기 때문이라는 것이었다. 그런데 최근의 인류학 연구 흐름을 살펴보면 '똑똑함'만이 호모 사피엔스의 승리 이유는 아니었다. 단적인 예로, 근래에 발견된 네안데르탈인 유골을 분석해 보면 호모 사피엔스처럼 높은 지능을 갖고 있었다.

호모 사피엔스가 네안데르탈인을 이길 수 있었던 것은 바로 언어가 바탕이 된 '협동력' 때문이었다. '공동체'라는 경쟁력을 만들어낸 것이다. 집단에서 나오는 협동의 힘이 다른 종과의 싸움에서 우위를 가지게 했고 결국엔 지구의 주인 노릇까지 할 수 있던 것이다. 세계적인 역사학자 유발 하라리Yuval Harari도 "호모 사피엔스는 정교한 언어와 협업을 통해 지식을 축적할 수 있었고 이를 통해 오늘과 같은 문명을 이룩했다"고 말한다. 자연에서 한 개체로서의 인간은 어린 맹수 한 마리도 상대하지 못할 만큼 약하지만 '공동체'란 경쟁력을 만들어 내면서 지구 밖까지 우주선을 쏘아 올릴 수 있는 존재로 우뚝 섰다.

"윤석만의 인간혁명: 사피엔스는 틀렸다, 진화의 끝은 AI?",
〈중앙일보〉, 2017. 9. 30.

동, 빈터에 호박 심어 가꾸기, 공동체 활동 등은 모두 더불어 사는 삶, 협동교육의 의미를 확인할 수 있는 사건들이다.

짐승은 외나무다리에서 만나면 서로 양보할 줄 몰라 다투다가 같이 낭떠러지로 떨어져 죽고 만다. 인간은 그런 어리석은 일을 하지 않는다. 외나무다리에서 다투면 같이 죽는다는 것을 알기 때문이다. 외나무다리에서 만난 두 사람은 어떻게 해야 상생할 수 있는지 머리를 맞대고 의논한다. 한 사람이 상대편 사람을 안아 외나무다리를 반 바퀴 돌면 각자 원하는 길을 갈 수 있다.

이것이 인간만이 가질 수 있는 협동의 힘이다. 인간의 만물의 영장이 된 것은 높은 지능과 학습능력 때문만 아니라 언어가 바탕이 된 협동력 때문이라는 것이 최근 인류학 연구에서 밝혀진바 있다.

3) 직업교육

선생은 교육의 완성을 직업교육에 두었다. 사람다운 사람의 조건을 갖춘 후 세상에 나가 올바르게 살아가기 위해서는 무엇보다 자기 재능껏 일할 수 있는 온전한 직업을 가져야 하는 까닭이다. 직업이란 "인간으로서의 그 역할을 다하기 위해서 하는 일"이다. 일을 잘해서 남에게 도움이 되는 생산적인 사람이 되어야 한다. 열심히 일해서 돈도 많이 벌고 물건도 남보다 더 잘 만드는 것뿐만 아니라 음악, 예술, 이론의 정립, 과학적 기술을 발전시키는 것 등 주어진 일에 최선을 다해야 한다는 것이다.

우암이 학원을 설립할 당시에는 우리 농촌의 현실상 농업이 주된 직업이었으므로 그 직업교육이란 농업교육이었으며, 그 목적은 과학영농의 실현이었다. 선생은 직업교육은 "흙에 대한 사랑愛土, 즉 정직한 노동에 대한 사랑이며, 땀을 흘려 일하고 땅에서 생명을 키워 일궈내는 교육"이라고 하였다. 이렇게 '흙에 대한 사랑'이 직업교육의 근간이 된 이유는, 우암 선생의 직업교육은 헐벗고 굶주린 농민들을 하루 속히 깨우쳐 가난에서 구출해 내 잘사는 농촌을 만드는 데서부터 출발하였기 때문이다. 선생은 "아버지는 농사를 지어 한 섬을 얻었던 땅에서 우리는 과학영농으로 한 섬 한 말을 얻을 수 있어야 한다"라며 농촌계몽운동에 뛰어들었고 농민의 자녀들을 데리고 교육과 산업을 접목하는 생활운동을 전개하였다. 이것이 우암 선생이 실천한 직업교육의 출발점이었다. 특히 선생이 옥과농민고등학원을 설립한 것은 그 점에 대한 그의 교육적 실천이라고 할 수 있다. 가난해서 교육받을 수 없는 농촌의 자녀들을 위해 설립한 학교인 까닭이다. 옥과농민고등학원은 가난한 농민의 자녀를 무상으로 교육시키기 위한 교육기관으로, 피폐한 빈농가 자녀들을 위한 중등교육연수와 아울러 철저한 직업교육을 통해 부지런하고 건실한 농민을 양성하여 잘 사는 농촌을 만드는 데 그 목적을 두었다.

선생은 당시 가난한 농가의 자녀들에게 전문적인 농업기술교육을 통하여 가난을 이길 수 있는 신념을 심어주었다. 농민이라는 자랑스러운 직업인으로서의 자아실현을 할 수 있다고 믿었기 때문이다. 따라서 선생은 농·축·임업을 기반으로 한 전문 인력의 육성을 학원의 교육목표로 삼았으며, 학교는 그 기지가 되도록 기술을 보급하고 다양한 프로젝트를 개발해 학생들이 다각적으로 영농과 생산기술 향상에 기여하도록 하였다. 즉, 학원이 곧 농민양성기관으로 운영되었다.

이러한 직업교육의 정신은 존 듀이의 실용주의 교육을 재해석하여 실천적 생활교육의 개념으로 전환한 것이다. 듀이의 실용주의 교육은 과거의 지식 중심 교육과정이 아닌 경험 중심 교육과정을 운영하고, 학교에서 배운 지식들을 바로 사회에서 활용할 수 있도록 하는 것을 목표로 삼았다.

이러한 교육 이념을 근간으로 삼은 선생의 학원은 농업 위주의 사회에서 지금의 IT 기술 산업사회에 이르기까지 현대에 알맞은 새로운 직업교육의 산실이 되고 있다. 선생의 실용주의적 교육관에 대해, 다음의 글에서 그 철학과 사고의 단면을 발견할 수 있다.

생활과 교육은 일치해야 한다. 상아탑에서 배우는 것 따로, 밖에서 배우는 것 따로, 그런 교육은 무의미하다. (중략) 시골에서 자그마하게 학교를 시작했지만 신념만은 원대하고 확고했다. 교육을 백 번 천 번 받고 지식을 많이 축적해 봤던들 실생활에 쓰이지 않으면 소용이 없다. 그러니 우리의 교육은 생활교육, 오늘 당장 밖에 나가서 사용할 수 있는 산교육을 해야 되겠다고 생각했다. 따라서 생활교육이란 교육받은 내용이 실생활에 바로 사용할 수 있는 내용이 되는 교육이어야 한다.

조용기(2008).《길을 찾아서: 조용기 인간학》. 다지리.

이처럼 교육은 생활교육이 되어야 한다. 올바른 생활을 하기 위한 교육을 해야 한다. 학문 그 자체에 목적이 있는 것이 아니라 생활 그 자체에 목적이 있어야 한다. 즉 알기 위해 배우는 것이 아니라 생활하기 위해서 배우는 것이다. 오늘의 산학 협동은 교육과 생활의 접점을 찾는 교육을 강조하여 지금껏 지속시켜온 결과물인 것이다.

또한 직업교육은 "일을 통한 자기의 노동력, 자기의 직업에 대한 소명의식을 가진 인간을 기르는 교육"이라고 하였다. 선생은 "하나님이 인간에게 나름대로의 역할을 주어 이 세상에 태어나게 한 이상 그 역할을 다하기 위해서 하는 일이 곧 직업이다"라고 하였다. 노동이나 직업은 하나님이 인간에게 부여해 준 소명이요, 특권이요, 구원에 이르는 길이다. 사람은 살아 있으면 일해야 한다. 일한다는 것이 살아있다는 증거이고 축복이다. 직업이란 자기 자신의 표현이자 발로이기도 하다.

● 이 글은 우암학원 인성교육 교재인 《인성과 교육》에 게재된 내용을 재정리한 것이다.